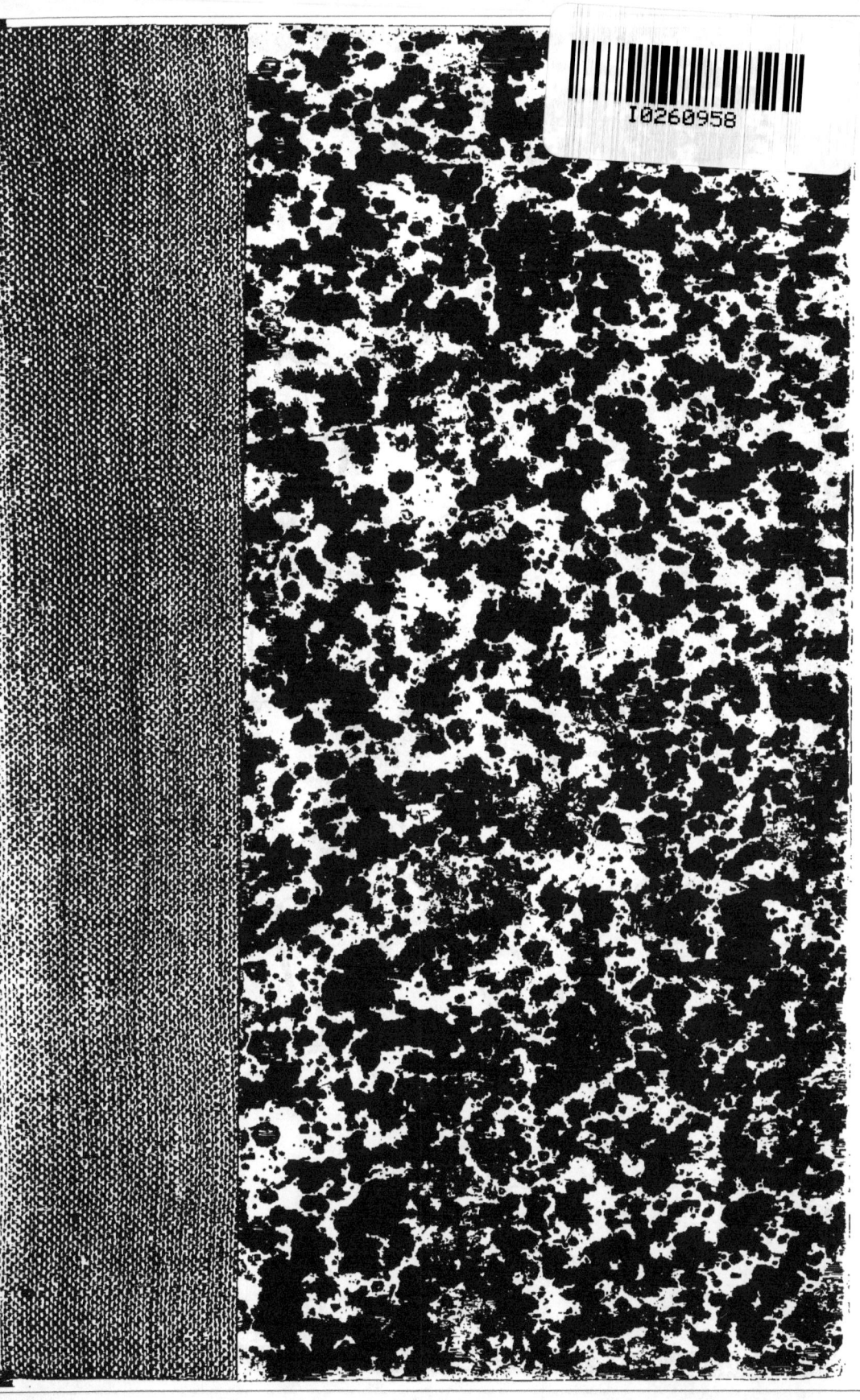

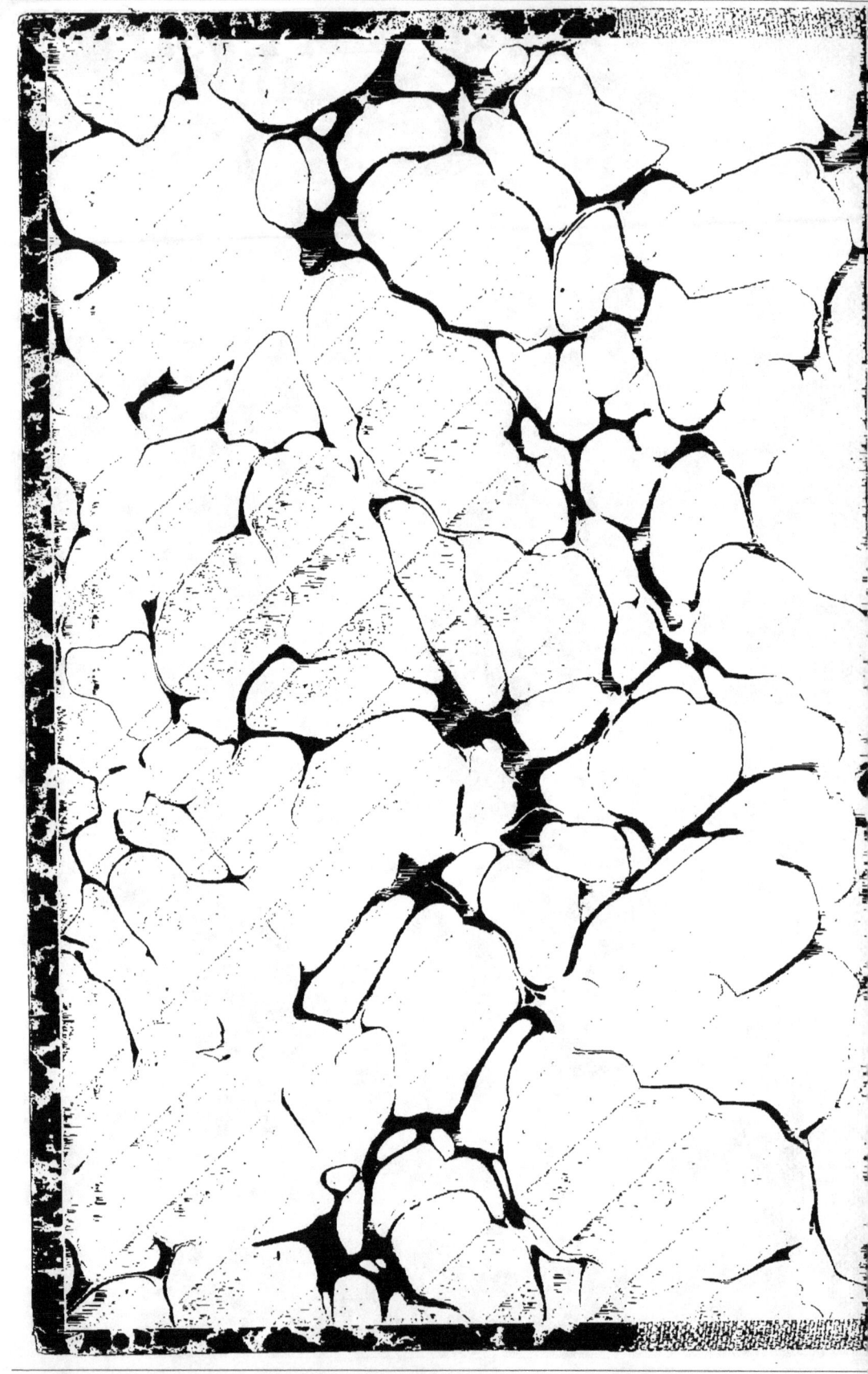

AUX INDES OCCIDENTALES

(1781-1782)

PAR

JOACHIM DU PERRON, COMTE DE REVEL

Sous-Lieutenant au Régiment de Monsieur-Infanterie

AVEC CARTES ET CROQUIS DANS LE TEXTE

PARIS
HENRI CHARLES-LAVAUZELLE
Éditeur militaire
118, Boulevard Saint-Germain, Rue Danton, 10

(MÊME MAISON A LIMOGES)

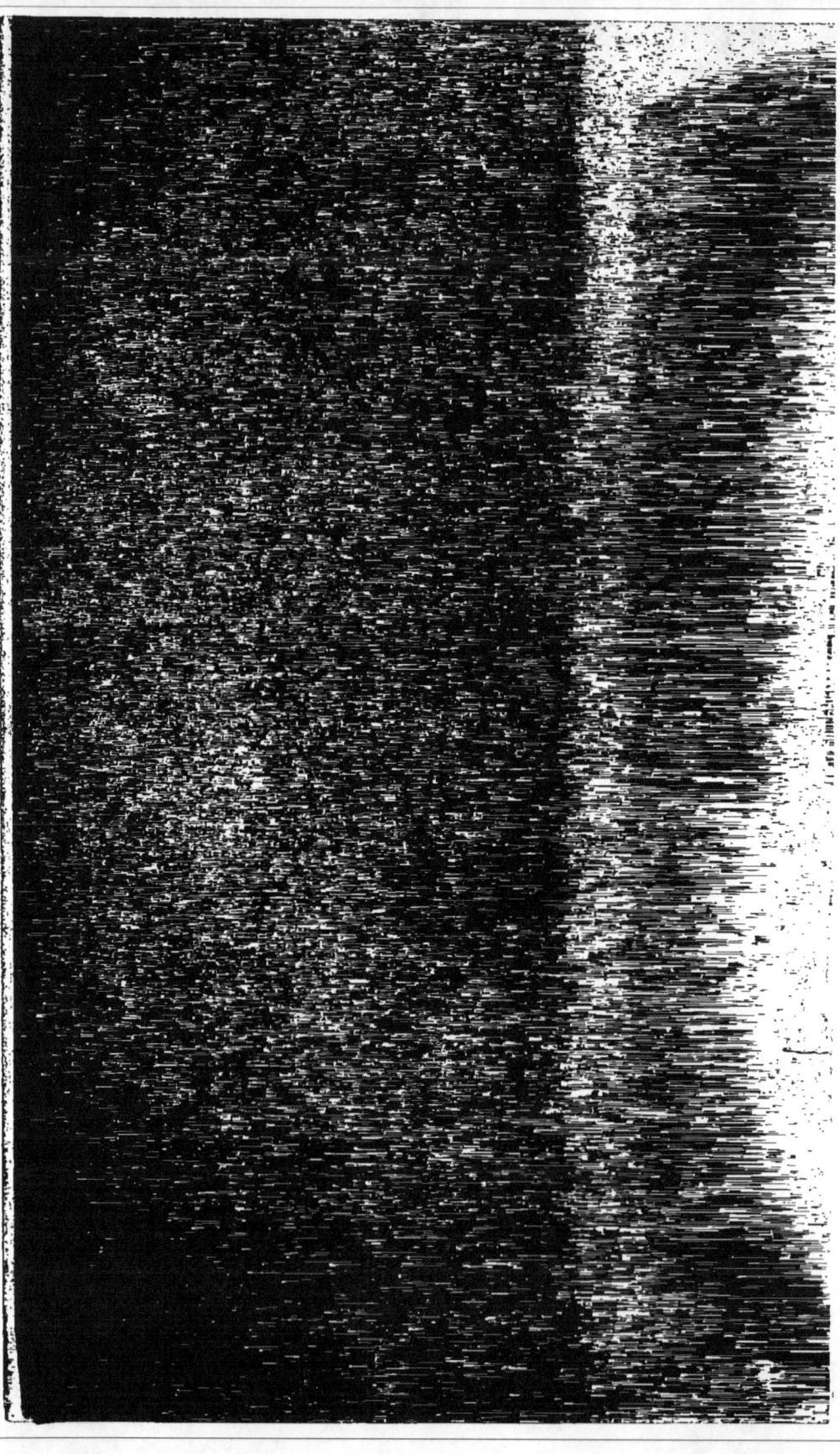

JOURNAL PARTICULIER

D'UNE CAMPAGNE

AUX INDES OCCIDENTALES

(1781-1782)

DROITS DE REPRODUCTION ET DE TRADUCTION RÉSERVÉS

JOURNAL PARTICULIER

D'UNE CAMPAGNE

AUX INDES OCCIDENTALES

(1781-1782)

PAR

JOACHIM DU PERRON, COMTE DE REVEL

Sous-Lieutenant au Régiment de Monsieur-Infanterie

PARIS
Henri CHARLES-LAVAUZELLE
Éditeur militaire
11, Place Saint-André-des-Arts, 11

(Même maison à Limoges.)

JOURNAL PARTICULIER

D'UNE CAMPAGNE

AUX INDES OCCIDENTALES

(1781-1782)

CHAPITRE Ier

Les étapes du détachement de Monsieur-Infanterie, de Besançon au Conquet. — Une petite alerte. — La garnison du vaisseau du roi *le Languedoc*.

Les étapes du détachement de Monsieur-Infanterie, de Besançon au Conquet.

Enchaîné depuis plusieurs années parmi les plus grands fous de l'espèce humaine, j'ai été transporté à des milliers de lieues pour y égorger méthodiquement d'autres fous de ma trempe. Deux ans se sont écoulés dans cette étrange occupation et j'ai tenu note journalière de tout ce qui s'est fait et de tout ce que j'ai vu. L'importance des événements qui ont eu lieu, leur singularité, leur influence dans le monde politique, m'engagent à rédiger mes notes et mes plans. Cette compilation sera sans doute peu correcte, mais elle ne sera que pour moi, pour mon amusement et peut-être pour celui de quelque anglomane villageois.

Le régiment d'infanterie de Monsieur, étant en garnison à Besançon, en Franche-Comté, reçut, le 10 mai 1780, un ordre de la cour pour fournir un détachement de 400 hommes destiné à former la garnison de plusieurs vaisseaux de guerre. Ce détachement, formé de la tête et de la queue de chaque compagnie, se mit en marche le 20 du même mois, sous la conduite de deux capitaines commandants, deux capitaines en second, quatre lieutenants et quatre sous-lieutenants, en tout douze officiers, au nombre desquels je me trouvais compris par mon rang comme premier sous-lieutenant du corps.

Capitaines : MM. de Saint-Quentin, Dessaulx, de Véron, de Vanloo.

Lieutenants : MM. Gouliard, Châtillon, Bosquevert, de Fabry.

Sous-lieutenants : MM. du Perron, de Vialet, d'Houdetot, de Laws.

Il est à remarquer que tous les corps n'ont pas suivi le même ordre, c'est-à-dire qu'ils n'ont pas cru devoir marcher par grade, ce qui suppose que le ministre ne leur avait pas adressé des instructions claires et précises ; au reste, c'est ce dont nous avons eu à nous plaindre dans plusieurs circonstances.

Nous partîmes donc le 20 mai 1780 de Besançon, où nous tenions garnison depuis longtemps ; les premiers jours de notre route furent fort gais, et nos soldats, qui s'étaient présentés avec ardeur pour composer le détachement, vérifièrent le caractère national, qui saisit toujours avec plaisir tout ce qui est nouveau.

Délivrés des exercices et des sujétions minutieuses d'une garnison, aussi bien que de l'aspect sévère des chefs à grosses épaulettes, ils se crurent moins subordonnés, mais ce petit moment d'effervescence fut bientôt réprimé par les soins vigilants de M. de Saint-Quentin et de mes autres camarades.

Notre route fut dirigée par Pin et Magny, Gray, Champlitte et Langres, où nous séjournâmes le 24. M. de Saint-Quentin me chargea d'aller tous les jours en avant pour préparer le logement, et je partais toujours à 10 heures du soir, à cause des grandes chaleurs qui engageaient notre commandant à faire marcher sa troupe dès les 2 ou 3 heures du matin.

De Langres, nous fûmes à Chaumont-en-Bassigny, Bar-le-Duc, Vandeuvre et Troyes en Champagne, où nous eûmes séjour le 29, et où nous fûmes magnifiquement traités par le commandant d'une compagnie des gardes du corps, en quartier dans cette ville. Nous continuâmes par Villeneuve-l'Archevêque, Sens, Cheroy et Nemours, où nous nous reposâmes le 3 juin, et où les chaleurs devinrent excessives ; de Nemours, nous fûmes à Milly, Etampes, Saint-Arnoult et Chartres, où nous fîmes séjour le 8 ; nous y trouvâmes M. le comte de Virieu, colonel en second du régiment, qui allait se marier ; nos deux destinations étaient un peu différentes. De Chartres, nous fûmes à Châteauneuf-en-Thimerais, à Moutiers-en-Perche, détestable logement, à Mortagne et à Alençon, où nous demeurâmes le 13, pour continuer le lendemain par Pré-en-Pail, mauvais village, où nous brûlâmes notre étape par entêtement, par Mayenne, Laval, Vitré et Rennes, grande et belle ville, capitale des fiers Bretons.

M. le comte de Vaux, général de l'armée cantonnée en Bretagne, y avait son quartier. Nous dînâmes chez lui le 18, jour du séjour. M. de Goyon, maréchal de camp, commandant particulier de la province, changea notre première destination, qui était pour Saint-Brieuc, et nous donna une nouvelle route pour nous rendre au Conquet, petit village situé à l'extrémité la plus occidentale de la Bretagne, sur le bord de la mer, environ à 6 lieues au delà de Brest.

Nous partîmes de Rennes le 20, pour nous rendre à

Plélan, mauvais village; à Josselin, où nous fûmes reçus par M. de Quassou, ancien capitaine du régiment; à Pontivy et à Rostrenen, petite ville où nous séjournâmes le 24. Cette partie de la Bretagne est le plus affreux pays du royaume, aux yeux d'un voyageur; quelques chaumières éparses, des bois, de la lande et du genêt pour toute production; une espèce d'hommes généralement petite et de mauvaise mine, des vêtements sauvages, un langage barbare, en un mot, un aspect rebutant; il y a au moins cinquante ans de distance des bas Bretons aux autres habitants de la France.

Nous poursuivîmes notre route par Carhaix, petite ville et Lafeuillée, mauvais village que nous trouvâmes infecté d'une gale universelle. Le maire et les habitants s'étaient allé cacher pour ne pas loger nos soldats; aucun n'entendait le français; il fallut se servir de l'étapier de Landerneau pour interprète, et enfin, ne pouvant parvenir à tirer parti de ces gens indécrottables, il fallut faire cuire la viande sur la pelouse au pied des arbres, et M. de Saint-Quentin fixa l'heure du départ le même jour à dix heures du soir pour nous rendre à Landerneau, où nous arrivâmes à la pointe du jour. Nous devions, selon notre route, nous rendre le lendemain de Landerneau au Conquet, mais le maire refusa de fournir des chevaux et voitures, prétendant que la distance était trop forte, qu'il ne pouvait fournir que jusqu'à moitié chemin.

Il y a neuf lieues de l'un à l'autre. M. de Saint-Quentin m'envoya à Brest rendre compte de notre arrivée à M. le comte de Langeron, et lui demander ses ordres sur les difficultés qu'on nous faisait. Cet officier général était chargé du détail et de l'inspection de toutes les troupes destinées à s'embarquer; il laissa à mon choix de faire arrêter le détachement à Saint-Renan, sous condition de l'y faire vivre avec le prêt, n'y ayant point d'étape, ou bien de suivre notre ordre de route, en allant le même jour au Conquet, et faisant seulement changer les chevaux et voitures. Je préférai ce dernier parti, présumant que notre troupe, en haleine, ferait sans peine un effort pour la dernière journée, et je me munis des ordres nécessaires pour avoir des chevaux frais à Renan, bourg à trois lieues du Conquet.

Les choses étant ainsi arrangées, nous arrivâmes enfin à notre destination, le lendemain 28 juin, bien fatigués et bien ennuyés d'une route aussi longue et aussi chaude.

Le Conquet est un village à moitié détruit, situé à une lieue au nord de la pointe Saint-Mathieu, qui forme un des côtés de l'entrée de la rade de Brest. Le long du village règne une crique qui servait autrefois de port aux corsaires et qui maintenant est fréquentée par quelques barques de pêcheurs. La guerre, ou je ne sais quelle autre cause, a éloigné presque tous les habitants de ce canton; il y reste beaucoup de masures et de maisons inoccupées, dont quelques-unes nous servaient de casernes pour placer des ustensiles et fournitures que les syndics exigeaient des paysans voisins.

Nous trouvâmes un détachement de garde-côtes qui y était cantonné et était chargé du service de toutes les batteries du rivage; et comme nous n'avions aucun renseignement sur le genre de service que nous devions faire, nous établîmes seulement une garde de police.

Notre existence était assez oisive; quelques-uns de nous allaient dans quelques maisons des environs; les autres se promenaient sur le rivage, et contemplaient les pêcheurs de la côte et les bâtiments de toute espèce qui entraient ou sortaient de la rade de Brest; nos lunettes étaient continuellement braquées sur les bâtons de signaux de l'île de Molène, qui répétait ceux de l'île d'Ouessant qui, par sa position, découvre tout ce qui entre dans la Manche.

Notre peu d'expérience maritime nous faisait toujours craindre une descente; la moindre voile qui paraissait était d'abord jugée ennemie; nous avions plusieurs batteries, le long de notre côte, dont le mauvais état nous faisait gémir; en un mot, nous nous croyions le repos de la France dans notre chétif village, et nos têtes exaltées nous figuraient continuellement les Anglais gravissant nos rivages.

Une petite alerte.

Nous eûmes, à la fin du mois de juillet, une petite alerte qui ne contribua pas peu à nourrir cet excessif contentement de nous-mêmes. Le cutter du roi, la *Levrette*, commandé par M. le chevalier de La Bourdonnais, se trouvant sur Ouessant un matin, fut poursuivi par un vaisseau anglais, le *Nonsuck*, qui le joignait à vue d'œil; le chevalier de La Bourdonnais chassait sur Brest, et craignant d'être atteint avant d'y entrer, coupa tout court vers le Conquet et mouilla à l'entrée de notre petite crique. Le vaisseau ennemi, sûr de sa marche, laissa le cutter, mit pavillon espagnol et poursuivit sa route en dedans de la pointe Saint-Mathieu, comme si réellement il eût voulu entrer à Brest; le chevalier de la Bourdonnais, qui l'avait bien reconnu pour ennemi, ne fut point dupe de son pavillon espagnol, ni de sa manœuvre hardie; il demeura mouillé sous nos batteries et força une vingtaine de barques, qui, dans le même moment, venaient de Saint-Malo, sous l'escorte de la corvette le *Prince-Henri*, pour se rendre à Brest, il les força, dis-je, de mouiller au même endroit, et les sauva par conséquent de la gueule du loup qui lui était caché par la hauteur de la pointe Saint-Mathieu.

D'après l'avertissement et la réquisition du chevalier de La Bourdonnais, nous nous portâmes sur nos batteries, parce qu'il prétendait que l'ennemi reviendrait sûrement pour tâcher de faire échouer notre flottille; effectivement, au bout d'une demi-heure, nous le vîmes revenir, rangeant de très près la pointe Saint-Mathieu, et, dès qu'il l'eût dépassée, il porta sur nous le plus possible; mais le vent, qui était au nord, ne lui permit pas de nous approcher; il vira de bord deux fois devant nous, et, au bout d'une heure, il gagna le large.

C'était le premier vaisseau de guerre que je voyais sous voiles; je fus saisi d'admiration en voyant une si lourde masse manœuvrer et se mouvoir avec autant de légéreté et de précision.

Nous ne manquâmes pas d'attribuer sa retraite à notre bonne contenance. J'ai cru remarquer que trop souvent, dans l'infanterie, nous croyons avoir beaucoup de mérite en faisant de très petites choses.

Cette petite alerte fut cause qu'on fit attention au mauvais état des affûts et des canons de la côte; on y donna plus de soins, on fit montrer l'exercice de l'artillerie à nos soldats par des bas-officiers de ce corps, on augmenta quelques postes, et on mit toute l'importance possible aux précautions que l'on jugea à propos de prendre.

Nous fournissions tous les quinze jours une garde de quinze hommes et un sergent au château de Bertheaume, situé sur l'entrée de la rade de Brest, à une bonne lieue du Conquet.

Ce fort est construit sur un petit rocher séparé du continent par la mer; on y communique par un pont de madriers fortement attachés sur deux gros câbles, dont la mobilité surprend la première fois qu'on y passe. Il est garni de canons et de mortiers qui défendent l'approche de cette côte et le mouillage voisin qu'on appelle baie de Bertheaume; mais on passe aisément hors de leur portée pour entrer à Brest, dont l'abord n'est bien défendu qu'au passage du goulet qui se trouve étroit et bien garni de batteries.

En attendant qu'il y eût quelques vaisseaux en armement prêts à nous recevoir, nos soldats furent employés, par l'ordre de M. le comte de Langeron, à la construction de plusieurs nouveaux forts, qui formaient une enceinte autour de la ville de Brest, à trois quarts de lieue dans sa partie septentrionale et occidentale.

Ces travaux immenses et qui ont coûté des sommes exorbitantes, avaient été projetés et mis en exécution par cet officier général, sans la participation de messieurs du génie, qui, par conséquent, ne les approuvaient pas. Les partisans de M. le comte de Langeron prétendaient qu'un port, des arsenaux et des magasins aussi essentiels que ceux de Brest exigeaient les plus fortes défenses, et que, en cas d'invasion, Brest, dans son premier état, n'était pas à l'abri d'un coup de main.

Les ingénieurs prétendaient que toutes les dépenses étaient inutiles et même nuisibles, que cette partie de la Bretagne est inaccessible par la nature de son sol, à cause de l'usage où sont les paysans de ces cantons d'élever autour de leurs champs un rempart de terre consolidé par de gros buissons et de gros arbres plantés très près dans le même rempart; ils font beaucoup d'élève de chevaux qu'ils renferment dans leurs champs ainsi clos, de manière que chaque champ est une bonne redoute, ce qui rend l'intérieur du pays inaccessible. Ils prétendaient d'ailleurs que c'était, au contraire, fournir des armes à nos ennemis, parce que si jamais la France se trouvait dans une détresse assez grande pour craindre une descente réelle et sérieuse de la part de sa rivale, elle serait hors d'état d'empêcher le siège de tous ces forts, qui, une fois pris, serviraient de boulevards et assureraient le séjour de nos ennemis dans ces cantons.

Dans les premiers jours du mois d'août, M. de Jumilhac, maréchal de camp, inspecteur des garde-côtes et des batteries, vint faire une visite dans notre quartier; il crut remarquer de la négligence dans la manière de servir de messieurs les garde-côtes, et, en conséquence, les mit sous le commandement direct de M. de Saint-Quentin, auquel il donna un district de plusieurs lieues. Leurs officiers ne trouvèrent pas le changement de leur goût et il y eut des représentations de la part de ceux d'entre eux qui se nommaient chefs de division et qui portaient les marques distinctives du grade de major, prétendant ne pas devoir être sous les ordres d'un capitaine; ils furent déboutés de leur demande et forcés de servir plus exactement, ainsi que leurs soldats, auxquels ils ne purent plus permettre de rester chez eux comme auparavant.

La garnison du vaisseau du roi « le Languedoc ».

Au commencement du mois de septembre, on envoya dans notre quartier un détachement de quatre cents hommes du régiment de Beaujolais, qui fit le même service que nous. Vers le quinze du même mois, M. de Langeron vint nous passer en revue et nous annonça que nous ne tarderions pas à être embarqués. Nous étions impatients d'en recevoir les ordres, tant on a de penchant à désirer ce qu'on ne connaît pas.

Effectivement, le 1er octobre, nous reçûmes l'ordre de fournir cent soixante hommes et quatre officiers, pour composer la garnison du vaisseau du roi, le *Languedoc*, de 80 pièces de canon; MM. de Beaujolais reçurent, en même temps, l'ordre d'en fournir le même nombre pour la garnison du vaisseau le *Saint-Esprit*.

Ce nouveau détachement fut pris sur la totalité de l'ancien par la tête et la queue de chaque compagnie. Le premier capitaine, le premier lieutenant en 1er, le premier lieutenant en 2e et le premier sous-lieutenant furent désignés pour le commander; en conséquence, MM. de Saint-Quentin, Gouliard, de Bosquevert et moi nous nous mîmes en marche avec notre troupe, le 6 du mois d'octobre, pour nous rendre du Conquet à Brest. Nous y arrivâmes de bonne heure, par un bien mauvais temps; le vent était si fort et la mer si agitée, que la communication du port à la grande rade, où étai le *Languedoc*, se trouva impraticable.

M. de Langeron n'ayant point prévu ce contre-temps et comptant nous remettre dès notre arrivée entre les mains de Neptune, n'avait point pourvu ni à notre logement, ni à notre nourriture; d'un autre côté, M. Hector, commandant de la marine, ne pouvant nous envoyer tout de suite à notre destination, refusait de se charger de nous. Cela occasionna quelques débats entre le dieu de la terre et celui de la mer, qui enfin prit pitié de ses bâtards adoptifs et nous fit loger et nourrir sur un vaisseau que l'on armait dans le port.

CHAPITRE II

A bord du *Languedoc*. — Ce qu'est un vaisseau de guerre. — Lois et mouvements auxquels est subordonné un vaisseau.

A bord du Languedoc.

Le lendemain 7, le beau temps revenu nous permit d'aborder notre vaisseau; nous y fûmes transportés et installés après avoir préalablement reçu des magasins du roi, pour chacun de nos soldats et bas-officiers, un sarrau de toile, deux chemises bleues et un hamac pour se coucher; ces fournitures étaient données gratis à la condition de les entretenir pendant toute la campagne. Quant à nous, nous prîmes des arrangements avec les officiers du détachement du régiment de Champagne, qui, deux jours auparavant, étaient sortis du vaisseau pour retourner à leur cantonnement. Ces messieurs n'y avaient tenu garnison que quatre mois, et, dans cet intervalle, n'avaient fait qu'une croisière de huit jours dans le golfe de Gascogne; ils se trouvèrent très heureux et très satisfaits de nous céder la place de si bonne heure. Ils nous remirent à bon prix leurs provisions maritimes, qui consistaient en hamacs avec cadre, matelas, couvertures, garnitures de chambres et autres ustensiles; il m'en coûta environ 80 francs pour ma part.

Nous débutâmes assez froidement avec MM. de la marine, qui, dans ce moment, n'étaient pas nombreux à bord du vaisseau.

M. le baron d'Aros, qui en avait le commandement depuis très peu de jours, se tenait à terre, ainsi que M. de Catelan, capitaine en second.

M. Durand de la Motte, premier lieutenant et chargé de

tout le détail, nous reçut et dirigea notre établissement; le poste de nos soldats fut fixé sous le gaillard d'arrière; mes camarades et moi nous eûmes des chambres sur la dunette. Bien entendu que tous les officiers de la marine, jusqu'au dernier enseigne inclusivement, devaient être logés avant nous, et que nous ne pouvions occuper une des petites chambres qu'autant que ces messieurs n'étaient pas assez pour les remplir.

Les premiers jours se passèrent très cérémonieusement, comme cela devait être entre gens qui ne s'aiment pas et qui sont forcés de se fréquenter.

M. Durand de la Motte, excellent garçon dans le fond, mais entaché de la morgue de son corps, fit quelques tracasseries à M. de Saint-Quentin, sur des rendements de compte, sur des punitions, sur le droit d'inspecter sa troupe qu'il lui contestait, et sur plusieurs misères; cela produisit un peu d'animosité, quelques explications vives, qui cependant n'eurent pas de suite par la sagesse, l'équité et la justice de M. le baron d'Aros, qui régla tout à l'amiable.

Ce serait ici le cas de faire une diatribe sur la malheureuse existence d'un officier d'infanterie à bord d'un vaisseau, mais comme elle serait en pure perte et n'aboutirait à rien, je me contente de former des vœux pour que le gouvernement, moins indifférent sur notre sort, daigne nous y rendre un peu de considération, ou veuille bien ne pas nous associer aux travaux d'un corps dont je respecte les talents et les prétentions, mais dont les prérogatives sont trop humiliantes pour nous.

Peu à peu nous nous habituâmes avec nos nouveaux hôtes; notre capitaine nous faisait bonne chère; assez ordinairement, ces messieurs venaient dîner et s'en retournaient sur les 3 heures en ville, où ils demeuraient jusqu'au lendemain; l'officier de garde restait à bord et cet officier était souvent un auxiliaire ou un garde de la marine, enfant de

13 à 14 ans, à qui tout compte devait être rendu et toutes les permissions demandées, ce qui devenait désagréable pour nous, lorsque nous nous trouvions dans le cas. Il est vrai, cependant, que M. de la Motte y restait très souvent.

Nos soldats fournissaient régulièrement une garde de 16 hommes, 2 caporaux et 1 sergent; cette garde fournissait deux sentinelles jour et nuit aux flancs droit et gauche du vaisseau, deux autres sentinelles de jour aux cuisines, et aux portes de la grand'chambre et de la chambre du conseil; toutes ces sentinelles étaient armées des sabres du bord. Du reste, les gens de garde couchaient dans leurs hamacs, qu'ils plaçaient à portée de leur poste; les deux caporaux veillaient tour à tour pour relever les sentinelles et pour garder un fanal dans lequel ils étaient spécialement chargés d'entretenir du feu, et toutes les fois qu'on avait besoin de se servir de ce feu il fallait qu'il fût porté par le caporal de garde qui ne pouvait le confier à personne. Il y avait un autre fanal que l'on conservait pendant la nuit dans la première batterie, dans le canton appelé la sainte-barbe, mais la garde en était confiée au maître-canonnier et à ses canonniers.

Notre troupe partageait avec les matelots les corvées qui regardaient l'armement, l'équipement et l'approvisionnement du vaisseau, et on lui montra l'exercice du canon, ainsi que celui des voiles.

Quant à la nourriture, elle était la même pour tout l'équipage, et, pour cet objet, tous les matelots et soldats étaient divisés par chambrées de sept individus; une chambrée ainsi formée s'appelait, en terme maritime, un plat; chaque plat de sept matelots ou sept soldats avait son numéro qui lui était affecté et qui servait à faire la distribution avec ordre. Chaque plat était pourvu d'une gamelle de bois, de la grandeur et de la forme à peu près d'un baquet; cette gamelle était commune aux sept hommes pour y manger la soupe ou toute autre distribution ; il y avait aussi un petit baril pour contenir les sept portions de vin.

On faisait trois distributions par jour et par conséquent trois repas ; le premier à huit heures du matin, s'annonçait par la cloche, au son de laquelle chaque chef de plat se portait à l'endroit où le commis délivrait ; il y présentait sa gamelle, dans laquelle il recevait trois livres et demi de pain pour son plat, c'est-à-dire demi-livre pour chaque homme, si la distribution se faisait en pain ; mais si elle se faisait en biscuit, il n'en recevait que quarante-deux onces, c'est-à-dire six onces pour chaque individu ; il recevait ensuite dans son baril sept mesures de vin, dont trois font à peu près la pinte ordinaire et chacune équivaut à un grand gobelet ; la distribution finie, chaque plat mangeait son pain ou en trempait une partie dans le vin du baril. Ces mesures de vin s'appelaient, en terme de mer, quart de vin, de manière que chaque matelot ou soldat avait pour déjeuner demi-livre de pain et un quart de vin.

La seconde distribution se faisait ordinairement entre onze heures et midi ; la cloche l'annonçait comme la première, et le chef de chaque plat, armé de sa gamelle et de son baril, allait recevoir demi-livre de pain, ou six onces de biscuit et un quart de vin pour chaque individu de son plat ; il recevait, de plus, demi-livre de viande salée, ou bien six onces de lard salé pour chaque homme. Si la distribution se faisait en viande fraîche, ce qui avait toujours lieu en rade de Brest, alors on leur donnait le bouillon, qui leur faisait de la soupe, et chaque homme coupait la moitié de sa demi-livre de pain ou brisait avec un boulet la moitié de ses six onces de biscuit pour mettre dans la gamelle commune et faire de la soupe, et gardait l'autre moitié pour manger à la main avec sa viande ; mais lorsqu'on donnait du bœuf salé ou du lard, on jetait le bouillon à la mer, parce qu'il aurait été scorbutique ;

chaque homme avait, par conséquent, pour dîner : demi-livre de pain, demi-livre de viande ou six onces de lard, et un quart de vin.

Voici la manière dont on fait cuire la viande : on la distribue le soir à chaque plat à raison de demi-livre par homme ; chaque chef de plat divise celle qui lui est échue en sept morceaux égaux, il enfile ces sept portions avec un morceau de bois fait en forme de broche, il les y attache solidement avec de la ficelle, et dans le haut de ce morceau de bois est écrit le numéro de son plat, par exemple : 3me plat de matelots, 5me plat de soldats, etc. Tous les chefs de plat reportent leur broche ainsi arrangée au chef de cuisine, qui s'appelle ordinairement le coq, lequel coq met toutes ces broches dans la chaudière (il n'y a qu'une seule chaudière pour tout l'équipage), y verse une quantité d'eau proportionnée au nombre, et fait bouillir jusqu'à parfaite cuisson, puis rend à chacun sa broche et en même temps vide dans la gamelle une mesure de bouillon, si, comme je l'ai déjà dit, il a fait cuire de la viande fraîche.

La troisième distribution se fait ordinairement à cinq ou six heures du soir et consiste, comme le matin et à midi, en demi-livre de pain ou six onces de biscuit, avec un quart de vin, mais au lieu de viande on leur donne une espèce de soupe faite avec des légumes et de l'huile ; c'est-à-dire, le coq, après avoir mis dans la chaudière la quantité d'eau nécessaire, doit y faire cuire des pois, ou des haricots, ou des fèves, ou des gourganes, ou du riz, et, si l'on peut, on y mêle des herbages ; on doit mettre à raison de quatre onces de pois, fèves, etc., par chaque homme, et si c'est du riz, on n'en met que deux onces ; on doit encore mettre une bouteille d'huile par cent hommes et du sel en proportion ; ainsi se fait le souper qui est toujours à peu près le même.

Dans les jours maigres, au lieu de viande, on donne environ trois onces de fromage ; on donne aussi, quelquefois, de la morue : j'en ai vu distribuer ordinairement une fois par semaine.

M. le baron d'Aros avait grand soin de faire donner du pain frais le plus souvent possible, et, en général, il a saisi toutes les occasions qui se sont présentées pour faciliter le bien-être de son équipage, qui par reconnaissance, a toujours témoigné lui être très attaché ; on n'a pas eu moins à se louer, pour cet objet, de M. Durand de la Motte, qui, par ses fonctions de lieutenant en pied, chargé du détail, était spécialement tenu de veiller aux distributions, aux qualités de la nourriture, à la propreté, et à toute l'administration intérieure du vaisseau. Il s'en acquittait comme un chef de famille dans sa maison ; et, bien certainement, il n'est pas douteux que la bonne santé de tout un équipage dépend du plus ou moins de soins du lieutenant en pied.

Notre séjour dans la rade de Brest fut prolongé jusqu'au mois de mars suivant ; nous eûmes, pendant cet intervalle de temps, deux ordres pour aller en croisière, mais les vents ne nous le permirent jamais, et d'autres circonstances survenant, on nous donnait contre ordre. Pendant cette longue station, nous avons d'abord eu pour général M. du Chaffaut et ensuite M. de la Touche-Tréville ; nous ne fûmes qu'au nombre de huit à dix vaisseaux jusqu'au mois de janvier, époque de la rentrée de M. de Guichen, qui, revenant des Antilles, avait joint M. le Comte d'Esstaing à Cadix, et ces deux armées rentrèrent ensemble à Brest.

On s'occupa tout de suite à réparer et ravitailler les moins endommagés afin de les joindre à nous et compléter l'armée destinée pour l'Amérique.

Nous n'imaginions pas alors devoir en être, à raison de ce que notre *Languedoc*, beau et bon vaisseau, mais ancien cheval de bataille de M. d'Estaing, avait été très éprouvé et très cassé par sa dernière campagne, n'avait été que médiocrement radoubé, et était encore doublé en bois au lieu de l'être en cuivre, comme tous les bâtiments destinés à une longue campagne; cependant, le temps nous apprit que nous étions du nombre des élus.

Ce qu'est un vaisseau de guerre. — Lois et mouvements auxquels est subordonné un vaisseau.

Comme tout cet hiver ne fournit aucun événement intéressant, à l'exception de quelques coups de vent qui nous faisaient jeter toutes nos ancres à la mer pour tâcher de nous tenir en place et ne pas aller à la côte, je vais tracer un précis, ou un à peu près des lois et des mouvements auxquels est subordonné un vaisseau, afin de faciliter l'intelligence des évolutions de la campagne.

Un vaisseau de guerre tient sans doute une des premières places parmi ce qu'on appelle chef-d'œuvre de l'industrie humaine; cette machine immense renferme dans son sein un magasin à poudre considérable, un parc d'artillerie et une artillerie du plus gros calibre, aussi nombreuse que celle des plus fortes places de terre, du bois, de l'eau et des vivres de toute espèce pour nourrir son équipage pendant six mois, des bœufs en vie, des moutons, des cochons, et une très grosse quantité de volailles et quelquefois jusqu'à 1.200 hommes.

Malgré cet immense fardeau, il se meut avec précision et légèreté, obéit au moindre mouvement d'une pièce de bois de 3 pieds de largeur sur 20 de longueur, que dirige le pilote, et, enfin, franchit notre globe d'un pôle ou d'un hémisphère à l'autre, en bravant tous les frimas et tous les éléments. C'est une maison d'environ 180 pieds de long sur 26 ou 28 pieds de large, composée de plusieurs étages qui, entre eux, forment une hauteur d'environ 35 à 40 pieds, dont 20 ou 25 sont plongés dans l'eau, lorsque le vaisseau a sa charge ordinaire. Le plus bas étage est rempli de lest qui consiste en ferraille, gueuse, pierres, etc., pour tenir le vaisseau d'aplomb et solide sur l'eau; dans le milieu de ce lest sont trois places vides pour ramasser les eaux qui filtrent toujours un peu au travers des bordages, et dans ces places, qu'on nomme puits, viennent aboutir de la partie supérieure du vaisseau des tuyaux de pompe, dont on se sert au besoin.

Au-dessus de ce lest est un plancher sur lequel sont construits tous les magasins des provisions dont je viens de parler, et chaque magasin porte un nom différent, selon son usage. Au-dessus de ces magasins est un plancher qui se trouve un peu au-dessus du niveau de l'eau et qui porte la première batterie; les deux flancs de cet étage sont percés de quinze ou seize fenêtres ou sabords, par où sortent les bouches des pièces de canon qui, dans cette batterie, ont ordinairement 5 pieds d'élévation sur l'eau et sont du calibre de 36 livres de balles. Au-dessus de cette batterie est un second étage qui porte encore le même nombre de canons, mais d'un calibre moins fort; ils sont de 18 livres ou de 24 livres; c'est ce qu'on appelle la seconde batterie, qui a environ 10 à 11 pieds d'élévation au-dessus du niveau de l'eau et qui est recouverte par le dernier plancher qu'on appelle le pont, sur lequel se tiennent tous les gens nécessaires à la manœuvre des voiles et sur lequel il y a encore une petite batterie de pièces de 12 livres ou de 8 livres qui se trouve à environ 15 pieds au-dessus de l'eau. Il règne tout autour de ce pont un petit parapet en bois, surmonté de filets étendus qui servent à contenir tous les hamacs et toutes les hardes de l'équipage lorsqu'il faut combattre. Il y a cependant une portion du pont dans l'arrière du vaisseau, depuis la poupe jusqu'au mât d'artimon, qui est recouverte d'un plancher et qui forme ce qu'on appelle la chambre du conseil, où se rassemblent tous les officiers et où sont pratiquées plusieurs petites chambres au nombre desquelles se trouvent celle du capitaine commandant et celle du capitaine en deuxième et celles des plus anciens officiers suivants. Ce plancher, garni tout autour d'un parapet comme le pont, s'appelle la dunette, il est comme le donjon d'une maison ou la citadelle d'une ville ayant 5 pieds 1/2 ou 5 pieds d'élévation au-dessus du pont.

Il y a des vaisseaux où l'on construit encore sur la dunette, c'est-à-dire sur ce plancher, des petites cabanes en planches minces revêtues de cuir ou toile cirée, qui font de fort jolies chambres pour les officiers et même pour les maîtres pilotes ou maîtres d'équipage; c'est ce qu'on appelle le carosse. J'eus le bonheur d'avoir une de ces chambres en arrivant; je la conservai deux ou trois mois, après quoi il me fallut la remettre à un officier suédois, enseigne de vaisseau.

Tous les officiers ne peuvent pas avoir des chambres, et c'est l'ancienneté qui donne la prérogative de jouir de celles qui se trouvent à bord d'un vaisseau; ceux qui n'en peuvent pas avoir ont simplement un poste ou une place entre deux pièces de canon dans la grand-chambre pour y pendre leur hamac au plancher. La grand chambre est une portion de la seconde batterie, au-dessous de la chambre du conseil, qu'on allonge ou qu'on raccourcit à volonté au moyen d'une cloison mobile qui s'enlève dès qu'il est question de combat et où les officiers entrent exclusivement. On y laisse toujours une grande table tendue sur laquelle les officiers mangent aux heures des repas, et sur laquelle ils peuvent écrire ou faire ce qu'il leur plaît dans le reste de la journée.

On prend de même une portion de la première batterie, au-dessous de la chambre du conseil et de la grand-chambre, pour, avec une cloison mobile, en faire un poste où couchent et se tiennent les gardes de la marine, le maître-canonnier, le chirurgien-major, l'aumônier et les officiers qui n'ont ni chambre, ni postes à la grand-chambre.

Cette troisième chambre s'appelle la sainte-barbe, parce que les poudres sont immédiatement au-dessous et que le magasin à poudre s'appelle de même la sainte-barbe.

Les soldats, matelots et autres individus de l'équipage sont logés tout le long de la première et de la seconde batterie, c'est-à-dire qu'ils pendent tous, à l'entrée de la nuit et aussi près les uns des autres qu'il est nécessaire, un hamac dans lequel ils se couchent et dans lequel ils plient, pendant le jour, leur havresac et leur petit bagage, qui pour lors est porté dans les filets dessus le pont; on a ordinairement soin, tous les matins, de faire laver, balayer, nettoyer tous les ponts et d'étendre tous les hamacs, afin d'entretenir la propreté et laisser circuler un air nouveau.

Le hamac du matelot et du soldat est simplement un morceau de toile très forte et très grosse, long d'environ six à sept pieds, large de quatre à cinq, lié par les deux extrémités à deux bons bouts de corde qu'on attache à deux clous fixés au plancher et qu'on suspend assez haut pour qu'on puisse passer dessous en se courbant, s'il en est besoin.

Le matelot s'étend dans son hamac qui, par son poids, fait poche dans le milieu, de manière que les rebords l'enveloppent, indépendamment d'une couverture qu'il met sur lui, et il a le ventre et la ceinture fort bas, tandis que la tête et les pieds sont fort élevés.

Celui de l'officier est beaucoup meilleur et plus commode. Il est composé d'un cadre de bois garni de sangles, enchâssé dans un entourage de toile forte, formant quatre rebords, lié aux quatre coins par des morceaux de corde qui servent de même à le suspendre à quatre anneaux fixés au plancher.

On met sur ce cadre, des matelas, des draps et des couvertures comme dans un autre lit, et on est garanti d'une chute par les rebords de l'entourage qui surpassent le tout. Il faut beaucoup de temps pour s'habituer à ces lits mobiles et au tapage qui se fait dans le vaisseau, dans les voiles, dans les cordages et dans la mer. Cependant, j'y dormais parfaitement.

Les deux parties les plus faibles d'un vaisseau sont ses deux extrémités de l'avant et de l'arrière ; une seule volée donnée dans une de ces parties, tuerait plus de monde que trente données par le travers ; aussi, dans un combat particulier, met-on tous ses soins à attaquer son ennemi par la proue ou par la poupe et à empêcher qu'il n'en fasse autant.

Une ligne de bataille n'est autre chose qu'une suite de vaisseaux les uns derrière les autres à un câble de distance (un câble est une longueur de cent brasses à cinq pieds la brasse) faisant route dans le sens de leur longueur et présentant leur flanc droit ou leur flanc gauche à l'ennemi. Si deux vaisseaux ou deux armées font route parallèlement dans la même direction, cela s'appelle être au même bord ; si, au contraire, on se croise en faisant route opposée, cela s'appelle être à bord opposé. Il y a de nos terrestres qui s'imaginent qu'un vaisseau peut se porter en avant par son travers comme un bataillon, mais cela est impossible ; l'eau lui oppose de ce côté une résistance si forte que, lorsque l'on veut ne pas bouger de la place, on met le vaisseau en travers au vent et on oriente les voiles de l'avant de manière à faire route, et celles de l'arrière de manière à reculer, de façon qu'étant poussé par les deux bouts à sens contraire et étant appuyé par l'eau par son travers, il se meuve en place ; c'est ce qu'on appelle être en panne.

Ces forteresses ambulantes ne peuvent donc faire chemin que d'un côté ; elles glissent dans la plaine liquide qu'elles fendent et entr'ouvent avec la quille et la proue, presque comme une charrue sillonne la terre ; elles obéissent à l'impulsion du vent dont les caprices sont pour ainsi dire subordonnés à l'industrie du marin qui le combat et le fait servir à ses desseins, au moyen du gouvernail et de la différente situation des voiles.

Les vents soufflent alternativement de toutes les parties de l'horizon, et si l'on voulait en fixer le nombre, il faudrait compter tous les points contenus dans ce cercle que nos yeux tracent autour de nous; mais les marins sont convenus de diviser l'horizon en trente-deux portions qu'ils appellent quarts, rhumbs, ou airs de vent. Les quatre principaux airs de vent sont les points où le soleil se lève et où il se couche, le pôle nord et le pôle sud; et de ces quatre noms : est, ouest, nord, sud, dérivent tous les autres noms de vents, selon qu'ils sont plus ou moins près de l'un des quatre.

Un cercle en carton, divisé en trente-deux parties, représente l'horizon avec les trente-deux airs de vent et s'appelle une boussole; on adapte, le long d'une ligne marquée d'une fleur de lys (N sur la figure), qui indique le nord, une aiguille aimantée dont la propriété est connue; cette aiguille, étant assujettie en dessous du cercle de carton, est posée en équilibre sur un pivot de cuivre, et comme elle se dirige toujours vers le nord du monde, elle entraîne avec elle le cercle de carton dont toutes les divisions correspondent par conséquent toujours aux divisions de l'horizon quelque situation que prenne le vaisseau.

La boîte dans laquelle est la boussole est assujettie sur le pont parallèlement à la quille du vaisseau et la petite ligne B désigne cette même quille et le milieu du vaisseau de façon que, puisque l'aiguille aimantée en équilibre sur un petit pivot et assujettie en dessous du cercle de carton, le long de la ligne nord et sud, entraîne ce carton dans ses mouvements et dirige toujours la pointe marquée d'une fleur de lys vers le vrai nord de notre globe, il s'ensuit que dans tous les cas et à toute heure, le point de division du cercle de carton qui se trouvera vis-à-vis la petite ligne B marquée dans le biseau de la boîte A, indiquera l'air de

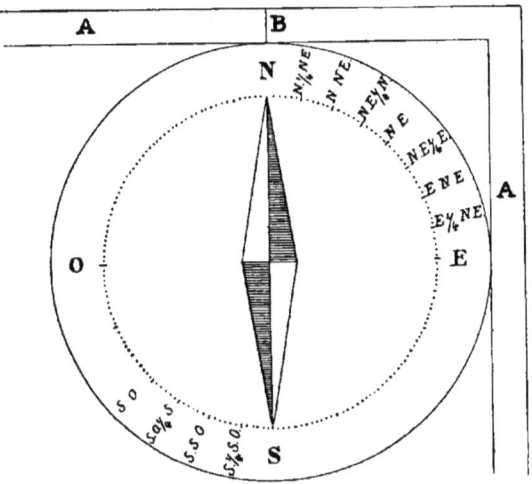

vent ou le point du monde vers lequel la quille du vaisseau se trouvera dirigée et, par conséquent, la route du vaisseau sera connue; en sorte que si vis-à-vis la ligne je vois sur le carton le point marqué NE, je dis que le vaisseau fait route au nord-est. Si c'est le point marqué S 1/4 S. O., je dis que le vaisseau fait route sud quart sud ouest; si c'est le point marqué d'une fleur de lys comme dans la figure, je dis que le vaisseau fait route au nord.

Indépendamment de cette manière d'énoncer la direction de la route d'un vaisseau en indiquant l'air de vent vers lequel il court, il en est une autre plus en usage dans les manœuvres et qui n'a rapport qu'au vent qui souffle dans le moment. On dit qu'une armée ou un vaisseau court largue, court vent arrière et court au plus près. Dans la figure suivante les vaisseaux B, D, E, font ces trois routes différentes; le cercle représente l'horizon et le vent est supposé venir du point marqué est. Le vaisseau B court au plus près du vent, c'est-à-dire que par l'action de son gouvernail et la situation de ses voiles on est parvenu à rapprocher sa route le plus près possible du lit du vent ; il est parti du point A et court vers le point 6, il ne pourrait pas se tourner davantage vers le point du vent sans être masqué, c'est-à-dire que ses voiles seraient dérangées par le vent, et il ne pourrait plus faire route.

Toutes les fois donc qu'un vaisseau court au plus près du vent, la direction de sa route et sa quille forment avec le lit du vent un angle de six airs ou six rhumbs de vent, comme on peut le voir par la figure.

Les deux vaisseaux B C sont tous les deux au plus près, l'un à droite, l'autre à gauche du lit du vent. Le premier reçoit le vent par son côté gauche qui, en terme maritime, s'appelle bâbord ; le second, C, reçoit le vent par son côté droit qui s'appelle tribord, et cela s'appelle avoir les amures à tribord ou à bâbord, à cause de l'amure de la voile qui est placée de manière à recevoir le vent à droite

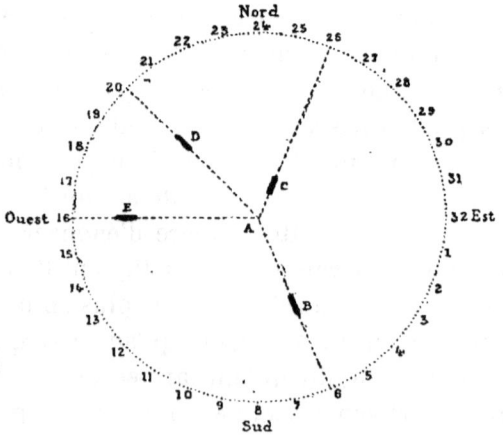

ou à gauche ; de façon que le vaisseau A court au plus près bâbord amures et le vaisseau C au plus près tribord amures; si l'on regarde la boussole, on verra qu'ils font route au N. N. E. et au S. S. E.

On dit qu'un vaisseau court largue, lorsqu'il ne tient pas le plus près, c'est-à-dire qu'il forme avec le lit du vent un angle de plus de six quarts. Si le vaisseau C avait couru dans la direction A 25, il aurait couru largue d'un quart, s'il avait couru au nord, le vent étant à l'est, il aurait quitté le plus près de deux quarts; en conséquence, le vaisseau a largué de six quarts, puisqu'il court à douze quarts du lit du vent. D'après cet exposé il est facile de concevoir qu'un vaisseau court largue d'autant de quarts qu'il s'éloigne de la ligne du plus près. Le vaisseau E court vent arrière, c'est-à-dire dans le lit du vent; il ne faut que voir la figure.

On dit encore qu'un vaisseau qui fait route au plus près, tient le vent ou qu'il serre le vent; et s'il change de direction en s'éloignant du lit du vent, c'est-à-dire s'il largue, cela s'appelle encore arriver ; un vaisseau largue de deux quarts ou arrive de deux quarts : cela signifie la même chose.

Dans la figure suivante, le vaisseau A court au plus près du vent qui est supposé venir du haut de la page; arrivé au point B, son capitaine juge à propos de le faire larguer ou arriver de deux quarts et, en conséquence, il se dirige vers le point C et forme avec la direction du lit du vent un angle de huit quarts, ainsi qu'on le voit par la figure; parvenu au point C, on juge encore à propos de le faire arriver de deux quarts, il tombe dans la direction CD qui forme un angle de dix quarts avec le lit du vent; en conséquence, ce vaisseau court donc dans le moment quatre quarts largue. Du point D, on l'a fait courir vent arrière, c'est-à-dire dans le lit du vent, et il est parvenu au point E. De ce point on a voulu ramener ce vaisseau vers celui de son départ, et pour cela il a fallu le faire remonter contre le vent et, par conséquent, lui faire tenir de plus près les

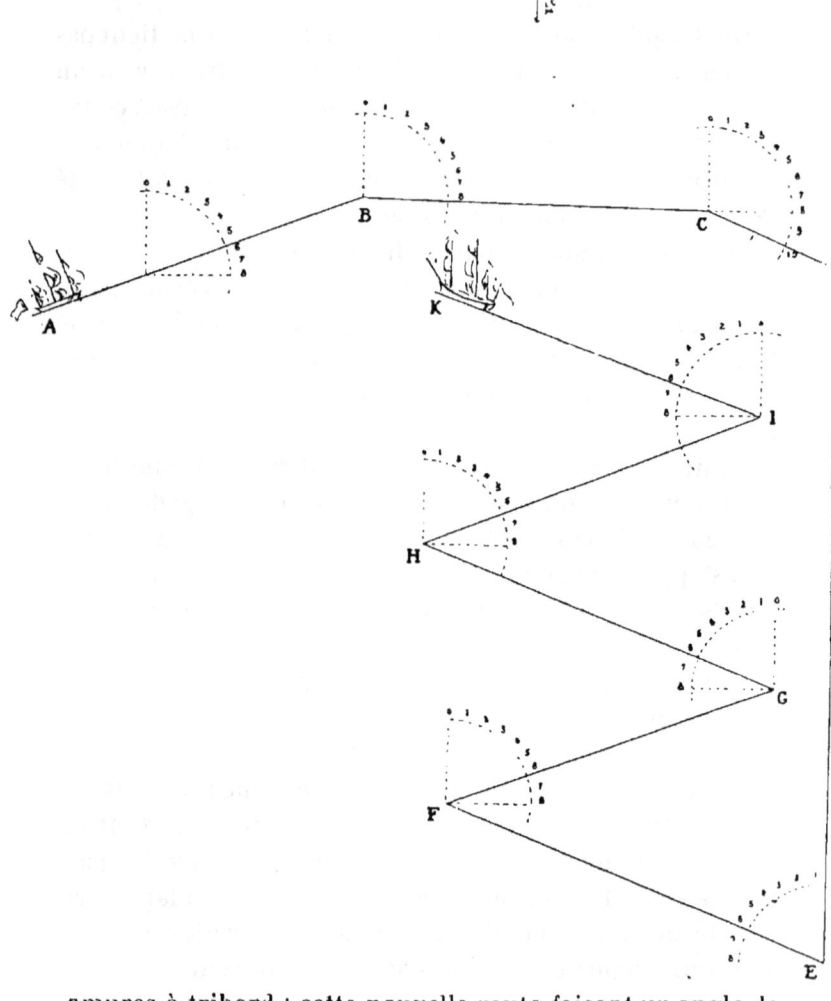

amures à tribord : cette nouvelle route faisant un angle de six quarts avec le lit du vent, l'a conduit de E en F ; et parvenu à ce point, on voit qu'il a déjà remonté dans le vent, mais que cette direction passe fort au-dessous du point où il veut arriver ; en conséquence, on l'a fait revirer et faire route au plus près bâbord amures, ce qui l'a conduit en G, où il a encore viré et a fait route tribord amures au plus près jusqu'au point H, qui passant encore au-dessous du point désiré A, l'a déterminé à revirer encore une fois pour gagner davantage dans le vent. Il a donc fait route au plus près bâbord amures jusqu'au point I, où, se voyant assez élevé, il a viré tribord amures jusqu'au point K, d'où il pourra se rendre à son point de départ A en courant largue.

Voilà la manière dont on remonte contre le vent, et cette manœuvre s'appelle louvoyer, mais un gros vent ou une grosse mer la rendent souvent nulle et toujours diminuent l'effet qu'elle devrait produire. Les vagues de la mer suivent toujours la direction du vent qui règne et leur grosseur augmente en proportion de sa force, ces mêmes vagues soulèvent le vaisseau avec violence et l'entraînent avec elles, en sorte que tandis qu'un vaisseau a son mouvement en avant suivant la direction du plus près, une lame lui imprime en même temps un second mouvement par son travers, et ce second mouvement étant répété par toutes les lames d'eau qui surviennent change réellement la route, quoique sa quille ne paraisse cependant point changer de direction; le vaisseau A fait route au plus près tribord amures, et devrait parvenir au point F, si le temps était propice, mais la lame d'eau GG l'a soulevé au point B, et, sans changer la direction de sa quille, l'a transporté sous le vent de sa première position; la vague HH, lui assure le même tour au point C, et enfin la lame II a fait son effet sur lui au point D de façon qu'il est parvenu au point E au lieu du point F; il a donc perdu par la forte mer toute la distance EF; c'est cette distance qui s'appelle dérive, et un vaisseau dérive plus ou moins suivant qu'il marche avec plus ou moins de vitesse ou de lenteur, que les courants sont plus ou moins forts, enfin, selon qu'il est bien ou mal construit, car il y a des vaisseaux qui tiennent le vent beaucoup mieux les uns que les autres.

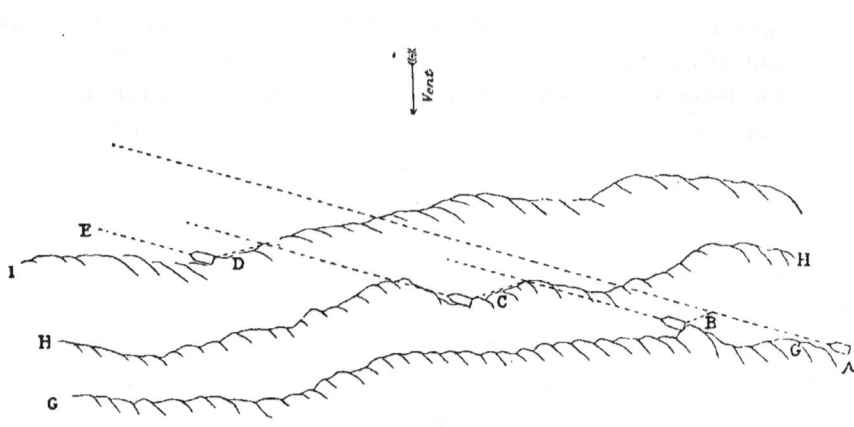

Ce grand mot de dérive a souvent servi de prétexte pour couvrir des fautes de quelques officiers de la marine, mais il a souvent aussi causé réellement des accidents et des malheurs, sans qu'on pût s'en défendre. Au reste, lorsque l'on fait route au plus près, on estime à vue d'œil la valeur de l'angle de la dérive qui est d'un quart, de deux, trois et même quatre quarts selon le temps et le vaisseau.

Un vaisseau vire de deux manières, vent devant et vent arrière. Lorsqu'on veut le faire virer vent devant, on l'établit d'abord au plus près et quelquefois un quart largue, on tâche d'augmenter le plus possible la vitesse de sa course, en lui mettant ses basses voiles, et l'on tourne tout à coup la barre de son gouvernail sous le vent, de manière que le plat de ce même gouvernail, opposant perpendiculairement une forte résistance à l'eau qui fuit avec rapidité le long des flancs du vaisseau, force l'avant du vaisseau à venir dans le lit du vent, mais lui donne cependant assez de force pour dépasser le lit du vent, et le mouvement de rotation s'achève en changeant avec célérité l'amure des voiles que l'on place au bord opposé à celui où elles étaient. Cette manière de virer est bonne en ce sens, qu'on ne perd pas un pouce de terrain ; le vaisseau ne fait que pivoter sur lui-même, mais elle est difficile et se manque très souvent, elle est même impraticable par une grosse mer; les vaisseaux courts virent beaucoup plus aisément que les autres.

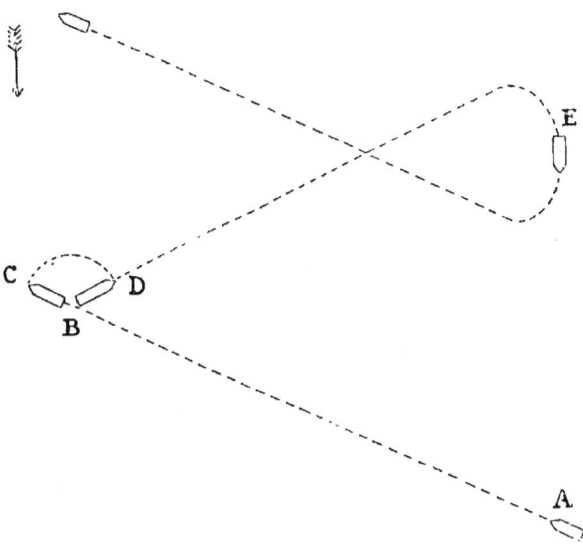

Lorsqu'on veut virer vent arrière, on ne fait que céder au vent et larguer jusqu'à ce qu'on soit le cul dans le lit du vent et on revient au plus près de l'autre bord. Cette manière est immanquable, mais très longue, et perd beaucoup de terrain; elle s'emploie dans les mauvais temps et avec les vaisseaux mal construits et mal arrimés.

Un vaisseau qui, dans une manœuvre d'armée, manque de virer vent devant, et est obligé de virer vent arrière, dérange toute la ligne qui est obligée de se reformer sur lui.

Le vaisseau A a viré vent devant au point B et son avant a décrit le petit cercle CD qui passe par le lit du vent; il a ensuite viré vent arrière au point E, et l'on peut juger par

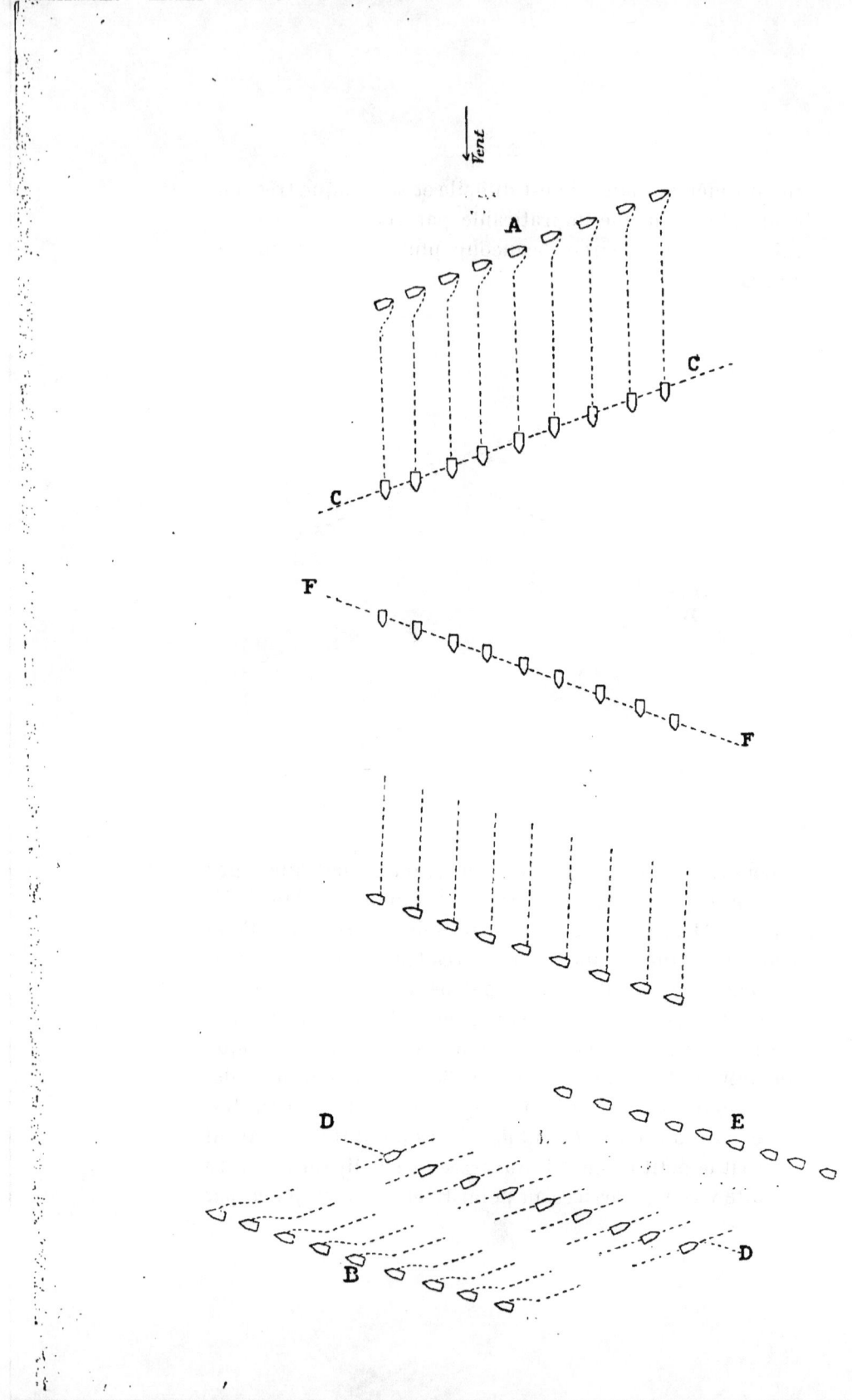

la trace de ces deux mouvements, de leur exécution et de leurs avantages.

Une escadre en ligne de bataille est une suite de vaisseaux rangés dans les eaux les uns des autres à une distance convenue et toujours au plus près tribord amures ou bâbord amures ; ces deux alignements du plus près sont la base de toutes les manœuvres, parce que, dans cette position, les vaisseaux y tiennent mieux leur poste, et qu'on est plus maître de leurs mouvements et de tirer parti des événements. Par la même raison qu'un vaisseau au plus près forme un angle de six quarts avec le lit du vent, une ligne de bataille composée de plusieurs vaisseaux formera dans tous ses points le même angle de six quarts. Mais des vaisseaux quoique rangés sur l'un des deux alignements du plus près tribord ou bâbord peuvent faire des routes différentes. Dans la figure, le vent est supposé venir du haut de la page, l'escadre A court en ligne de bataille bâbord amures puisqu'elle reçoit le vent du côté gauche et que tous ses vaisseaux sont au plus près, mais elle aperçoit au loin et sous le vent une autre escadre B ; elle veut la reconnaître et pour cela elle court vent arrière, mais sans se déranger de l'alignement du plus près bâbord, ainsi qu'on le voit ponctué CC ; en même temps, l'escadre B, qui a de même aperçu l'escadre A et veut aussi la reconnaître, et qui fait route tribord amures et par conséquent sur l'ordre de bataille opposé, fait virer de bord ses vaisseaux tous à la fois, et sans quitter son premier alignement du plus près tribord amures, court cependant au plus près bâbord amures. Cet ordre de marche s'appelle marche en échiquier (voyez la ponctuation DD) ; lorsqu'elle est parvenue au point E, elle se trouve assez près pour devoir se précautionner et se mettre en bataille ; en conséquence, elle fait revirer tous ses vaisseaux en même temps et se retrouve en bataille sur la ligne du plus près tribord.

L'escadre A, que nous avons laissée en C, voyant l'ordre de bataille de l'escadre B opposé au sien, veut se former de même, afin que tous les vaisseaux puissent attaquer à fois et que les deux lignes soient parallèles ; en conséquence, les vaisseaux de la gauche forcent de voiles, ceux de la droite en diminuent et on continue de courir ainsi jusqu'à ce que tous les vaisseaux, par le moyen de la boussole, se relèvent dans l'alignement du plus près tribord, ponctué FF ; ils reprennent alors une voilure égale, et lorsqu'ils sont parvenus à une distance raisonnable, tous les vaisseaux viennent au vent tous à la fois, en prenant les amures à tribord et se trouvent sur le même ordre de bataille que l'escadre B, qui, étant sous le vent, ne peut pas attaquer, mais continue sa route en bon ordre, prête à repousser les efforts de l'ennemi, qui, étant au vent, a l'avantage de n'attaquer que lorsqu'il le jugera à propos. Les deux escadres continueront donc à faire route en présence l'une de l'autre, jusqu'à ce que le vent change et les oblige de manœuvrer pour se remettre en bataille sur la ligne du plus près du nouveau vent qui viendra, ou bien jusqu'à ce qu'il plaise à l'escadre qui est au vent de faire arriver ses vaisseaux d'un ou deux quarts, pour s'approcher peu à peu et cesser de présenter le côté. Alors, le combat s'engagera, mais les escadres ne discontinueront pas pour cela de faire route, et, tout en cheminant, se tireront force coups de canon, jusqu'à ce que l'une des deux, maltraitée et dégréée, cherche à cesser le combat en larguant considérablement, si c'est celle de dessous le vent, et au contraire en serrant le vent le plus possible si c'est celle qui est au vent.

Quant aux avantages et aux inconvénients d'être au vent ou sous le vent, chaque position a les siens ; l'armée qui est au vent a l'avantage de commencer l'attaque quand elle veut ; elle est bien placée pour serrer l'ennemi, le couper ou enfin l'aborder ; elle n'est point incommodée par le feu et la fumée que le vent jette sur l'ennemi; mais aussi elle ne peut pas quelquefois se servir de sa première batterie, parce que, le vent faisant pencher les vaisseaux, tous les boulets de sa première batterie donnent à l'eau, tandis que ceux de l'ennemi, par le même flot de vent, viennent ou dans le corps de vaisseau ou dans les cordages; elle craint encore de mettre le feu aux voiles qui pourront tomber avec des mâts de hune coupés par des boulets; ces voiles et cordages tomberont du côté où elle fait feu, tandis que ceux des ennemis tomberont du côté opposé à celui où ils font feu; enfin, des vaisseaux dégréés risquent de tomber dans la ligne ennemie, tandis que, au contraire, ceux qui sont sous le vent sont aisément couverts et se réparent en sûreté, et se mettent en état de reprendre place dans la ligne.

Cependant chaque général cherche toujours à gagner le vent, parce qu'alors il est maître de ses mouvements, peut faire reposer ses équipages, étant maître du moment de l'attaque, tandis que celui qui est sous le vent est toujours

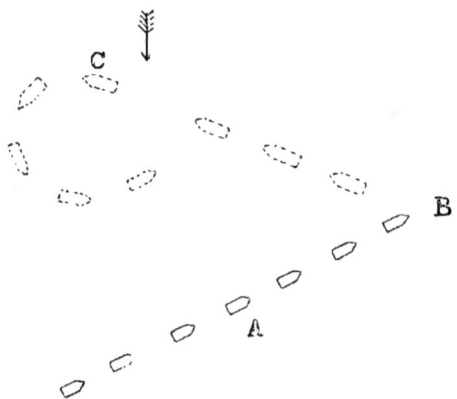

sur le qui-vive, et est forcé d'avoir toujours ses équipages debout.

Il y a encore une manœuvre assez usitée vis-à-vis de

l'ennemi, qui est de virer vent devant par la contremarche où lof pour lof par la contremarche. Ce mouvement est très simple. L'escadre A, faisant route au plus près bâbord amures, a eu ordre de virer vent devant par la contremarche au point B. Son vaisseau de tête a viré vent devant à ce point, et tous les autres vaisseaux sont venus successivement virer au même point et ont fait route tribord amures jusqu'au point C, où ils ont reçu ordre de virer lof pour lof par la contremarche, ce qui n'est autre chose que virer vent arrière successivement au même point, ainsi qu'on le voit tracé.

Voilà à peu près un résumé de toutes les manœuvres et de tous les mouvements de vaisseaux nécessaires à entendre pour concevoir les évolutions qui ont eu lieu dans les différents combats de la campagne.

Il est temps de se mettre en route.

CHAPITRE III

Une fête nautique en l'honneur de M. de Castries, ministre de la marine. — L'escadre aux ordres de M. le comte de Grasse. — L'état-major du *Languedoc*. — Départ de Brest. — Route de Brest aux Antilles.

Une fête nautique. — L'escadre aux ordres du comte de Grasse.

Vers le 15 mars 1781, M. de Castries, ministre de la marine, se rendit à Brest pour voir le port, les arsenaux et accélérer la réparation des vaisseaux rentrés au mois de janvier sous les ordres de MM. d'Estaing et de Guichen. Plusieurs d'entre eux devaient se joindre à nous et venir en Amérique incessamment, sous les ordres de M. le comte de Grasse (1) qui avait arboré son pavillon sur la *Ville-de-Paris*, comme commandant de la nouvelle armée. On

---

(1) François-Joseph-Paul comte de Grasse, d'une ancienne et illustre maison de Provence, naquit à la Valette, près Toulon, en 1723.
   Destiné de bonne heure à entrer dans l'ordre de Malte, il fut embarqué en 1733, à l'âge de 11 ans, sur les galères de la Religion.
   En 1740, il passa au service de la France, fut nommé capitaine de vaisseau en 1762, et en 1764, chevalier de Saint-Louis.
   Au début de la guerre d'Amérique, il se distingua au combat d'Ouessant, le 27 juillet 1788, où, sur le *Robuste*, il soutint vaillamment, à l'arrière-garde, contre des forces très supérieures en nombre, l'honneur du pavillon.
   Il concourut pour une bonne part à la capitulation de lord Cornwalis, à York, le 19 octobre 1781, et par suite, à l'indépendance de l'Amérique. Le congrès américain lui marqua sa reconnaissance en lui offrant quatre pièces de canon prises après le siège.
   Le 12 avril 1782, il essuyait, près des îles de Saintes, un échec des plus graves. Le vaisseau la *Ville-de-Paris*, qu'il montait, fut pris à 6 heures du soir, après une résistance acharnée où 120 hommes de

donna une fête sur ce vaisseau à l'occasion de l'arrivée du ministre, qu'on régala du simulacre d'un combat naval dans la rade, par tous les vaisseaux à l'ancre; tous les bâtiments de guerre firent feu tous à la fois de toutes leurs batteries tribord et bâbord, et continuèrent ce tintamarre infernal pendant un quart d'heure; plusieurs vaisseaux se dégréerent pendant cette canonnade, afin d'imiter le désordre des bâtiments maltraités dans une affaire. Notre vaisseau fut du nombre de ceux qui amenèrent leurs vergues, leurs mâts de hune, etc. Cette manœuvre causa la mort de deux de nos matelots qui furent écrasés; et lorsqu'un officier auxiliaire fut en rendre compte au général, il en reçut pour toute réponse une mercuriale très sèche sur ce qu'il y était allé en hausse-col, ce qui n'est pas d'usage. Le général eût pu intercéder pour les veuves ou les enfants de ces deux malheureux, mais il n'y fit pas la moindre attention et craignit d'ennuyer le ministre.

Les jours suivants firent remarquer une activité extraordinaire, qui annonçait la présence d'un chef bouillant et impérieux, peu accoutumé aux délais perpétuels trop souvent motivés par les contrariétés des vents. On ne s'attendait guère à partir qu'au commencement d'avril, mais le 21 mars, le bruit se répandit tout à coup que nous partions le lendemain, que tout était prêt, et l'on ordonna

---

l'équipage furent tués et presque tous les autres blessés. Le vaisseau lui-même était si endommagé qu'il coula avant d'arriver à Plymouth.

Fait prisonnier et conduit en Angleterre, M. de Grasse fut bien accueilli du roi et de la cour, et chacun voulait avoir le portrait de « l'intrépide Français ».

Sa captivité ne fut pas inutile à la France, car il contribua à la conclusion de la paix de Versailles qui fut signée en 1783, entre l'Angleterre et les Etats-Unis d'Amérique, la France, l'Espagne et la Hollande.

Un conseil de guerre tenu à Lorient, en 1784, justifia sa conduite à la journée de Saintes.

Il mourut à Paris en 1788.

On lui a reproché quelque présomption, mais on n'a jamais mis en doute son éclatante valeur au combat.

sur-le-champ de compléter les équipages et les garnisons des vaisseaux partants. M. de Saint-Quentin prit dix-huit hommes sur nos autres détachements qui restaient en Europe, pour remplacer nos morts et nos malades de l'hiver. On distribua les troupes passagères sur tous les vaisseaux. Le nôtre eut 60 hommes du régiment de Poitou destinés à recruter les corps qui servaient dans les colonies. Nous eûmes encore 100 chasseurs du régiment de Dillon qui faisaient partie de 3 ou 400 hommes qui allaient joindre un bataillon de ce régiment aux Antilles. Notre équipage effectif, non compris ces troupes, était d'environ 950 hommes.

Tous les autres bâtiments étaient aussi bien armés en proportion de leur rang.

L'état-major du « Languedoc ».

L'état-major du vaisseau était composé de MM. le baron d'Aros, brigadier, commandant le vaisseau.
Durand de la Motte, lieutenant, chargé du détail.
Chevalier de Rosilye, lieutenant.
De Moëllien, lieutenant.
De Truguet, lieutenant.
De La Sablière, enseigne.
Maron de Panciat, enseigne.
Blanquet du Chaila, enseigne.
De Masteloni, officier napolitain, enseigne.
De Virgin, officier suédois, enseigne.
Duval, lieutenant de frégate.
D'Aros, fils, garde de la marine.
Chevalier de Monlivaux, id.
De Nolé, id.
Le Duc, officier auxiliaire.
Charron, id.
La Houssaye, id.

Mistral, chirurgien-major.
Père Camille, aumônier.

On remit le même jour, comme cela est d'usage, de la part du général, à tous les commandants de bâtiments de guerre, grands et petits, un état des vaisseaux qui composaient notre armée, et du rang que M. de Grasse avait jugé à propos de leur assigner dans la ligne de bataille qui est, comme je l'ai déjà dit, l'ordre dans lequel une armée navale combat. Cet état était composé de 25 vaisseaux, 3 frégates, 2 cutters.

De ces vingt-cinq vaisseaux, il y en avait cinq destinés pour les Indes orientales, commandés par M. le commandeur de Suffren (1) qui, en attendant sa séparation, devait former une escadre légère pour éclairer la marche de l'armée. Les autres vingt vaisseaux étaient pour les Indes occidentales, sous les ordres de M. le comte de Grasse, lieutenant général commandant l'armée et particulièrement le corps de bataille; il montait le vaisseau à trois ponts, la *Ville de Paris.*

Le second commandant de l'armée était M. de Bougainville, chef d'escadre, intrus dans le corps de la marine,

---

(1) Pierre-André de Suffren Saint-Tropez, chevalier, grand'croix de l'ordre de Saint-Jean de Jérusalem, général des escadres de la Religion, chevalier des ordres du roi, vice-amiral de France, commandeur des commanderies de Jalès, Saint-Christol et Puimoisson, ambassadeur extraordinaire de l'ordre de Malte près Sa Majesté Très Chrétienne, généralement connu sous le nom de bailli de Suffren, naquit en 1727.
Parti le 22 mars de Brest, avec l'armée navale aux ordres du commandant de Grasse, le commandeur de Suffren devait s'en séparer à hauteur de Madère pour aller livrer aux Anglais, dans la mer des Indes, cette série de combats qui allaient le rendre célèbre et ne devait s'arrêter qu'à la paix de 1783.
En récompense de ses hauts faits, l'ordre de Malte le fit bailli en août 1782, et le roi le gratifia du cordon de ses ordres et créa pour lui la place de vice-amiral des Indes.
Il mourut en 1788.
Une arrière-petite nièce du bailli de Suffren devait, plus tard, épouser le fils de l'auteur de cette relation.

par conséquent détesté de la plus grande partie des officiers; il commandait l'avant-garde et montait le vaisseau l'*Auguste*.

Le troisième commandant était M. d'Espinouze, le plus ancien des capitaines de notre armée, il était chargé de l'arrière-garde et montait le *César*, placé aussi au centre de sa division.

LIGNE DE BATAILLE

Tous les vaisseaux sont placés ci-dessous, à leur rang d'ordre de bataille et leurs marques distinctives sont : le général, pavillon blanc au grand mât, le corps de bataille, flamme blanche aux différents mâts selon leur rang; le second commandant, pavillon blanc et bleu et toute l'avant-garde avec flammes blanches et bleues; le troisième commandant, pavillon bleu et l'arrière-garde avec flammes bleues, l'escadre légère avec flammes coupées, le commandant en guidon blanc.

Escadre blanche et bleue ou avant-garde.

Le *Languedoc*, 80 (le baron d'Aros); le *Citoyen*, 74 (Déty); le *Glorieux*, 74 (le baron des Cars); la frégate la *Diligente*, l'*Auguste*, 80 (de Bougainville); le *Souverain*, 74 (de Glandevès); le *Diadème*, 74 (Montéclair).

Escadre blanche ou corps de bataille.

Le *Zélé*, 74 (de Préville); le *Scipion*, 74; le cutter l'*Alerte*, le *Northumberland*, 74 (Saint-Césaire); la frégate la *Médée*, la *Ville-de-Paris*, 104 (comte de Grasse); le cutter le *Pandour*, le *Sceptre*, 74 (comte de Vaudreuil); l'*Hector*, 74; le *Magnanime*, 74 (Le Bègue).

Escadre bleue ou arrière-garde.

La *Bourgogne*, 74 (de Charitte); le *Vaillant*, 64; le *Marseillais*, 74 (de Castellane); la frégate l'*Aigrette*, le *César*, 74 (le commandeur d'Espinouze); le *Saint-Esprit*, 80 (marquis de Chabert); l'*Hercule*, 74; le *Pluton*, 74 (chevalier d'Albert de Rioms).

Escadre légère.

Le *Héros*, 74; l'*Annibal*, 74; le *Vengeur*, 64; l'*Artoisien*, 64; le *Sphinx*, 64.
Le commandeur de Suffren commandait cette division et nous quitta à une certaine hauteur pour les Indes orientales. Il montait le *Héros*.

Départ de Brest. — Route de Brest aux Antilles.

Le 22 mars, M. de Grasse fit de bonne heure tous les signaux nécessaires pour faire appareiller l'armée et le convoi que nous devions escorter, qui était de plus de deux cents voiles.

Les vents étaient depuis quelques jours de la partie du nord et de l'est, assez faibles. Ce sont les plus favorables pour sortir de Brest et pour aller en Amérique.

M. de Castries se rendit sur la côte, accompagné de quelques Parisiens de sa suite et d'une foule immense de peuple qui voulait jouir du spectacle de notre départ.

Les vaisseaux de guerre et les bâtiments marchands appareillèrent pêle-mêle : il y eut quelques abordages sans suites fâcheuses ; le *Languedoc*, après avoir levé l'ancre sur laquelle il était mouillé, fut entraîné par les courants que le vent trop faible ne pouvait refouler, sur un bâtiment marchand ; nous ne lui fîmes aucun mal, et il nous cassa notre bout-dehors de beaupré ; nous fûmes obligés de remouiller pour aller en chercher un autre dans le port.

Nous mîmes sous voiles à midi. La plus grande partie des vaisseaux était déjà dans le goulet ; M. de Grasse fit saluer M. de Castries par dix-neuf coups de canon, lorsque la *Ville-de-Paris* passa vis-à-vis de l'endroit de la côte où était ce ministre, qui fit rendre le salut par une des batteries du voisinage.

A 3 heures, toute la flotte était à peu près par le travers de la baie de Bertheaume. Le général voulut mettre de l'ordre dans la marche et débrouiller l'armée d'avec le convoi marchand. En conséquence, il ordonna de se rallier sur trois colonnes, l'escadre légère passant à droite de l'armée, et le convoi à gauche.

Vers la nuit, tout était en pleine route suivant cet ordre. L'escadre légère éclairait la droite de l'armée ; les frégates marchaient en avant à une lieue de l'armée et du convoi qui faisait route à notre gauche.

L'avant-garde dont notre vaisseau occupait la tête, comme on l'a vu dans la ligne de bataille, formait la colonne de droite, le corps de bataille formait la colonne du centre, l'arrière-garde la colonne de gauche. Les deux cutters, l'*Alerte* et le *Pandore*, se tenaient à côté de la *Ville-de-Paris* pour recevoir les ordres particuliers du général. Le *Minotaure*, placé en arrière de la droite du convoi, était commandé par un lieutenant chargé d'y maintenir la police et d'y faire exécuter les signaux du général; c'était un vieux vaisseau de 74 canons, armé en flûte, c'est-à-dire chargé de munitions de guerre et de bouche et ne portant qu'une seconde batterie, la première étant chargée de munitions. Le *Sagittaire*, de 50 canons, le *Fier* et l'*Union*, armés aussi en flûte, étaient chargés de protéger les ailes du convoi et de le faire marcher serré.

Nous fîmes route à l'ouest et nous prîmes le point de départ de la pointe Saint-Mathieu, qui est par 48°14' de latitude nord et 7°,14' de longitude méridien de Paris.

Le 23, le point du jour ne nous laissa voir que ciel et eau, et ce premier moment ne laissa pas que d'être frappant pour un marin bâtard né au pied des Alpes. L'horizon était pur, le vent toujours de la partie de l'est excitait seulement un petit clapotement sur la surface de la mer que nous couvrions d'écume par le profond sillage de nos vaisseaux de guerre.

Notre convoi, tout couvert de voiles et très serré, semblait une ville, et offrait aux yeux un spectacle varié et amusant par l'espèce d'oscillation que produisaient les bâtiments qui se dépassaient les uns les autres. Au delà de ce petit ensemble, l'œil se perdait sur une immense étendue d'eau, tout autour de nous.

Je formai alors le projet de faire un journal exact des événements de notre campagne ; j'avais pris, pendant l'hiver, les notions nécessaires pour entendre les évolutions, soit d'un vaisseau, soit d'une escadre, et je m'étais aussi instruit des opérations mécaniques et astronomiques que les marins emploient journellement pour déterminer le point de la terre où leur vaisseau se trouve, lorsqu'il fait route hors de la vue d'une côte.

Les procédés qu'ils y emploient sont plus minutieux que difficiles ; ils consistent à marquer exactement sur un cahier toutes les demi-heures ou toutes les heures, la direction de la route du vaisseau d'après la boussole et la quantité de chemin qu'a fait le vaisseau pendant chaque direction différente ; tous les jours, à midi, on récapitule toutes ces diverses opérations et on fait un résumé qui fixe à peu près la route totale qu'a fait le bâtiment pendant les vingt quatre heures.

La quantité de chemin que fait le bâtiment se mesure avec un morceau de bois triangulaire et plat, dont la base est plombée et aux trois angles duquel est attachée une longue ficelle d'un certain nombre de mesures connues et évaluées d'après la mesure du degré de l'équateur.

Ces mesures, qui sont d'environ 47 pieds, sont marquées par des nœuds ; on jette ce morceau de bois à la mer derrière le vaisseau, et à mesure que le bâtiment quitte la place où est tombé le morceau de bois que l'on appelle loch, on dévide la ficelle qu'on laisse s'étendre sur la surface de l'eau ; pendant ce temps on observe un sablier qu'on a tourné au moment où le morceau de bois a paru tranquille et hors du sillage du vaisseau ; ce sablier doit être juste d'une minute ou demi-minute; dès que le sable a fini de verser, on arrête la ficelle et on regarde combien il s'est dévidé de mesures de 47 pieds. Si pendant une minute on a filé trois mesures ou nœuds, alors il est calculé que le bâtiment fait une lieue par heure; si on en a filé six, il fait deux lieues; on répète cette opération toutes les heures ou toutes les demi-heures et à midi on rassemble toutes ces quantités qui donnent le chemin des vingt-quatre heures.

On sait bien que cette évaluation est remplie d'erreurs, nécessairement causées par le mouvement de la mer, les courants, la force des vagues, le plus ou moins de justesse du sablier, de la ficelle qui se retire ou s'allonge suivant l'humidité de l'air et puis le plus ou moins de soins ou d'exactitude de ceux qui jettent le loch.

On corrige cette approximation fautive par l'observation astronomique de la hauteur du soleil sur l'horizon à midi, qui donne avec précision à une lieue ou deux près, la latitude sous laquelle on se trouve; cette opération se fait avec un instrument appelé octant, et les pilotes ou pilotins qui la font ont des guide-ânes imprimés qui leur indiquent mécaniquement le procédé qu'ils doivent suivre et leur donnent les calculs de la déclinaison et de la réfraction tout faits, calculs qui ne sont pas même entendus par les officiers, qui ont le singulier amour-propre de les regarder comme au-dessous de leurs occupations. Je n'ai pas été peu étonné de voir ces messieurs s'en rapporter entièrement à leurs pilotins pour cette partie de leur métier, et être réellement incapables de s'en acquitter; rien ne m'a paru plus plaisant que de voir ceux qui, par hasard, voulaient s'en amuser, employer une aiguille, un fil et un carton, pour déterminer graphiquement, comme leurs pilotes, les triangles de leurs différentes routes, tandis qu'ils n'auraient dû employer que l'usage des sinus s'ils en avaient eu la première teinture; mais je leur ai entendu dire souvent, de bonne foi, que ce n'était pas leur affaire, qu'ils n'avaient besoin que de savoir manœuvrer ; or, le savaient-ils ? c'est ce que nous verrons par la suite. Il serait cependant bien nécessaire qu'ils fussent plus versés dans les connaissances mathématiques qui, à tout instant, font les principes de toutes les parties de leur métier.

L'astronomie n'en est pas la partie la moins essentielle, et il n'y avait que deux ou trois officiers dans toute l'armée, qui fussent en état de faire une observation de longitude ; encore n'y en avait-il qu'un, M. le marquis de Chabert, actuellement chef d'escadre, qui s'en occupât ; aussi l'appelait-on, par dérision, l'astronome.

Il a prouvé au combat de Chesapeak, qu'il n'était pas moins bon officier. Quant à moi, je m'amusai à faire mon point et à tracer sur ma carte le chemin que nous faisions tous les jours.

Le 24, on découvrit une voile étrangère que nos frégates joignirent et amenèrent au général ; c'était un parlementaire espagnol, chargé de reconduire en Angleterre des prisonniers ; il continua sa route, et nous le perdîmes bientôt de vue. Le vent était toujours de l'arrière, ce qui nous faisait avancer chemin.

Le 25, le général fit signal qu'on pouvait écrire, ce qui annonçait le départ d'un bâtiment pour retourner en France rendre compte que nous avions dépassé le cap Finistère. Ce bâtiment partit effectivement le lendemain, après avoir pris les lettres à bord de quelques vaisseaux. Le vent fraîchit considérablement, toujours de la partie de l'est, ce qui faisait rouler un peu fort notre *Languedoc*, et surtout lorsqu'il fallait mettre en travers pour attendre les traîneurs du convoi, qui ne pouvaient faire autant de chemin que l'armée.

Du 27 au 29, le temps fut toujours très venteux de la même partie, la mer devint très grosse et il fallut tout attacher solidement dans le vaisseau qui faisait un vacarme diabolique par ses craquements et par ceux de son artillerie qu'on assujettit le mieux possible par de forts câbles.

Nous rencontrâmes deux bâtiments suédois qui nous apprirent la prise de Saint-Eustache sur les Hollandais par Rodney.

Tous nos nouveaux marins et plusieurs des anciens vomissaient jusqu'aux entrailles; je ne sais par quelle raison je ne fus jamais malade; on me l'avait cependant bien prédit à cause de ma rotondité.

Le général ordonna au convoi de passer à droite de l'armée.

Le 30, nous nous séparâmes de M. de Suffren et de son escadre légère qui fit route dans le sud pour aller aux Indes orientales; il fut suivi d'une douzaine de bâtiments marchands; le vent était devenu moins fort et variait de l'E.-N.-E. à l'O.-N.-O.

Le 31, le général ordonna à l'armée de se rallier à l'ordre de front sur la perpendiculaire au lit du vent qui était E.-N.-E. très fort et très pluvieux. Les trois colonnes se formèrent sur une seule ligne, chaque vaisseau conservant toujours son rang, l'alignement perpendiculaire au lit du vent; nos trois frégates éclairaient le front de l'armée à une lieue. Le convoi suivait immédiatement le plus près et le plus serré possible; il était contenu derrière et sur les ailes par les flûtes royales.

Le *Languedoc* était à son poste, à la droite de toute l'armée, selon notre rang dans la ligne, qui était un poste de confiance, car il y a beaucoup d'occasions en présence de l'ennemi où les vaisseaux de tête et de queue décident l'avantage par la célérité et la hardiesse de leurs manœuvres; aussi, un général y place ordinairement les officiers sur lesquels il compte le plus, et il me semble, d'après ce que j'ai vu, que ces deux postes devraient être occupés par des officiers généraux, qui peuvent prendre davantage sur eux dans les occasions intéressantes qu'un général ne peut apercevoir du centre de son armée, où il est enveloppé de feu et de fumée et d'où même il ne peut juger aussi précisément la justesse d'une manœuvre nécessaire. Le premier combat de Saint-Christophe prouvera la vérité de ce que j'avance.

Du 31 mars au 2 avril, le temps fut pluvieux et le vent très fort, variant du nord à l'est; nous faisions grand chemin, gouvernant toujours à l'ouest, un peu vers le sud afin d'entrer le plus tôt possible dans la zone torride et continuer paisiblement notre route à la faveur des vents alisés.

Le 3, le temps devint beau, le général nous fit évoluer sans perdre de vue le convoi qui continua tranquillement sa route; à la nuit, on reprit l'ordre de marche.

Le 4, il y eut un peu de pluie, nous cessâmes de nous chauffer, nous commençions à sentir les approches du tropique.

Du 5 au 7, il régna un calme triste et ennuyeux. Rien de plus triste que ces calmes. Tous les marins disent qu'ils aiment mieux un coup de vent qu'un calme. Nous occupâmes notre équipage à faire l'exercice, et nous mîmes deux fois notre canot à la mer pour éloigner un bâtiment marchand, que la lame nous portait dessus.

Dans la nuit du 7 au 8, il s'éleva un peu de brise de l'ouest et du sud-ouest, dont nous profitâmes pour nous rallier à l'armée qui était toute dispersée.

Le 9, il y eut un peu de vent de la partie de l'ouest et du sud-ouest; nous tînmes le vent tribord amures et nous fîmes route jusqu'au lendemain qui nous amena les vents de nord-est, qui nous remirent vent arrière, en pleine marche. Ce même jour la corvette le *Lively*, nous quitta avec quatre ou cinq marchands qui firent route pour Cayenne sous son escorte.

Le 11 et le 12 nous conservèrent des vents frais du nord-est, qui nous firent faire grand chemin, et nous indiquèrent que nous étions décidément dans les vents alisés et que notre navigation allait être désormais on ne peut pas plus douce et moins fatigante.

Le 13, on découvrit une voile étrangère ; le général la fit poursuivre (chasser, en terme de mer) par les frégates et un vaisseau de la gauche, avec défense de perdre l'armée de vue ; ils revinrent à la nuit, sans avoir pu le joindre. Nous avons su depuis que c'était un cutter ennemi dépêché à Rodney pour l'avertir de notre venue.

Ce jour-là plusieurs bâtiments firent des signaux d'hommes tombés à la mer ; nous en attribuâmes la cause à une cérémonie que font les marins, lorsqu'ils passent le tropique, ou la ligne ; elle consiste à arroser, ceux qui ne sont jamais entrés dans la zone torride ; or, nous étions ce jour-là, à midi, précisément par 23° 28' de latitude, sous le tropique du Cancer, et comme cette cérémonie commence ordinairement par une mascarade qui se fait dans la hune, et qui descend sur le pont, il se trouve des maladroits qui se laissent tomber à la mer, et il est toujours extrêmement difficile, pour ne pas dire impossible, de les sauver. Nous ne fûmes pas quittes du baptême dans notre vaisseau ; on nous arrosa plus ou moins suivant que nous avions moins ou plus garni un plat, ou petite bourse qui devait régaler les donneurs de baptême. Nous venions d'entrer dans la zone torride, où les vents soufflent continuellement de la partie de l'est et ne varient jamais que du N.-E. au S.-E.; cette uniformité, qui assure aux marins une navigation très commode et point dangereuse, est causée, selon les philosophes physiciens, par les rayons du soleil qui, étant perpendiculaires une grande partie de l'année, ont bien plus de force active dans ces climats que dans les nôtres, et produisent par cette même force et par le mouvement de rotation de notre planète d'occident en orient, un courant d'air parallèle, ou à peu de chose près parallèle au cours du soleil. Ce courant d'air réglé, que l'on nomme vents alisés, s'étend à trois ou quatre degrés au delà des tropiques dans l'océan occidental ; il est sujet à des variations dans les autres mers.

Nous ne discontinuâmes plus d'avoir le plus beau temps possible, un ciel toujours clair, un vent frais qui corrigeait parfaitement la trop grande chaleur de cette zone brûlante, et une belle mer qui, sans être trop forte, était cependant sillonnée d'une écume blanche qui bouillonnait sur une eau azurée, d'où nous voyons souvent des nuées de petits poissons volants, qui se servaient de leurs petites ailes toutes mouillées pour échapper aux dorades et autres gros poissons qui les poursuivaient ; je trouvai ce spectacle assez amusant la première fois que je le vis, et je crois que nos Grenoblois ouvriraient de bien grands yeux si on leur faisait voir des poissons traversant l'Isère en volant.

Le 17, le cutter l'*Alerte*, commandé par mon compatriote, M. de Chabons, fut expédié par le général pour nous devancer et nous annoncer à la Martinique ; il avait ordre d'atterrir sur la Trinité, qui est un bourg situé à l'est de cette île. L'intention du général était alors de faire atterrir l'armée sur l'île de La Désirade, qui est la plus au vent de nos possessions.

Le 21, le général nous fit dire qu'il ne comptait plus atterrir sur la Désirade, mais tout de suite sur le Vauclain, qui est une montagne de la Martinique au bas de laquelle est un bourg du même nom. Il établit aussi un nouvel ordre de marche ; il désigna le *Languedoc*, le *Zélé* et le *Marseillais* pour marcher en avant du front de l'armée à une lieue les uns des autres et les trois frégates devaient marcher en avant, ces trois vaisseaux dans le même ordre, de manière que le *Marseillais* devait être à une lieue en avant du général, le *Zélé* à deux, le *Languedoc* à trois, l'*Aigrette* à quatre, la *Diligente* à cinq, la *Médée* à six. Si la *Médée* eût aperçu des voiles en avant d'elle, elle en aurait fait le signal qui aurait été successivement répété par la *Diligente*, l'*Aigrette*, etc., jusqu'au général, qui aurait ensuite pris ses mesures sans que l'ennemi puisse le découvrir. Par ce moyen notre marche était éclairée à plus de quinze lieues en avant de l'armée. Tous les bâtiments devaient se rallier à la nuit, à un quart de lieue les uns des autres, pour continuer à faire route à petites voiles et être à portée d'apercevoir les signaux de nuit du commandant.

Le 22, cet ordre fut observé : nous nous portâmes au point du jour à notre nouveau poste ; le gros de l'armée et le convoi continuaient le même ordre que ci-devant.

Le 23, à 3 heures après midi, nous vîmes une éclipse de soleil, à laquelle nous ne songions pas ; c'eût été une bonne occasion pour déterminer précisément notre longitude et savoir juste à combien de lieues nous étions encore de la Martinique. Elle nous amena beaucoup de pluie qui dura jusqu'au 26.

Comme la latitude observée à midi, le 26, nous indiquait précisément celle du canal de Sainte-Lucie, nous fîmes route droite à l'ouest, et comme par la longitude estimée, nous nous croyons à 60 ou 80 lieues de terre, le général défendit à l'entrée de la nuit d'allumer aucun feu, et ordonna de se préparer au combat. Il était probable que l'armée ennemie, qu'on savait devoir être de notre force, fût à croiser au vent de la Martinique pour nous rencontrer et se mesurer avec nous, comptant sur quelque heureux hasard pour entamer notre convoi.

Le 27, comme les oiseaux et plusieurs indices nous annonçaient la proximité de la terre et que l'horizon était assez embrumé, le général diminua prodigieusement de voiles à l'entrée de la nuit ; nous en fîmes autant, ainsi que le *Zélé* et le *Marseillais* et nous nous rapprochâmes, suivant l'ordre donné, à un quart de lieue les uns des autres en avant du général ; mais nos frégates, qui avaient chassé beaucoup trop loin, et surtout celle qui devait être immédiatement devant le *Languedoc* à une lieue, se trouvant excessivement éloignée, ne s'aperçut pas que l'on diminuait de voiles et continua à courir pendant la nuit, ce qui induisit aussi en erreur les deux autres.

Le 28, au jour, nous ne les vîmes plus, mais nous découvrîmes la terre que nous nous empressâmes de signaler au général et à toute l'armée. Nous faisions route droite dessus, et c'était précisément le Vauclain sur lequel on voulait atterrir. Je ne pus m'empêcher d'être étonné de la précision avec laquelle nous avions cherché et trouvé ce petit morceau de terre qui n'a pas une lieue de large après avoir traversé pendant 37 jours un immense amas d'eau où nous n'avions pour guide que le soleil et un morceau d'aiguille aimantée ; je me convainquis de la solidité des connaissances humaines à cet égard, car, quoique je fusse au fait de la théorie des mouvements de la terre et des autres planètes autour du soleil, il me restait une incertitude causée par la multiplicité des systèmes anciens sur ce sujet; et une expérience aussi décisive me laissa des réflexions orgueilleuses sur les facultés de ce petit être si faible qui fait servir les éléments, les astres mêmes, à ses passions, ses désirs et ses besoins.

Je m'apprêtais à regarder de tous mes yeux et j'étais impatient de vite mettre pied à terre dans ce monde nouveau : mais nous découvrîmes bientôt des obstacles à mon désir. Il nous fallait ouvrir le passage à coups de canon.

Dès que nous eûmes annoncé la terre, et qu'elle eût été reconnue pour le Vauclain, le général fit signal de ralliement et nous reprîmes la droite de la ligne qui continua à marcher de front en changeant un peu sa direction vers la gauche pour entrer dans le canal de Sainte-Lucie.

A huit heures, nous étions encore à cinq ou six lieues de la pointe des Salines, qui forme l'extrémité orientale de la Martinique. Nous marchions toujours de front et vent arrière en nous jetant à gauche pour entrer dans le canal de Sainte-Lucie à l'extrémité duquel est située la baie du

Fort-Royal dans l'île de la Martinique : vis-à-vis du Fort-Royal est le mouillage des Anglais à Sainte-Lucie, qui s'appelle le Gros Ilet. Les ennemis pouvaient y être et M. de Grasse, dont le principal but était de conduire sain et sauf notre convoi dans la baie du Fort-Royal, lui ordonna de forcer de voiles et de passer à droite de l'armée en prolongeant de près la côte de la Martinique tandis que nous couvririons sa gauche dans le milieu du canal.

A neuf heures, nous aperçûmes un bâtiment en panne près de la pointe des Salines. Nous imaginâmes que c'était une de nos frégates qui s'étant séparée de nous pendant la nuit, nous attendait, et dans cette persuasion, nous ne l'examinions point. Le général ordonna de serrer davantage nos distances entre les vaisseaux de guerre; il fixa ces distances à un câble, qui est de 100 toises.

A onze heures, ce bâtiment que nous n'avions point examiné, après nous avoir attendu de très près, fit tout-à-coup vent en arrière en se couvrant de voiles, et hissa en même temps à tête du grand mât, un pavillon anglais à queue rouge, ce qui nous désabusa; mais nous ne fûmes pas peu étonnés de lui voir diriger sa route vers la baie du Fort-Royal au lieu de la diriger vers le gros Ilet, à Sainte-Lucie. Nous sentîmes alors, combien il était malheureux que nos frégates nous manquassent, l'ennemi ne nous aurait pas reconnu de si près et par ce qu'on verra dans la suite, elles nous auraient été bien utiles.

Une demi-heure après, nous découvrîmes du haut de nos mâts une vingtaine de gros bâtiments qui paraissaient être devant la baie du Fort-Royal; nous ne doutâmes plus que ce ne fût l'armée anglaise qui nous attendait; la frégate courait sur elle à toutes voiles et leur faisait différents signaux. Le général fit sur-le-champ signal de tenir le vent bâbord amures et de nous former en ligne de bataille du même côté; par ce mouvement, nous devenions le vaisseau de queue de la ligne; nous n'entrions

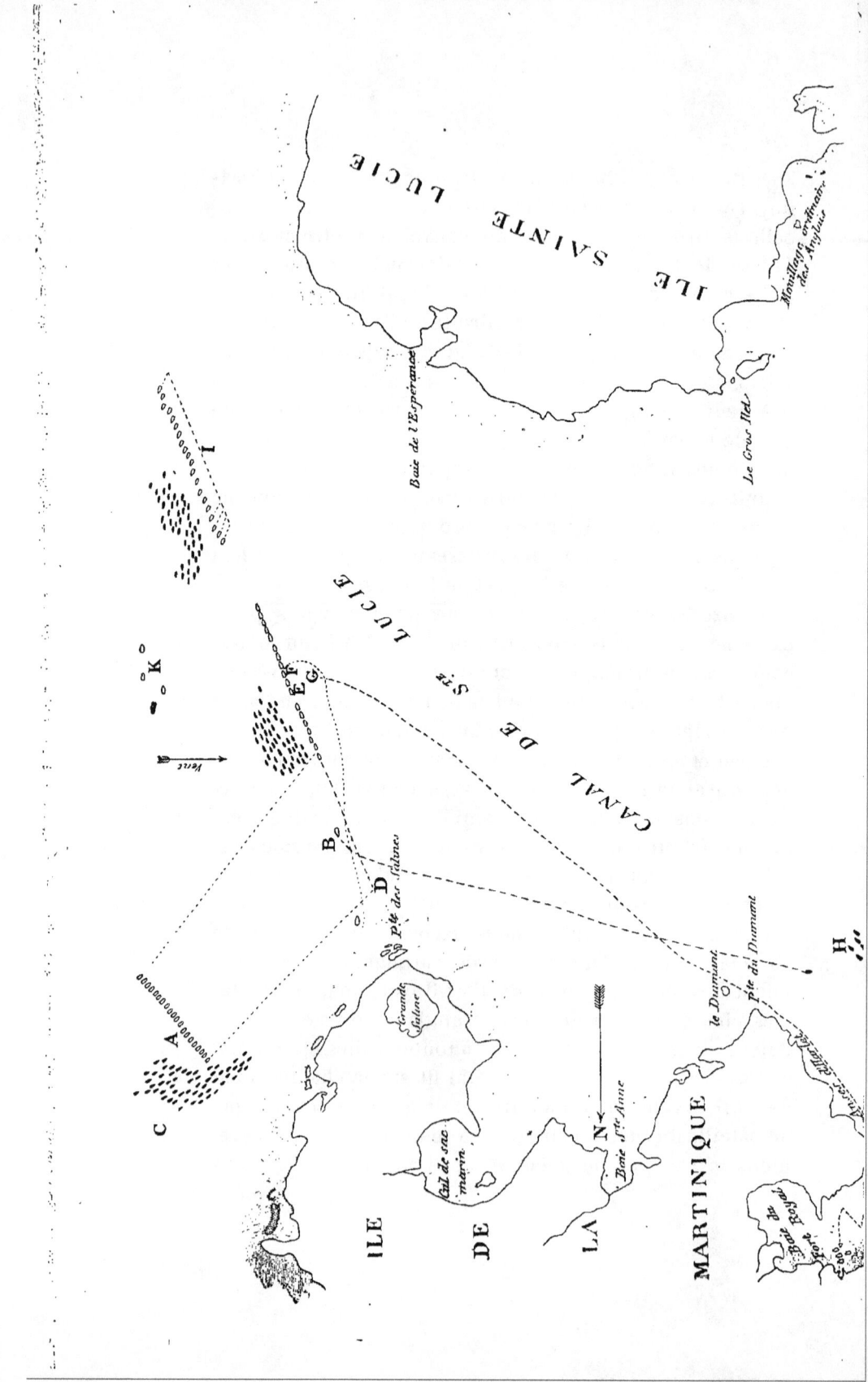

JOURNÉE DU 28 AVRIL 1781

A) Position de l'armée française à 9 h. 1/2 du matin, faisant route vers le canal de Sainte-Lucie avec le convoi C qui force de voiles pour passer à tribord.

B) Frégate anglaise en station à l'entrée du canal, qui, après nous avoir examinés d'assez près, fit vent arrière, toutes voiles dehors et gouvernant sur son armée H, que nous découvrîmes du haut des mâts en arrivant au point D.

Le général fit alors signal de tenir le vent et de se rallier à l'ordre de bataille bâbord amures, dans l'ordre conversé position E.

F) Le *Northumberland* quittant la ligne et allant, sur l'ordre du général, à la pointe des Salines où il envoyait son canot à terre prendre langue et d'où il revint sur les 6 heures du soir.

G) Le cutter le *Pandour*, faisant route à midi et demi pour la baie du Fort-Royal, où il entrera le même soir.

I) L'armée française courant différents bords le reste du jour et la nuit suivante pour s'entretenir à l'entrée du canal.

K) Nos trois frégates, séparées dans la nuit précédente, ralliant l'armée à 4 heures après-midi.

plus dans le canal et nous augurâmes que le général voulait avoir le temps de délibérer sur ce qu'il devait faire dans ces circonstances. Le convoi restait à notre gauche et suivait nos mouvements ; il ne nous restait de bâtiments légers que le cutter le *Pandour*, qui fit route à midi et demi, par les ordres de M. de Grasse, pour entrer dans la baie du Fort-Royal, ce qu'il exécuta dans la journée, sans qu'aucun bâtiment ennemi pût l'empêcher. Quelques officiers ont blâmé le général de n'avoir pas pris son parti sur-le-champ, et de n'avoir pas jugé que les ennemis étaient trop affalés sous le vent pour pouvoir gêner l'entrée du convoi dans la baie ; il est certain qu'il fallait nécessairement qu'il y entrât de manière ou d'autre ; la colonie avait le plus grand besoin de provisions, et quand même les ennemis auraient été infiniment supérieurs à nous, il fallait l'y conduire ; par conséquent, il valait mieux ne pas attendre et profiter du premier moment sans laisser à l'armée anglaise le temps de remonter au vent de la baie et de s'y former en bon ordre. Mais M. de Grasse voulut savoir plus clairement ce dont il s'agissait et envoya son matelot d'avant, le *Northumberland* (marqué F), à la pointe des Salines, pour y mettre un canot à terre et prendre langue. Il craignait peut-être que les ennemis ne fussent maîtres des batteries de terre de la baie du Fort-Royal et qu'ils n'eussent entrepris le siège des forts. Quoiqu'il en soit, nous louvoyâmes tout le reste du jour et toute la nuit suivante à l'entrée du canal, tantôt dans la position E, tantôt dans celle marquée I. Nos frégates nous joignirent enfin sur les trois heures ; elles avaient dormi pendant la nuit dans le canal de la Dominique et avaient eu de la peine à remonter au vent pour se rallier. Le *Northumberland* revint à six heures rendre compte que dix huit vaisseaux anglais bloquaient depuis deux mois l'entrée de la baie et que l'amiral Hood les commandait dans le moment, l'amiral Rodney étant resté à Saint-Eustache depuis qu'il l'avait fait capituler; il y avait deux ou trois vaisseaux et s'occupait à vendre et à faire embarquer les marchandises qu'il y avait trouvées. Il apprit aussi au général que nous avions quatre vaisseaux de ligne dans la baie, commandés par M. d'Albert Saint-Hippolyte, qui sortiraient pour le joindre dès que l'armée serait à portée.

Cette annonce, que nous, particuliers, ne sûmes pas dans le moment, dut faire espérer à M. de Grasse un avantage complet sur les ennemis pour le lendemain, s'ils avaient l'audace de nous attendre ; ils n'étaient que dix-huit, mal armés et nous vingt-quatre, dont vingt tout frais, arrivant d'Europe et surchargés d'hommes et de munitions.

Le lendemain, dimanche 29, nous étions au vent de la pointe des Salines à une lieue et demie. Nous n'aperçûmes aucun bâtiment dans le canal, nous crûmes que les ennemis se seraient éloignés pendant la nuit, et le général nous fit faire route vent arrière, et de front sur une ligne perpendiculaire au lit du vent ; nous entrâmes dans le canal et le convoi nous suivait en forçant de voiles entre la terre et nous. (Plan du combat du 29 avril, convoi B.)

CHAPITRE IV

Combat du 29 avril 1781 dans le canal de Sainte-Lucie.

A six heures et demie, une de nos frégates signala l'escadre anglaise derrière la pointe du Diamant, ainsi appelée à cause d'un rocher escarpé séparé de l'île d'environ 50 toises; elle avait manœuvré pendant la nuit pour serrer la côte et s'élever plus au vent, afin de ne pas nous laisser passer sans se mesurer avec nous; nous la découvrîmes bientôt, qui nous attendait à petites voiles, en ligne de bataille, bâbord amures.

Notre général fit une multitude de signaux, comme de faire dire la messe, etc..., qu'on lui a reprochés dans la suite comme inutiles et annonçant peu de fermeté et de certitude sur ce qu'on avait à faire. Les journaux en comptent soixante-quatorze en moins d'une heure; je ne fais mention que de ceux qui ordonnaient des manœuvres. Nous fîmes branle-bas, c'est-à-dire dégager les canons de tout ce qui pourrait incommoder, établir la communication des poudres, allumer les mèches et se placer chacun à son poste.

Les nôtres étant arbitraires, selon la volonté du capitaine de vaisseau, on nous plaça, nous et nos soldats, aux pièces de canon. M. de Saint-Quentin et Bosquevert furent dans la première de 36 livres, Gouliard et moi dans la seconde de 24 livres.

A sept heures et demie, on fit chasser le *Saint-Esprit* sur un vaisseau ennemi, qui, venant du gros Ilet, traversait le canal à toutes voiles pour joindre son armée, qui, en tout, avait dix-huit vaisseaux de ligne, et qui se tenait sous les anses d'Harlet, bâbord amures à petites voiles.

A huit heures, signal au convoi de mettre en panne; il était alors, ainsi que nous, par le travers de cet enfoncement des terres qu'on nomme baie Sainte-Anne, cul-de-sac marin. Il resta là en travers au vent, tandis que nous continuâmes notre route sur les ennemis selon les lignes A et D (carte, page 67).

A huit heures et demie, signal de nous former sur la ligne du plus près tribord.

Demi-heure après, signal de nous former sur la ligne du plus près bâbord, et puis encore tribord, le tout en courant toujours vent arrière sur les ennemis.

Nous rangeâmes le Diamant de très près et nous tâchions d'exécuter les ordres que les signaux nous indiquaient, et qui, par leur variation, annonçaient qu'on n'était guère d'accord à bord du général.

Les ennemis ne changeaient point leur position, ils étaient bâbord amures à petites voiles; seulement quelques vaisseaux de leur queue restaient très au vent de leur ligne.

A dix heures, comme le *Languedoc* commençait à se trouver entre la terre et les ennemis, on fit signal au convoi de se mettre en marche et de forcer de voiles pour entrer dans la baie en passant entre la terre et nous.

Les vaisseaux de la queue des ennemis qui étaient au vent de leur ligne, serraient le vent et paraissaient vouloir barrer le passage au convoi, mais on nous fit signal de tenir aussi le vent et ils renoncèrent à leur projet, et rentrèrent dans leur ligne.

Nous continuâmes à courir largue en prolongeant les ennemis à très petites voiles et hors de la portée du canon.

A dix heures trois quarts, nous, le *Languedoc*, vaisseau de tête, étions par le travers de la queue du corps de bataille ennemi; nous commencions à découvrir dans la baie les quatre vaisseaux qui venaient nous joindre. Dans ce moment, le général nous fit signal de virer lof pour lof par la contremarche; cet ordre, qui, par l'événement ne fut pas exécuté, a été jugé absolument faux et très désavantageux en ce que chaque vaisseau, en virant au même point, aurait reçu un feu considérable par le bout et n'aurait pu le rendre qu'après avoir fini son mouvement, et que d'ailleurs, l'avant-garde ennemie se serait trouvée de l'avant à nous et en revirant se serait trouvée au vent.

Heureusement, les ennemis dans ce moment virèrent vent devant tous à la fois, et alors, le général, au lieu de faire arriver sur eux pour profiter du désordre de leur manœuvre (car deux ou trois manquèrent de virer et laissèrent du vide dans leur ligne), il se contenta d'annuler son signal de contremarche, et nous recommençâmes à courir largue, hors de la portée ordinaire du canon. (2ᵉ position du 29 : l'escadre ennemie A a viré et a des vides dans sa ligne, elle se forme comme l'escadre française B qui est sur la ligne du plus près tribord, le convoi C est parvenu au Diamant, et les quatre vaisseaux D sortent de la baie pour se joindre à nous. Ces quatre vaisseaux étaient la *Victoire*, de 74, le *Réfléchi*, de 64, le *Caton*, de 64, et le *Solitaire*, de 64; dans cette position, le général fit signal de nous faire commencer le combat par les vaisseaux à portée; nous tirâmes les premières deux volées, mais nos boulets n'arrivant pas jusqu'à l'ennemi, nous discontinuâmes, et notre queue étant un peu plus près, il s'y fit un feu très vif et très bruyant; mais, en conscience, les Anglais devaient nous regarder comme des Arlequins, en nous voyant faire tapage d'aussi loin, avec des forces aussi supérieures.)

2ᵉ position du combat du 29 avril 1781

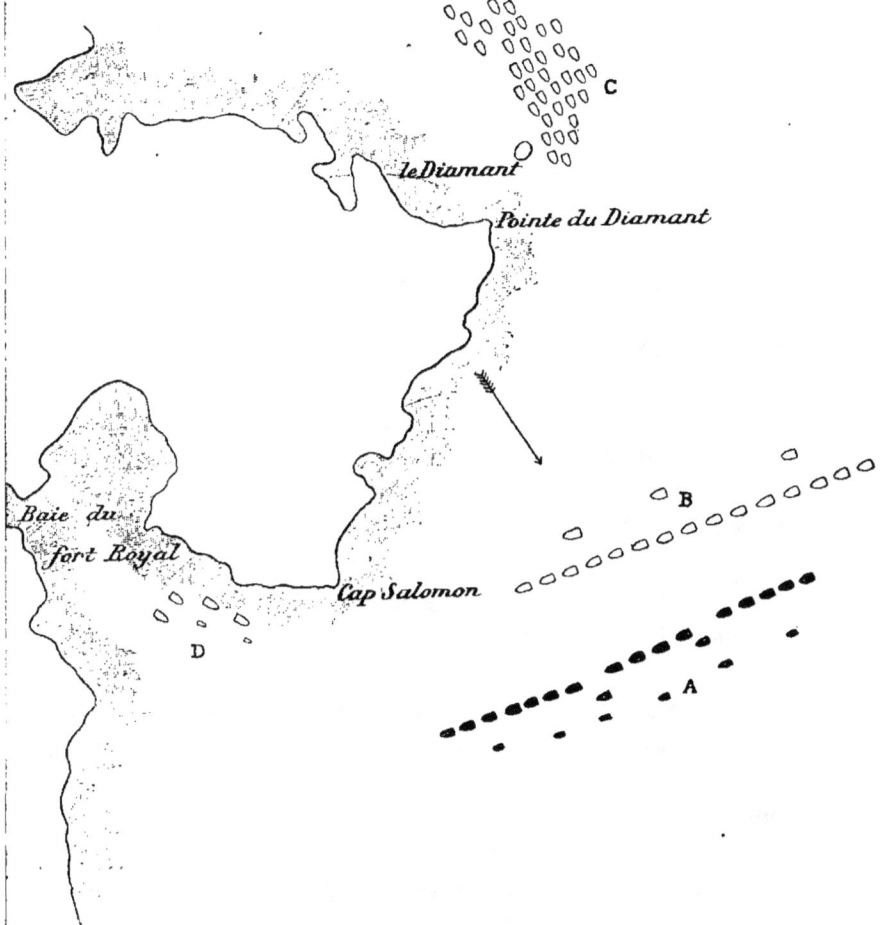

A 11 h. 1/2, les deux lignes continuant tribord amures, la ligne ennemie nous dépassant de toute son avant-garde, le général fit signal au *Languedoc* de manœuvrer de façon à passer au vent du chef de file ennemi, au cas qu'il eût viré, et signal à notre arrière-garde de doubler l'ennemi par la queue pour le mettre entre deux feux. Comme il allait exécuter ce mouvement, les ennemis revirèrent encore vent devant, tous à la fois, et M. de Grasse hissa tout de suite le signal pour que nous en fissions autant; mais après qu'on eût vu ce signal, il en partit un autre qui ordonnait de virer vent arrière; il y avait des vaisseaux qui avaient commencé à virer vent devant, tandis que les autres exécutaient le second signal, et de là il résulta beaucoup de désordre et de confusion.

Notre arrière-garde qui, par ce mouvement, devenait la tête de la ligne avait viré vent arrière et s'était par conséquent rapproché des ennemis avec lesquels elle continua un feu très nourri; quant à nous, nous étions trop loin et trop engagés par les vaisseaux qui avaient viré avec peine.

Nous fûmes obligés de mettre en panne pour laisser reprendre leurs distances à nos matelots d'avant. La ligne ennemie commença à faire de la voile, et à ne plus tenir le vent pour tâcher de s'éloigner; elle commençait à sentir notre supériorité.

Nous avons su depuis que Hood ne nous avait attendus de pied ferme que parce qu'il n'avait reçu avis que de quinze vaisseaux armés en guerre, et qu'il croyait que nous avions mis nos flûtes pour faire nombre. Dès qu'il vit que tous avaient du canon, il largua le plus possible pour tâcher de s'esquiver; cela mit son vaisseau de queue par notre travers.

A midi, les armées étaient à peu près comme dans la 3e position du 29. (L'armée anglaise A, pliant à son avant-garde qui était chauffée par la nôtre B, tandis que le convoi C était le long des anses d'Harlet; les quatre vaisseaux du fort Royal D, ne se pressaient pas de venir nous joindre, ils restaient en panne sur le cap Salomon; leur commandant a donné ensuite de mauvaises raisons de cette station; il a dit ne pas avoir vu les signaux de M. de Grasse, mais je crois qu'à sa place MM. de Lamotte-Pic-

3° position du combat du 29 avril 1781.

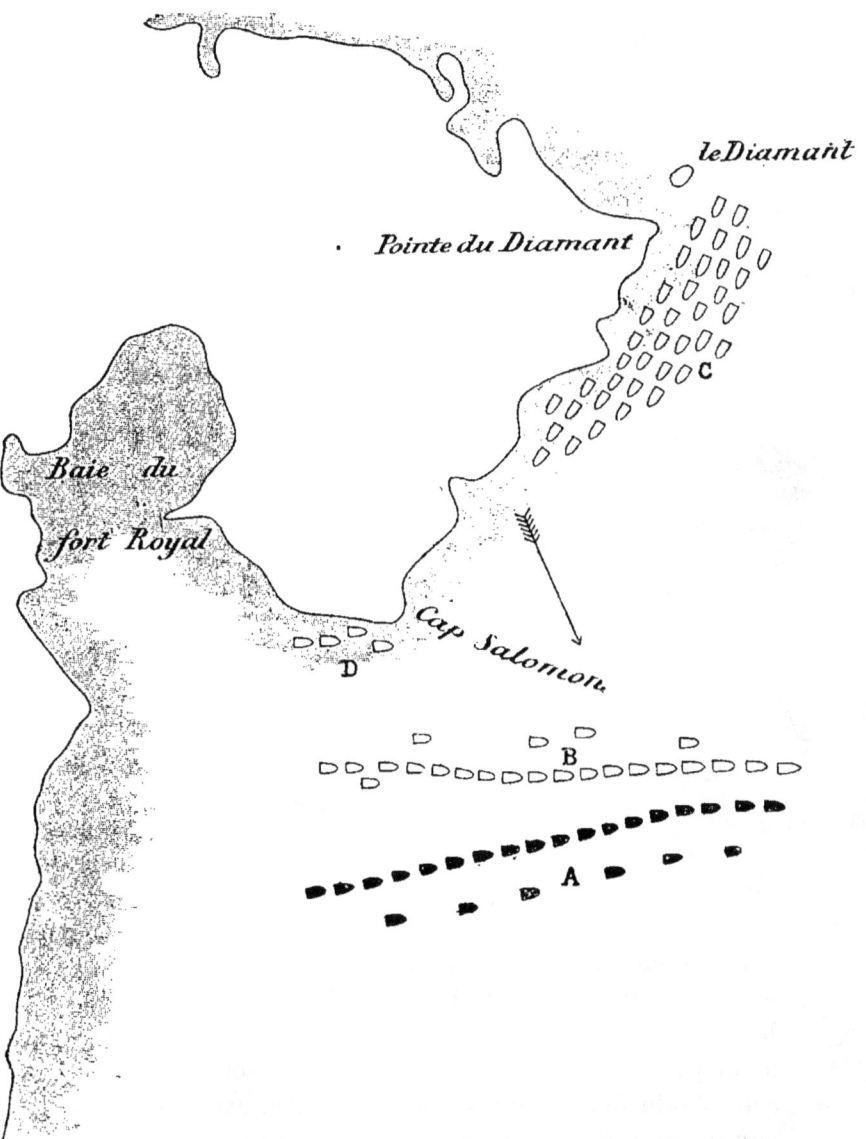

Indes occidentales.

quet, d'Estaing et tant d'autres, eussent cherché à se mettre en ligne pour partager les coups de canon).

4° position du combat du 29 avril 1781.

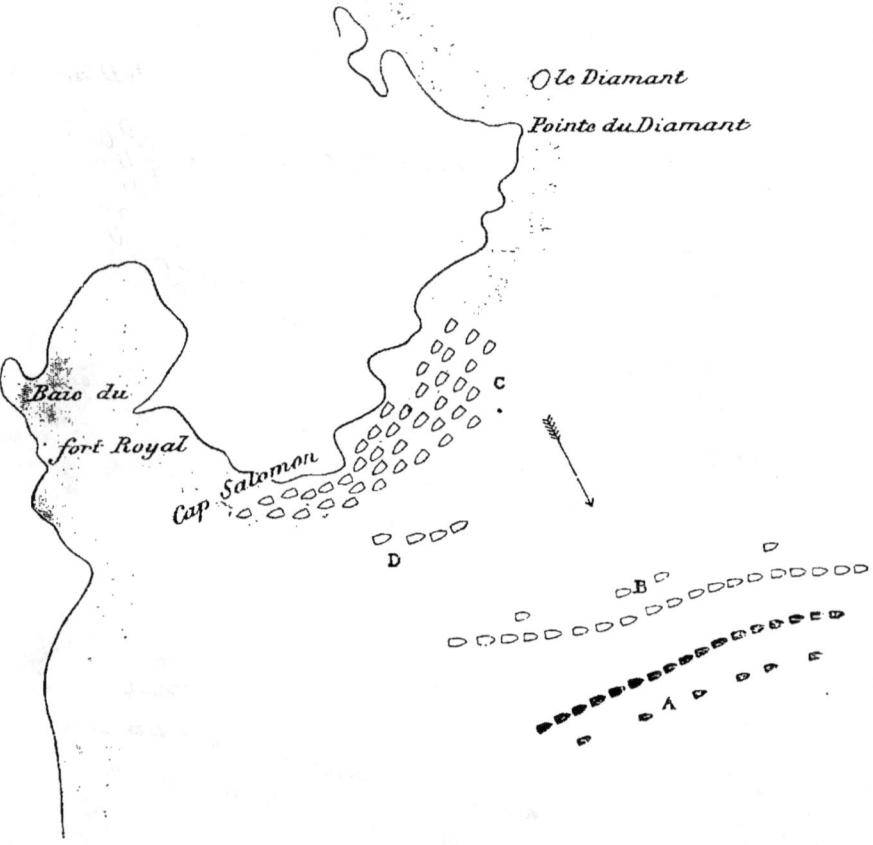

Le feu continua dans cette position jusqu'à 3 heures, les ennemis pliant, larguant et faisant le plus de voiles possible ; le général nous fit, à 1 heure, signal de doubler l'ennemi par la queue, et ensuite signal de serrer la ligne ; cette confusion de signaux fit qu'on n'en exécuta aucun, et que les ennemis nous gagnèrent beaucoup de l'avant.

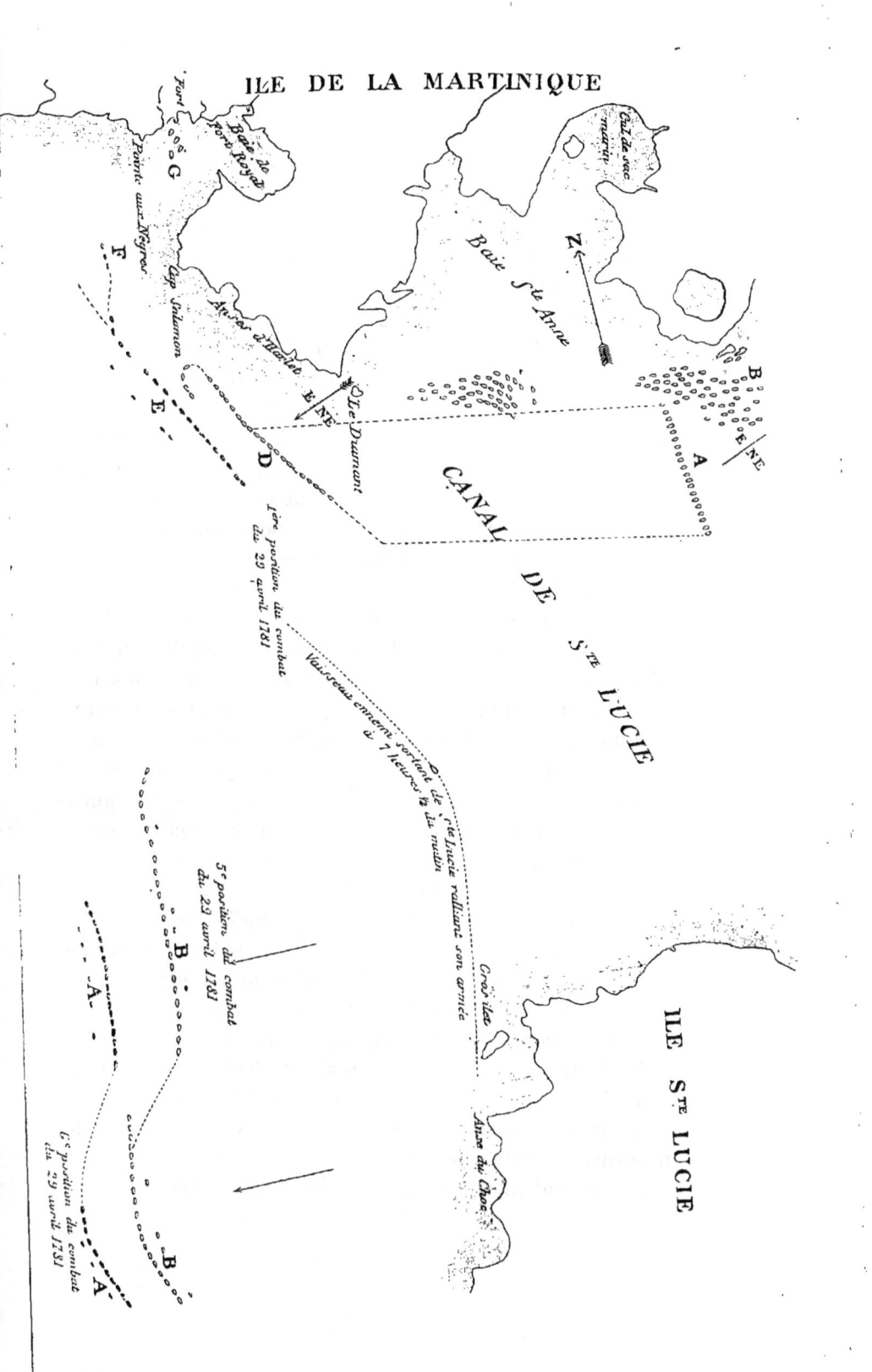

M. de Grasse a voulu faire un crime de cette inexécution à M. de Bougainville, commandant de notre division; mais il est difficile de décider lequel a le plus de torts.

Le feu cessa à 3 heures par le trop grand éloignement des deux lignes (elles étaient alors à peu près comme dans la 5ᵉ position, carte de la page 67). La ligne anglaise s'éloignait bien serrée et en bon ordre, tandis que notre ligne ne pouvait la suivre; nous formions une longue queue, à laquelle M. de Grasse, dans sa mauvaise humeur, ordonna d'approcher l'ennemi à portée de pistolet; comme la chose était impossible, puisque nous ne pouvions la joindre, on sentit qu'il voulait nous dire que nous ne l'avions pas assez approché dans l'occasion; il avait raison, mais aussi on aurait eu grandement raison de lui dire qu'il n'avait pas témoigné lui-même plus de bonne volonté, ni par ses signaux, ni par sa conduite. Il est absurde à lui d'avoir fait commencer le combat hors de portée et d'avoir fait des signaux aussi faux et aussi inconséquents, tandis que par sa position au vent, la bonne volonté des ennemis qui l'attendaient et sa force supérieure d'un quart en nombre, il n'avait qu'un seul signal à faire, celui d'arriver tous à la fois à portée de mousqueterie sur l'ennemi, qui n'aurait pas eu bon marché à coup sûr, et qui, par sa position sous le vent, était très désavantageusement engagé.

Les ennemis continuèrent à fuir jusqu'à 5 h. 1/2; mais alors, imaginant bien que M. de Grasse ne hasarderait pas un combat de nuit où sa supériorité pourrait être compromise, ils retinrent le vent et diminuèrent de voiles, présentant le combat bien en ligne, bâbord amures.

M. de Grasse fit aussitôt signal au *Pluton*, vaisseau de tête, de tenir aussi le vent; toute l'armée suivit son mouvement et les deux lignes se trouvèrent comme dans la 6ᵉ position (carte, page 67).

Le général fit signal qu'il ne comptait réattaquer l'ennemi que le lendemain à 6 heures du matin, profitant en cela de l'avantage du vent qui donne la faculté d'engager ou de refuser le combat.

Dès qu'il fut nuit, les ennemis refirent de la voile et profitèrent de plusieurs ondées de pluie qui nous le firent perdre de vue de temps en temps; nous allumâmes nos feux, ils cachèrent les leurs.

Le lendemain 30, nous nous trouvâmes au jour très dispersés et en calme plat; les ennemis étaient à deux lieues de nous sous le vent, tout aussi dispersés et sans avoir le moindre air.

Le calme dura toute la matinée et cela n'empêcha pas le général de nous faire plusieurs signaux de forcer de voiles. A midi, il s'éleva un peu de brise et comme nous étions au vent, nous l'avions avant les ennemis; aussi les approchâmes-nous beaucoup. Le général nous fit deux fois signal pour rallier l'armée à l'ordre de bataille bâbord amures dans l'ordre renversé; nous étions tous couverts de voiles; à 5 heures du soir, l'armée avait rapproché l'ennemi à deux portées de canon. On nous fit plusieurs signaux pour serrer la ligne et pour suivre les mouvements du vaisseau de tête.

A 6 heures, nous étions bien en ligne, bien ralliés, à portée et demie de canon de la ligne anglaise qui était aussi dans le meilleur ordre et qui tenait le vent, paraissant encore ne pas vouloir refuser un combat de nuit. M. de Grasse fit signal au *Pluton*, notre vaisseau de tête, de courir deux quarts largue; nous vîmes que le combat allait s'engager, mais le général fit, peu de minutes après, signal au même vaisseau de tenir le vent et nous nous contentâmes de nous observer mutuellement comme la nuit précédente. Il est probable que le général ne voulut point sacrifier une supériorité de nombre décidée aux hasards malheureux d'un combat de nuit où il ne peut y avoir que le plus grand désordre et beaucoup d'accidents.

Nos frégates se mirent entre les ennemis et nous pour les observer et nous faire connaître les manœuvres qu'ils feraient pendant la nuit.

A 7 h. 1/2, la nuit était assez obscure, l'horizon chargé annonçait de la pluie; le corps de bataille ennemi nous parut, dans les lunettes de nuit, être en panne et, effectivement, le général fit signal pour mettre l'armée en panne bâbord amures. Nous avions nos feux allumés, on n'en voyait aucun aux ennemis.

A 8 heures, une de nos frégates fit signal que l'ennemi courait tribord amures. M. de Grasse fit tout de suite signal de faire servir et, peu de temps après, signal pour faire courir l'armée dans un ordre quelconque tribord amures et la faire forcer de voiles.

A 9 heures, nouveau signal pour faire forcer de voiles; à 9 h. 1/2, signal pour faire passer l'armée de l'ordre de bataille à l'ordre de marche.

On croit que, pendant qu'une partie de l'armée ennemie avait paru être en panne, leurs mauvais marcheurs avaient couru vent arrière et qu'ensuite toute l'armée fit la même route forçant de voiles. Nous la poursuivîmes à toutes voiles pendant toute la nuit qui fut encore très obscure et très pluvieuse.

Le lendemain, 1er mai, au point du jour, les ennemis s'étaient prodigieusement éloignés et continuaient à fuir, vent arrière, toutes voiles dehors; leurs derniers vaisseaux étaient à plus d'une lieue de nos plus avancés et à plus de trois ou quatre lieues de nous.

Le général nous fit signal de chasser sans observer d'ordre; nous mîmes toutes les voiles qu'un vaisseau peut porter; mais les ennemis en portaient autant et quittaient à vue d'œil la plus grande partie de nos vaisseaux. Quelques-uns de nos bons marcheurs auraient peut-être pu rejoindre ceux des leurs qui marchaient le moins bien, mais ils s'attendaient réciproquement et formaient toujours un front inattaquable pour le petit parti de nos fins voiliers qui pouvaient les approcher. Une de nos frégates fit la petite fanfaronnade de tirer quelques coups de canon sur un de leurs traîneurs qui lui rendit quelques coups de ses canons de retraite.

Enfin, à 11 h. 1/2, M. de Grasse se voyant forcé de renoncer à l'espérance de les joindre, fit signal de ralliement et vira de bord. On n'en vit plus aucun sur les 2 heures après midi.

Nous nous jugions alors à 30 lieues de la Martinique et beaucoup sous le vent ; nous fîmes route pour y retourner, ce qui n'était pas très aisé par la raison que les vents venant toujours de la partie de l'est, il fallait remonter contre le vent. Nous courûmes bord sur bord jusqu'au 4 mai qui nous amena une forte brise de S.-E. qui nous fit attaquer la queue de l'île de la Martinique ; nous continuâmes à louvoyer pour remonter au Fort-Royal. Nous passâmes devant la baie de Saint-Pierre où il y a une assez jolie ville et où le commerce de l'île a fait son principal établissement. Nous atteignîmes enfin le Fort-Royal le 6, et nous y mouillâmes à 11 heures du matin avec toute l'armée.

CHAPITRE V

Arrivée à la Martinique.

Première entrée à la Martinique. — Il est aisé de se figurer la curiosité de ceux qui, comme moi, n'étaient jamais venus dans ce nouveau monde. Les premiers objets sur lesquels nous la fixâmes furent une foule de petits bateaux faits d'un tronc d'arbre, chargés de nègres et de négresses qui nous apportaient des fruits à vendre.

Nous descendîmes à terre dans l'après-midi et, en y mettant le pied, il me semblait que mes jambes engourdies n'avaient plus leur jeu naturel. Une foule d'êtres noirs et jaunes nous entouraient et parlaient une langue que je n'entendais point. J'entrai ensuite dans une rue que je trouvai bien bâtie, bien alignée et garnie de boutiques comme dans les villes de France. Je fus au café où je retrouvai le tapage et les propos de nos cafés de garnison; enfin, au bout de quelques instants, je ne fis plus d'attention aux différentes couleurs des êtres qui passaient et repassaient, et je fus bientôt accoutumé aux nouveaux objets que mon imagination m'avait d'abord représentés sous un point de vue des plus merveilleux. Je fus promener vers la fin du jour sur une petite place dont une partie est couverte des différents fruits et des productions du pays, que vendent aux passants les négresses et mulâtresses dont le ton, les manières et le caquet ressemblent beaucoup à ceux de nos revendeuses européennes. Je m'arrêtai avec plaisir à l'examen de tous ces différents fruits qui diffèrent infiniment de ceux de France et pour la forme et pour le goût, et dont aucun, selon moi, ne peut être préféré même à nos plus médiocres; ils sont presque tous excellents confits, mais, si on veut les manger à la main, on trouve les uns d'un fade insupportable, tels que l'avocat, la banane, la figue banane, le colos, etc.; d'autres ont le goût le plus désagréable, tels que la balbadille et la gouliave qui a une odeur de punaise; d'autres enfin flattent le goût dans les premiers moments, mais ennuient à la longue et sont d'ailleurs très malsains par le grand acide qu'ils renferment, tels que l'ananas que les colons mettent au premier rang et qui est assurément bien inférieur à une bonne poire, une bonne pomme, une bonne pêche, etc.

Je quittai ce quartier pour me rendre au haut de la place, où promenaient plusieurs groupes d'hommes et de femmes blanches très élégamment vêtus, qui discouraient sur les nouvelles du jour et qui, par parenthèse, ne nous épargnaient pas. Le faiseur de sucre était sorti de son moulin, l'artisan de son atelier, le marchand de sa boutique et l'habitant de dessous sa moustiquaire pour venir à ce rendez-vous médire à son aise sur le compte de M. de Grasse et de toute son armée. Dans le vrai, leur raisonnement paraissait naturel; comment imaginer que vingt-quatre vaisseaux français, frais, bien armés et arrivant d'Europe, qui en rencontrent sous le vent dix-huit ennemis moins bien armés et d'un rang en général plus faible et cela dans un pays où le vent ne varie point, comment imaginer que les vingt-quatre vaisseaux français se contenteront de tirer de loin quelques coups de canon et n'attaqueront pas vigoureusement leurs ennemis, qui même, dans certains moments, ont fait mine de ne pas reculer?

Nous retournâmes à bord du vaisseau, à l'heure du souper, et nous apprîmes que le général avait on ne peut pas plus mal reçu tous les capitaines et se plaignait surtout de ceux de notre division et encore plus de M. de Bougainville qui en était le commandant. En revanche, beaucoup de capitaines et autres officiers se permettaient d'examiner la conduite du général et trouvaient des raisons pour ne pas s'en louer. Cependant, le grand nombre de pierres était jeté à M. de Bougainville, qui répondait de son côté que M. de Grasse avait fait, avant ou pendant le combat, plus de soixante signaux, parmi lesquels il n'y en avait pas un qui rendît aux chefs de division la police de leur division, ainsi que tous les généraux le pratiquaient ordinairement au moment d'une affaire et qu'en conséquence, n'osant rien prendre sur lui, il s'était contenté de se tenir dans les eaux de son matelot d'avant.

Au reste, chaque individu, petit ou grand, clabaudait et piaillait selon qu'il prenait plus d'intérêt à celui qui, dans le moment, était sur le tapis ; M. de Grasse avait ses partisans, M. de Bougainville avait les siens ; tel ou tel autre capitaine avait aussi les siens et, de ce conflit d'opinions, il naissait une obscurité indéchiffrable pour tout être qui n'aurait pas vu comment les choses se sont passées.

Une chose bien extraordinaire, c'est que sur cinquante individus qui raconteront une action de mer qu'ils ont tous bien vue, il ne s'en trouvera pas deux dont le récit sera entièrement conforme ; j'ai vu là-dessus de fréquentes discussions. Quelque chose de bien plus fort encore, c'est que les tableaux ou plans de combat faits à bord de la *Ville-de-Paris*, rédigés par le major-général et livrés au public par un secrétaire qui s'en fait une petite rétribution, sont absolument faux et ont été méconnus par tous les officiers de la marine qui sont en état d'asseoir un jugement ; plusieurs m'ont dit que ces plans représentaient ce qu'on aurait dû ou voulu faire et non pas ce qui s'était passé.

Plusieurs malheureux avaient cependant été la victime de ce soi-disant combat. M. de Fournier, lieutenant de vaisseau, à bord du général, avait eu une jambe emportée, il mourut peu de jours après. M. de Perigny, jeune garde de la marine, d'environ 15 ans, eut un bras emporté, dont il est bien guéri. M. de Grasse le fit, de son chef, enseigne de vaisseau et le fit passer sur le corps de 180 de ses camarades, ce qui est un avantage inappréciable dans un corps où l'on parvient aux plus hauts grades sans d'autres titres que le rang d'ancienneté.

Il y eut une quarantaine de matelots ou soldats tués ou blessés sur toute l'escadre, dont quatorze sur la *Ville-de-Paris*.

Nos généraux, imaginant que l'escadre anglaise devait avoir beaucoup de troupes à bord de ses vaisseaux et qu'elle les avait tirés de Sainte-Lucie, voulurent profiter de son expulsion pour attaquer cette île infiniment essentielle, dont on n'a connu le prix que lorsqu'elle a été entre les mains des ennemis. En conséquence, on embarqua sur des bateaux du pays et autres bâtiments environ deux ou trois mille hommes de Champagne, Armagnac, la Martinique, La Guadeloupe et autres régiments en garnison dans la colonie. On mit tous nos malades aux hôpitaux et on se prépara à mettre sous voiles le surlendemain de notre arrivée.

Le général nous donna une nouvelle ligne de bataille par laquelle nous n'étions plus à la tête de notre ligne, ce qui était assez désobligeant pour M. d'Aros, en ce que les vaisseaux de tête et de queue sont toujours des vaisseaux de confiance, et qu'ayant occupé à ce titre une de ces places, il était désagréable de la perdre pour y être remplacé par un de ses cadets, M. de Charitte, capitaine de la *Bourgogne*.

Dans la nuit du 7 au 8 mai, l'escadrille de bateaux mit à la voile, et fit route pour remonter le canal de Sainte-Lucie et pour aller dans la baie Sainte-Anne où ils devaient nous attendre.

LIGNE DE BATAILLE DU 8 MAI 1781

Avant-garde.

La *Bourgogne.*
Le *Citoyen.*
Le *Caton.*
Le *Glorieux.*
L'*Auguste.*   La *Médée.*
(M. de Bougainville).
Le *Magnanime.*
Le *Réfléchi.*
Le *Diadème.*

Corps de bataille.

Le *Zélé.*
Le *Northumberland.*
Le *Solitaire.*
Le *Sceptre.*   La *Diligente.*
La *Ville-de-Paris.*   L'*Expermient.*
(M. de Grasse).
Le *César.*
L'*Hector.*
Le *Souverain.*

Arrière-garde.

Le *Languedoc.*
Le *Vaillant.*
Le *Marseillais.*
Le *Scipion.*
La *Victoire.*
(M. d'Albert Saint-Hippolyte, qui   L'*Aigrette*
   commandait au Fort-Royal à
   notre arrivée).
Le *Saint-Esprit,*
L'*Hercule.*
Le *Pluton.*

CHAPITRE VI

Départ de l'armée pour la descente à Sainte-Lucie. — Les Antilles. — — Idée de la force de la Martinique et de Sainte-Lucie. — Départ de Sainte-Lucie et mouillage au Fort-Royal de la Martinique.

Départ de l'armée pour la descente à Sainte-Lucie. Les Antilles.

Le 8, à 8 heures du matin, le général nous fit désaffourcher et, à 4 heures du soir, fit appareiller toute l'armée.

Cette partie du nouveau monde qu'on nomme les Antilles et que les Européens se disputent avec tant d'acharnement, est une chaîne d'îles qui s'étend en forme de croissant du onzième au dix-huitième degré de latitude. L'île de Tabago occupe à peu près un des bouts du croissant et n'est pas éloignée du grand continent de l'Amérique méridionale.

On serait tenté de croire que ces morceaux de terre épars sont les tristes débris d'un bouleversement général dans cette partie du globe. En général, le milieu de chaque île offre un groupe de rochers très élevés, presque inaccessibles, et d'une forme on ne peut moins symétrique.

Le reste du terrain, jusqu'au bord de la mer, présente des milliers de monticules, toujours très rapides, dont la coupe et la position ne laissent aucune idée de cette régularité générale que nous remarquons en Europe dans le contour de nos coteaux et de nos montagnes; cette situation des terrains paraît devoir fournir et fournirait en effet une grande quantité de positions militaires et de moyens de défense, dont plusieurs seraient inattaquables; et rien n'étonne plus nos vieux capitaines d'infanterie que de voir que toute la défense d'une île consiste dans un mauvais fort sur le bord de la mer ; accoutumés à voir, en Europe, entasser ouvrage sur ouvrage et couronner la moindre éminence par des citadelles, forts, retranchements, etc., ils demandent de bonne foi : « Pourquoi cette île s'est-elle rendue ? Les ennemis n'avaient pris que tel point ; pourquoi ne s'est-on pas défendu sur tel morne ? ensuite sur tel autre ? Pourquoi ne construit-on pas sur telle hauteur une bonne redoute ? Ici des retranchements ? Enfin, pourquoi ne chicane-t-on pas le terrain en se retirant dans le cœur de l'île ? ». Quelques-uns, ne pouvant en trouver la raison, ont imaginé et se sont même persuadé que les puissances belligérantes sont convenues de s'en tenir à la défense d'un seul point et que, ce point pris, toute la colonie le serait aussi.

De pareilles conventions sont sans doute impossibles, et les seules qu'on ait jamais pu faire et qui réellement aient été faites, sont de ne point faire la guerre à l'habitant, c'est-à-dire de ne point piller, brûler et dévaster les petits bourgs et les habitations éparses le long de la côte, parce qu'il est de l'intérêt de toutes les nations d'encourager, dans les colonies, la culture et la population. Les colons manquent absolument des objets de première nécessité, comme blé, vin, étoffes, ustensiles, etc. ; ils se les procurent par l'échange de leurs productions : le sucre, le café, l'indigo ; cet échange ne peut se faire que par le moyen des vaisseaux qui transportent ces différents objets ; il faut donc que ces vaisseaux abordent dans quelque partie d'une île, commode et propre à l'embarquement et au débarquement des marchandises ; or, dans toutes ces îles, la côte de l'est est inabordable. Fortement frappée par une mer qui n'est rompue par aucune terre dans un espace de quinze ou dix-huit cents lieues et qu'un vent d'est pousse constamment contre elle, il est impossible qu'un bâtiment y mouille sans être en danger. Quant aux autres parties de la côte, tel endroit est trop escarpé, tel autre est dangereux par un fond de roches, tel autre a trop d'eau, et tel autre enfin offre une baie sûre, commode, abritée, par l'île même, de la force du vent, et où une mer tranquille permet aux bateaux et chaloupes d'aller et venir sans danger de la côte aux vaisseaux. C'est dans cet endroit que tous les bâtiments se rendent pour apporter leurs marchandises européennes et c'est dans cet endroit que tous les colons sont nécessairement obligés de transporter leurs productions pour les échanger. Si l'ennemi s'en empare, toutes les forteresses qu'il pourrait y avoir dans l'île deviennent nulles, car, toute communication étant fermée, il faut se rendre ou mourir de faim.

Il n'y a donc que ce seul point à défendre, que ce seul point à attaquer, lequel pris, tout est pris.

Idée de la force de la Martinique et de Sainte-Lucie.

La Martinique, la plus belle, la plus considérable des Antilles, a deux mouillages et deux grands établissements : le premier, destiné à la marine royale, est au fond de la baie du Fort-Royal. Cette baie, très profonde, est assez vaste pour recevoir les plus nombreuses escadres : elle est assez bien défendue par un fort construit sur un rocher qui s'avance dans le milieu de la baie, et par deux batteries de canons et de mortiers sur la droite et sur la gauche, qui font un feu croisé sur les bâtiments ennemis qui voudraient entrer et qui, étant obligés de louvoyer, ne pourraient jamais éviter leur feu, sans même pouvoir leur répondre.

Lorsque Rodney attaqua cette colonie en 1761, elle ne résista que quinze jours, parce que le Fort-Royal est absolument dominé par un morne derrière la ville, dont les ennemis s'emparèrent et d'où ils découvraient jusqu'à la boucle des souliers des assiégés. On y a construit depuis le fort Bourbon qui a coûté des sommes immenses ; il est très élevé, et n'a qu'un seul front où on puisse ouvrir la tranchée, tous les autres étant construits sur la crête d'une montagne dont l'escarpement est extrême, et au bas de laquelle est la rivière ou plutôt la ravine de l'hôpital.

De l'autre côté de cette rivière, il y a des mornes d'où l'on pourra le bombarder, mais on a eu soin d'y faire de bons et vastes souterrains. On a construit une grande redoute très forte en avant du front qui peut être attaqué. Le tout est miné et contre-miné et communique par un souterrain. En partant de la redoute, le terrain va toujours en montant jusqu'aux hautes montagnes qui occupent le milieu de l'île. On prétend que les ennemis ne pourraient point transporter dans cette partie la grosse artillerie nécessaire à un siège. La meilleure de toutes les forteresses pour une colonie, c'est une marine respectable; il faut absolument qu'elle soit protégée par des vaisseaux; sans eux, elle meurt de faim et par conséquent est bientôt prise, quelque forte qu'elle soit.

Le second établissement est dans la baie Saint-Pierre, où se rassemblent de préférence les bâtiments marchands. Il y a une ville beaucoup plus considérable que celle du Fort-Royal, elle est très commerçante et par conséquent très riche. Elle est sous le vent de la première; il y a quelques batteries qui défendent le mouillage, mais elle est peu susceptible de défense par terre. Le reste de la côte est bien cultivé; il y a un grand nombre d'habitations et plusieurs villages.

Cette île est séparée de celle de Sainte-Lucie par un canal de sept lieues, où la mer resserrée forme un courant qui porte presque toujours vers l'ouest; il en est de même pour les autres canaux qui séparent les autres îles. Il est toujours difficile et quelquefois impossible de remonter à l'est de ces canaux; on est obligé de louvoyer.

L'île de Sainte-Lucie, à peu près aussi grande que la Martinique, n'est presque point cultivée et n'a que peu d'habitants; elle était regardée comme le tombeau de tous ceux qui osaient s'y établir; elle a un bon mouillage qui est défendu par un rocher détaché de l'île, assez élevé et très escarpé, sur lequel on a construit des batteries auxquelles un vaisseau ne peut atteindre; on l'appelle le gros Ilet. Les vaisseaux qui n'ont besoin que de faire de l'eau ou simplement de relâcher, mouillent en sûreté sous ce fort; ceux qui ont besoin d'une carène, ou qui craindraient une attaque trop supérieure en cet endroit ont, à côté, un port excellent, qu'on appelle le Grand-Carènage, où les vaisseaux peuvent passer en sûreté le temps des ouragans et qui est supérieurement défendu par la pointe de la Vigie qui en défend l'entrée et par le morne Fortuné qui en comprend toute la longueur, et bat tous les environs sans pouvoir être battu parce qu'il est trop élevé. Ce fort, regardé comme imprenable, depuis que les Anglais s'en sont emparés, n'était défendu que par une garnison de cinquante hommes, lorsque l'amiral Byron l'attaqua dans le mois de janvier 1779. Cette sage et profonde nation, secouant les puériles craintes d'un air malsain, sentit mieux que nous l'importance de cette île au point de vue militaire et mit tous ses soins à s'en assurer la possession après l'avoir conquise. Le morne Fortuné est actuellement couvert de bons ouvrages, bien construits et contre lesquels on ne peut établir de batteries assez près pour pouvoir faire quelque effet. De ce point, les Anglais bloquent la Martinique s'ils sont en force supérieure et, s'ils sont inférieurs, ils peuvent impunément venir voir ce qui se passe dans la baie du Fort-Royal et savoir exactement tout ce qui y entre et tout ce qui en sort, parce que le gros Ilet est au vent de la baie.

M. de Bouillé, maréchal de camp et gouverneur général des îles du Vent, officier plein de mérite, de zèle et d'activité, sentant vivement le grand inconvénient de ce voisinage, aiguillonné, d'ailleurs, par le désir d'emporter une place contre laquelle, M. d'Estaing, son grand ennemi, avait échoué, renouvela auprès de M. de Grasse les démarches qu'il avait déjà faites auprès de M. de Guichen, un an auparavant, pour l'engager à faire une tentative sur cette île, et, la circonstance paraissant favorable, il fit sur-le-champ embarquer les troupes, comme je l'ai déjà dit, et nous entrâmes dans le canal de Sainte-Lucie.

Nous étions parvenus à remonter, le 10 au matin, et nous mîmes en panne tout le reste du jour; on fut à l'ordre et on nous ordonna de nous tenir à portée du général et de préparer nos canots et chaloupes pour servir à la descente qui devait se faire la nuit suivante dans la baie de l'Espérance.

Le *Pluton* et l'*Experiment*, commandés par M. d'Albert de Rions, furent détachés ce même jour dans l'après-midi pour aller prendre des troupes à Saint-Vincent et attaquer l'île de Tabago, qu'on savait n'être pas en état de se défendre, d'après la prise d'un bateau expédié par le gouverneur pour demander du secours aux généraux d'Antigues, Sainte-Lucie, etc.

Le lendemain, 11, tous nos petits bateaux étaient sur la côte de Sainte-Lucie et la descente s'était réellement faite dans la nuit avec 1.800 hommes. On n'avait point demandé nos canots ni aucune des troupes du bord. Nous continuâmes à louvoyer dans le canal pendant le reste de la journée.

Mouillage à Sainte-Lucie.

Le 12, à 8 heures du matin, le général nous fit signal de faire branle-bas, de nous préparer à mouiller et de former une ligne de vitesse dont il prit la tête. Nous nous mîmes aussitôt dans ses eaux et nous le suivîmes.

Il gouverna sur le gros Ilet, qu'il rangea à petite portée de canon; les ennemis firent grand feu sur lui et successivement sur tous les vaisseaux à mesure qu'ils passaient.

Nous ne répondîmes pas un seul coup. Lorsque le général eût dépassé et qu'il se crût hors de la portée du canon, il mouilla et nous mouillâmes tous autour de lui. Le gros Ilet continua à nous canonner jusqu'à 3 heures après midi ; il tirait ses canons à toute volée et ses boulets venaient de temps en temps jusqu'à nous. Quelques vaisseaux furent obligés de changer de mouillage et de s'éloigner.

Le résultat de cette canonnade fut une vergue cassée et deux hommes tués à bord de la *Victoire*.

On fut à l'ordre à 1 h. 1/2 et il nous fut ordonné de préparer nos canots et nos chaloupes pour aller la nuit rembarquer les troupes qui étaient à terre. Nous fûmes d'autant plus surpris de cette résolution que les troupes de notre bord s'étaient, au contraire, préparées à descendre, imaginant qu'on ne venait au mouillage que pour mettre à terre le reste des troupes et protéger l'expédition.

Rembarquement des troupes. — A 6 heures du soir, les canots du vaisseau, commandés par des officiers de la marine, se rendirent à bord du général, d'où partirent tous les canots de l'armée pour se rendre sur le rivage de l'Anse du Choc, où devaient se trouver les troupes.

Ce rembarquement se fit avec un désordre singulier. Les chefs avaient de l'humeur ; M. de Grasse envoyait ordre sur ordre pour faire revenir ses canots et chaloupes ; quelques détachements s'égarèrent et arrivèrent tard ; les troupes, qui ne songeaient pas du tout à se retirer, supposèrent nécessairement qu'il fallait de fortes raisons.

L'obscurité de la nuit, le silence, en imposaient à l'imagination ; en un mot, s'il eût paru quelques habits rouges, ou qu'on eût entendu quelques coups de fusil, on ne peut prévoir ce qui aurait pu arriver. On nous amena à bord du vaisseau sur les quatre heures après minuit, cent chasseurs de Champagne commandés par quatre officiers, qui nous apprirent qu'ils étaient descendus dans l'île sans la moindre résistance, qu'ils s'étaient portés sur un morne vis-à-vis du morne Fortuné et qu'ils n'avaient pas vu un seul Anglais. Un détachement avait seulement surpris un hôpital de convalescents de 80 hommes et deux officiers, dans le bourg, près du gros Ilet, où on avait trouvé un petit magasin d'uniformes, bas, souliers, etc.

M. de Bouillé, plus prudent que M. d'Estaing, ayant appris que les ennemis étaient encore deux à trois mille hommes, et ayant bien reconnu la force de la position avantageuse des nouveaux ouvrages qu'ils avaient élevés, ne voulut pas renouveler la scène de Savannah, où le général français, certain de ne pas réussir, sacrifia à l'entêtement et à son amour-propre quinze cents malheureux.

Départ de Sainte-Lucie et mouillage au Fort-Royal de Martinique.

Nous appareillâmes à 5 heures du matin, et nous demeurâmes dans le canal de Sainte-Lucie à faire des évolutions, jusqu'au 15 au matin. Nous aperçûmes alors une flottille escortée par deux frégates qui apportaient des troupes de la Dominique, la Guadeloupe, etc. Le général nous fit alors signal d'aller au mouillage et toute l'armée mouilla au Fort-Royal dans l'après-midi. On fit débarquer les troupes passagères; en conséquence, nous mîmes à terre le détachement de Dillon, qui venait de France, et celui de Champagne, que nous ramenions de Sainte-Lucie. Nous gardâmes celui de Poitou, qui était destiné pour Saint-Domingue.

Cette seconde cacade, qui n'embellissait pas le début de notre campagne, n'était pas non plus propre à faire cesser les propos que l'on tenait contre nos généraux. On disait d'un côté : « Comment est-il possible que M. de Bouillé ne sût pas à quoi s'en tenir à l'égard de la possibilité d'attaquer Sainte-Lucie ? elle n'est séparée de la Martinique que par un canal étroit, elle est peuplée de Français ; on sait qu'ils ont des relations avec ceux de la Martinique ; il ne doit pas manquer d'espions, mais probablement il les paye mal, et nous n'en savons jamais faire d'autres ; nous lésinons sur des choses essentielles et nous ne faisons que de fausses démarches. » D'un autre côté, on rappelait la journée du 29 avril et toutes ses circonstances.

Les partisans de M. de Grasse rappelaient les fautes de M. d'Estaing et ajoutaient que M. de Grasse était très mal secondé, ce dont plusieurs ne voulaient pas convenir.

Au reste, l'armée travaillait à se réparer ; plusieurs vaisseaux s'étaient maladroitement abordés dans la sortie : le *Diadème*, le *Sceptre*, le *Minotaure*, l'*Hector* étaient avariés. Le *Saint-Esprit* avait cassé son beaupré ; on lui donna celui du *Minotaure* qui en prit un autre sur un gros bâtiment marchand ; ce vieux vaisseau, qui n'avait qu'une batterie, fut armé peu de jours après. M. de Grasse jugea qu'il ne serait pas hors d'état de porter ses deux batteries complètes dans une aussi belle mer et ordonna en conséquence à tous les vaisseaux de lui fournir un canon. Nous lui en donnâmes un de 36 livres. Il était commandé par un lieutenant de vaisseau.

Nous apprîmes que les dix-huit vaisseaux anglais que nous avions combattus étaient commandés par l'amiral Hood en l'absence de l'amiral Rodney, qui, après la prise de Saint-Eustache sur les Hollandais, y était resté avec trois vaisseaux et y était occupé à piller les négociants et à faire vendre leurs magasins à son profit. Ce général y fit effectivement un butin immense ; le public et ses compatriotes ont beaucoup crié à l'indécence ; mais il a sagement empoché l'argent et s'est moqué de tous leurs cris.

Nous sûmes aussi que les ennemis ne nous avaient attendus de pied ferme dans la baie du Fort-Royal, que parce que leur cour leur avait fait annoncer que M. de Grasse partait de France avec vingt-cinq vaisseaux dont cinq pour les Indes-Orientales, cinq pour la Nouvelle-Angleterre et le reste aux Antilles et que, par conséquent, ils ne nous croyaient que quatorze ou quinze avec le convoi, dont ils comptaient avoir bon marché.

Nous augurions que leur armée, après nous avoir perdus de vue, avait pris la route de Saint-Christophe pour rejoindre Rodney et ses trois vaisseaux ; effectivement, on nous a dit le 22 du mois qu'on avait vu leur escadre au vent de la Guadeloupe, cherchant à remonter à la Barbade ou à revenir à Sainte-Lucie.

Cette nouvelle mit la puce à l'oreille de M. de Grasse. Il ordonna de se tenir prêt à appareiller le plus tôt possible. On ne pouvait pas douter que les ennemis ne fussent incessamment instruits de l'attaque de Tabago, où M. d'Albert de Rions, commandant le *Pluton* et l'*Experiment* et M. de Blanchelande, lieutenant-colonel du régiment de Viennois, commandant l'expédition par terre, venaient d'arriver depuis peu. Il était très possible que nous arrivassions trop tard pour les soutenir et, en ce cas, la perte de deux vaisseaux et de quinze cents hommes à la suite des derniers événements, n'eût pas peu contribué à nous faire une réputation brillante.

Le 24, toute l'armée étant à peu près pourvue de bois et d'eau, on fit embarquer sur tous les vaisseaux des troupes et des munitions. Nous eûmes à bord du *Languedoc* cent hommes du régiment de la Martinique, commandés par un lieutenant-colonel et six officiers, plus cinquante hommes et trois officiers du régiment de la Guadeloupe; on nous donna encore deux pièces de canon de campagne. Dans l'après-midi, le général nous fit signal de désaffourcher.

CHAPITRE VII

Départ de l'armée pour Tabago. — Mouillage de l'armée à Tabago. — L'armée appareille de Tabago. — Présence de l'armée ennemie, commandée par sir Rodney, auprès de Tabago.

Départ de l'armée pour Tabago.

Le 25, nous appareillâmes au point du jour, et nous fîmes route pour doubler le canal de Sainte Lucie. La ligne de bataille était la même que celle du 8 mai; le *Minotaure* faisait le service d'escadre légère.

Le 27, à 9 heures du matin, toute l'armée avait doublé Sainte-Lucie. Le général nous fit former sur trois colonnes pour faire ensuite route sur Tabago. M. de Grasse reçut le même jour un cutter expédié par M. d'Albert, qui lui annonçait que la descente s'était exécutée et que les ennemis s'étaient sauvés sur une montagne où ils ne pouvaient pas tenir longtemps.

Le 29, nous continuâmes notre route et le 30, à 6 heures du matin, nous vîmes Tabago devant nous à cinq ou six lieues et nous découvrîmes au vent et à la même distance, onze ou douze bâtiments parmi lesquels nous reconnûmes sept à huit vaisseaux de guerre; ces bâtiments faisaient d'abord la même route que nous, mais ils virèrent de bord dès qu'ils nous eurent bien reconnus. Le général nous fit revirer aussi et nous les poursuivîmes à toutes voiles jusqu'à 5 heures du soir; ils avaient déjà disparu à 3 heures, mais ils avaient laissé derrière eux un petit bâtiment qui fut pris par une de nos frégates et qui était un négrier chargé de deux cents nègres ou négresses arrivant de la côte de Guinée. Nous nous regardâmes comme très heureux d'être arrivés assez à propos pour sauver nos deux vaisseaux auxquels cette division eût fait un très mauvais parti.

Nous reprîmes, à l'entrée de la nuit, la route de Tabago et le lendemain, 31, nous en étions à deux ou trois lieues. M. de Bouillé descendit aussitôt à terre et fit débarquer avec lui huit ou neuf cents hommes pour joindre à la division de M. de Blanchelande.

Nous apprîmes qu'à l'arrivée du *Pluton* et de l'*Expériment* devant l'île, les ennemis avaient seulement tiré quelques coups de canon d'une mauvaise batterie qu'ils avaient dans la baie de Curlande, où nos troupes avaient débarqué, qu'ils avaient aussitôt abandonné leurs maisons et quelques batteries dans la baie Scarborough pour se retirer sur un morne où ils avaient emmené leurs nègres et leurs bestiaux et où M. de Blanchelande leur avait laissé le temps de se fortifier par des abatis d'arbres. Depuis ce temps, ils avaient refusé de capituler, comptant avec raison sur le secours que nous venions de chasser si à propos.

Le *Pluton* et l'*Expériment* étaient allés mouiller dans la baie Scarborough, où ils avaient pris trois bâtiments chargés de sucre et indigo, estimés sept à huit cent mille francs.

Nous passâmes le reste de la journée à croiser, c'est-à-dire aller et venir, sans perdre la terre de vue.

Première croisière sur Tabago. — Le 1er juin, nous fîmes la même manœuvre; il paraissait de temps en temps quelques petits bâtiments que nous chassions; on en prit un venant d'Europe, chargé de salaisons, qui vint de bonne foi sous le canon d'une de nos frégates qui avait mis pavillon anglais. On prit aussi un bateau de huit canons, portant un ingénieur et quelques soldats d'artillerie, envoyés de la Barbade.

Dans l'après-midi de cette même journée, l'armée ayant ordre de virer vent devant tout à la fois (manœuvre qui se répète souvent lorsqu'on croise) le *César* et l'*Hector* mettant trop peu d'attention ou peut-être trop de confiance dans leurs manœuvres, s'abordèrent debout au corps; l'*Hector* fut démâté de son mât de misaine et de son beaupré. Ce pauvre vaisseau étant hors de service fut mis à la remorque de la frégate la *Médée* qui le conduisit à la Grenade. Quelques heures auparavant, M. de Grasse venait précisément de donner des signaux par lesquels il pouvait savoir quel était l'officier de service à bord de chaque vaisseau, afin de pouvoir s'en prendre à lui et ordonner sa punition s'il était mécontent de sa manœuvre. Mais une des lois fondamentales de la marine est qu'on n'y a jamais tort; en conséquence, ces deux vaisseaux profitèrent du privilège et soutinrent tous les deux qu'ils avaient raison. Il faisait un temps superbe, une brise à filer trois nœuds et l'armée était sans ordre et n'était point tenue à observer de distances, ce qui diminuait un peu les grandes ressources que ces messieurs ont pour cacher leurs fautes, le calme et le vent.

Il serait cependant bien à désirer que l'on pût trouver le moyen de faire craindre des négligences aussi funestes ; il y a de quoi frémir de songer qu'un jeune homme de dix-huit ans est tous les jours chargé, pendant quatre heures, du sort de son vaisseau et que si, pendant ce temps, par trop d'insouciance ou trop de présomption, défauts ordinaires de cet âge, il fait une fausse manœuvre, il peut perdre son vaisseau et en détruire plusieurs autres ; il peut entraîner la perte de toute une escadre et celle même de toutes les forces de sa nation qu'il couvre de honte. La suite de la campagne en fournit malheureusement le plus triste exemple.

Mouillage de l'armée à Tabago.

Le 3, le général nous fit signal de passer à poupe ; nous nous y rendîmes et il nous apprit que l'île avait capitulé et que son intention était d'aller mouiller à la baie de Curlande, en ordre de bataille, de façon à pouvoir s'y embosser si la circonstance l'exigeait. Tous les vaisseaux se mirent à leur poste et nous fîmes route pour le mouillage ; nous y arrivâmes à l'entrée de la nuit et chacun se mouilla à peu près comme il le voulut, sans tenir compte de l'ordre de bataille ordonné. On fut à bord du Général pour porter les états de situation et M. de Grasse témoigna très vivement combien il était mécontent de la manière dont l'armée avait manœuvré jusque là et surtout à ce mouillage ; il était en effet difficile de ne pas soupçonner ou la mauvaise volonté, ou le manque d'intelligence de plusieurs capitaines.

Le 4, le général nous ordonna de délivrer des farines et autres provisions pour les magasins qu'on allait établir pour la subsistance de la garnison qu'on devait laisser dans la colonie. Dans l'après-midi, nous fûmes nous promener dans l'île à une ou deux lieues du rivage de la baie où nous étions mouillés ; nous y remarquâmes un sol noirâtre jonché d'arbres et de plantes entassées les unes sur les autres, annonçant une nature vigoureuse et abondante. Le terrain, montueux comme dans toutes nos îles, était arrosé par quelques ruisseaux propres à des moulins à sucre. Nous rencontrâmes plusieurs belles habitations dont les propriétaires, humiliés, nous offrirent beaucoup de bière, punch, grog, etc. Ces maisons, propres, élégantes, bien tenues, environnées de terres cultivées et d'ateliers en bon état, annonçaient en général l'opulence et le bien-être des habitants, et nous firent voir que nous venions de faire une bonne acquisition. Mais on nous apprit que l'île, jadis plus cultivée, perdait tous les jours de sa valeur par l'invasion d'un déluge de fourmis qui couvraient la terre et détruisaient toutes les cannes à sucre. Le principal établissement consiste en quarante à cinquante maisons dans la baie de Scarborough, qui est peu susceptible de défense, parce qu'on y entre vent arrière; celle de Curlande serait propre aux marchands qui viendraient acheter des sucres et n'est pas mieux défendue; cette île a dix lieues de long sur trois ou quatre de large: ses montagnes, couvertes de bois, en fournissaient beaucoup à la Barbade qui en manque.

Cette colonie avait pour défenseurs deux cent cinquante soldats et trois cents miliciens ou habitants qui ont mis bas les armes et sont descendus du morne où ils s'étaient fortifiés, sur la menace que leur a faite M. de Bouillé de faire mettre le feu à leurs habitations (menace qu'il avait déjà commencé à faire exécuter sur trois sucreries). Ce général leur accorda la même capitulation qu'à la Dominique; ils furent imposés à une corvée de quatre cents nègres par jour, aux ordres du gouverneur, et à réparer les trois sucreries brûlées. Les milices ont été désarmées et les troupes réglées ont été faites prisonnières de guerre et embarquées sur les vaisseaux. M. de Bouillé y établit gouverneur M. de Blanchelande et lui laissa le régiment d'Houalche (1) avec d'autres détachements formant en tout quatorze cents hommes de garnison. Le détachement de la Guadeloupe, que nous avions à bord, fut du nombre et fut débarqué en conséquence.

---

(1) Walsh.

L'armée appareille de Tabago.

En revenant de notre promenade, nous trouvâmes le signal de se tenir prêts à appareiller; toutes les chaloupes étaient occupées à débarquer ou à embarquer des troupes.

Sur les huit heures du soir, les frégates et cutters que nous avions laissés en observation, au vent de l'île, signalèrent l'armée anglaise; les mêmes signaux furent souvent répétés et d'une manière pressée. Le général fit signal d'appareiller et former une ligne de vitesse, l'amure à tribord; nous mîmes sous voiles dès que nos chaloupes furent rentrées; il était environ minuit. Nous fîmes branle-bas et nous nous préparâmes au combat.

Le lendemain 5, nous ne vîmes rien; nous continuâmes à courir tribord amures et le *Pluton* vint nous rejoindre. Nous étions vingt-quatre vaisseaux, en comptant le *Minotaure*.

Présence de l'armée ennemie commandée par sir Rodney auprès de Tabago.

A midi, nous commençâmes à découvrir vingt-cinq voiles qui couraient babord amures très loin au vent à nous. Nous continuâmes à courir tribord amures; à une heure, les ennemis virèrent vent arrière par la contremarche et se mirent au même bord que nous.

M. de Grasse fit alors signal de serrer les distances à un câble, de faire branle-bas et n'oublia pas de rendre aux chefs de division la police de leurs divisions.

Vers les quatre heures, les ennemis arrivaient sur nous, les deux lignes couraient tribord amures et nous tenions le vent de notre mieux; on distinguait alors 31 voiles anglaises dont 22 ou 23 vaisseaux de guerre. C'était partie égale et il y avait cent à parier contre un que nous nous battrions le lendemain.

A six heures du soir, les ennemis étaient au vent à une lieue et demie de nous et cessèrent de faire porter. Nos frégates se mirent entre eux et nous pour les observer pendant la nuit; les deux armées continuaient tribord amures.

A huit heures, nous allumâmes tous nos feux, nous n'en vîmes pas aux ennemis.

A neuf heures, le général ne voulant pas abandonner Tabago, où il avait encore des arrangements à prendre, nous fit signal de virer vent devant tous à la fois; ce signal fait à coups de canon et avec des feux ne put pas être ignoré des ennemis, qui n'en firent aucun et qui continuèrent vraisemblablement de courir tribord amures, tandis que nous courions babord amures, car le lendemain, nous n'en vîmes pas un; nous revirâmes sur eux et nous courûmes toute la matinée tribord amures, mais rien ne parut et nous reprîmes, sur les onze heures, la route de Tabago.

Nous fûmes assez étonnés de l'apparition gasconne de sir Rodney, qui, cette fois, commandait son armée et montait le vaisseau à trois ponts, *le Sandwich*; ses compatriotes, qui n'ont pas pu digérer qu'il eût laissé prendre une colonie sans se battre, étant force égale, ont prétendu qu'il avait à bord de son vaisseau tout l'argent des ventes qu'il avait faites à Saint-Eustache, ce qui lui avait fait faire des réflexions, parce que ce vaisseau avait été très endommagé dans ses trois combats contre M. de Guichen.

Seconde croisière sur Tabago, après l'éloignement de l'armée anglaise. — Nous continuâmes à croiser sur Tabago, pour donner le temps à M. de Bouillé de mettre cette île en état de défense; je fus assez malade pendant cette croisière et j'éprouvai que le plus mauvais hôpital vaut mieux qu'un vaisseau pour un malade, quelques soins qu'il y puisse espérer.

Nous en partîmes enfin le 10 et nous fîmes route pour la Grenade, où le général avait vraisemblablement des affaires.

CHAPITRE VIII

Mouillage à la Grenade. — Idée de la Grenade.

Mouillage de l'armée à la Grenade.

Nous y entrâmes le 11, dans l'après-midi, en passant par le sud de l'île; toute l'armée était mouillée à l'entrée de la nuit. La *Victoire* s'échoua sur un petit banc, mais elle n'y demeura pas et ne se fit pas de mal.

Idée de la Grenade.

Cette colonie, une des plus riches des Antilles, n'est pas très grande, mais est très peuplée et bien cultivée ; elle a une baie au fond de laquelle est un bel et bon établissement qui s'appelle le Fort-Royal, ainsi que celui de la Martinique et qui même lui ressemble infiniment quant à sa position militaire.

La baie du Fort-Royal de la Grenade est beaucoup moins vaste et moins profonde que celle de la Martinique, elle l'est cependant assez pour contenir une armée considérable; on ne peut y entrer qu'en louvoyant comme à la Martinique. Le mouillage est défendu par des batteries à droite et à gauche et par un fort construit, comme celui de la Martinique, sur un rocher qui s'avance dans la baie en avant de la ville.

Derrière ce rocher est un port excellent où plusieurs vaisseaux peuvent passer en sûreté le temps des ouragans. Ce fort est dominé de très près par un morne fort élevé et très rapide situé derrière la ville, à peu près comme le morne Bourbon à la Martinique; c'est ce morne, où il n'y avait qu'une mauvaise batterie, que M. d'Estaing surprit et enleva d'assaut en 1779, dans la nuit du 3 au 4 juillet, et d'où il força le gouverneur anglais à capituler par un seul coup de canon tiré sur le Fort-Royal. Ce morne, la clef de la colonie, est entouré de ravins profonds, dans l'un desquels coule la petite rivière de Saint-Jean. De l'autre côté, vis-à-vis le fond du port, est un autre morne qui commande aussi d'assez près le Fort-Royal et qui a été bien fortifié sous le ministère de M. de Sartine dont on lui a donné le nom; le premier a aussi pris le nom de M. d'Estaing.

Depuis que cette colonie nous appartient, on a construit de bons ouvrages sur le morne d'Estaing, qui le rendent presque imprenable. Le morne Sartine est aussi très fort, et l'un et l'autre ne céderont tout au plus qu'à un siège très long et très meurtrier.

La ville qui est bâtie, partie sur le bord de la mer, partie sur la pente du morne d'Estaing, offre un coup d'œil champêtre et peu régulier; ses rues ne sont point pavées et ses maisons sont presque toutes en bois : nous y descendîmes avec la curiosité naturelle à des Français qui n'avaient encore vu aucun des établissements considérables de notre rivale.

En mettant pied à terre, nous entrâmes dans un café, où nous trouvâmes beaucoup de gros ventrus anglais, divisés en plusieurs groupes, assis chacun autour d'une table, sur laquelle était une grande jatte de punch ou de grog, dans laquelle ils buvaient tous à la ronde. La tête enfoncée dans un grand chapeau rabattu, la pipe à la bouche, les jambes croisées, ils nous examinaient avec cet air froid et indifférent qui caractérise généralement cette nation.

Il y avait autour de ce café des estampes qui représentaient la prise de quelques-uns de nos vaisseaux pendant la dernière guerre; ce qui déplut à quelques jeunes gens, qui les mirent en pièces. Après avoir parcouru la ville, nous fûmes dans les environs qui étaient couverts de belles habitations; je fus me baigner dans la rivière Saint-Jean qui est très bourbeuse et très chaude et sur les bords de laquelle, il y a, à une demi-lieue de la ville, une petite source qui découle d'un rocher et où les habitants envoient tous les jours leurs nègres chercher de l'assez mauvaise eau dans des petits barils.

Les habitants furent indignés contre Rodney parce qu'il ne nous avait pas attaqués : ils avaient fait la plaisanterie de chanter : « J'ai du bon tabac dans ma tabatière, mais tu n'en auras pas », lorsqu'ils avaient appris que nous allions attaquer Tabago.

Le 13, l'*Expériment* nous rejoignit avec les prises faites à Tabago, qu'on faisait monter à un million. Le général, voulant retourner à la Martinique, nous ordonna d'être prêts à appareiller le lendemain; l'*Hector*, qui n'avait pas encore trouvé les moyens de se réparer, ne put pas nous suivre.

L'armée part de la Grenade. — Le lendemain 14, nous appareillâmes au point du jour, au nombre de vingt-trois vaisseaux, non compris le *Sagittaire* et l'*Expériment*, et nous fîmes route pour la Martinique; nous trouvâmes du calme sous Saint-Vincent et les autres îles que nous prolongeons sous le vent.

Nous étions parvenus le 17 à l'ouvert du canal de la Dominique, environ à dix lieues de cette île et de la Martinique. Pendant cette traversée, le général flamba plusieurs vaisseaux, c'est-à-dire leur témoigna son mécontentement de leurs manœuvres, qui n'en allaient pas mieux.

Le 18, une partie de l'armée était remontée à hauteur de la baie du Fort-Royal de la Martinique et le général ayant fait signal d'aller au mouillage, tous les vaisseaux manœuvraient pour y entrer. Le lendemain au jour, toute l'armée était mouillée.

CHAPITRE IX

Retour à la Martinique. — La sucrerie de M. d'Aros.
Mœurs du pays.

Retour de l'armée à la Martinique.

Pour cette fois nous entrâmes la tête haute et l'air extrêmement content de nos hauts faits ; on ne manquera pas de dire et redire cent fois, et même de faire imprimer que la descente de Sainte-Lucie n'avait été qu'une feinte pour protéger l'attaque de Tabago que nous avions pris sous le nez de Rodney, sans qu'il eût osé nous attaquer. On vanta avec empressement l'importance de cette colonie, qu'on disait devoir nous assurer un commerce lucratif avec la côte d'Espagne. M. de Grasse avait envoyé son propre neveu pour annoncer à la cour le bonheur des armes de Sa Majesté et lui présenter les drapeaux pris ; malheureusement, nous avons appris depuis, que Louis XVI et ses ministres ne s'étaient pas étourdis aussi facilement que nous sur les fautes commises la journée du 29, et qu'ils n'attachaient pas un grand mérite à la prise d'une île, qui, dans le vrai, ne signifie rien et qui emploie une garnison considérable et qui jusqu'à présent a subi une consommation d'hommes étonnante par les maladies.

Nous employâmes le reste du mois à faire de l'eau, du bois, et à nous réparer le plus promptement possible, parce que nous approchions de l'hivernage dont on place à peu près l'époque du 15 juillet au 15 novembre.

Tous les bâtiments abandonnent ordinairement pendant ce temps les parages des Iles du Vent, où il fait alors des chaleurs étouffantes ou des pluies continuelles, qui sont très malsaines. La brise ordinaire de l'est est quelquefois interceptée et est remplacée par des ouragans furieux, venant de toutes les parties de l'horizon qui renversent et détruisent tout ce qu'ils rencontrent, sont quelquefois accompagnés de tremblements de terre et jettent toujours la désolation dans ces malheureux climats. Un vaisseau ne pourrait point y résister et serait jeté à la côte. Le cul-de-sac de la Martinique peut cependant abriter cinq ou six bâtiments, le même nombre peut hiverner à Sainte-Lucie et à la Grenade en les amarrant à terre avec beaucoup de précautions. Les îles sous le vent telles que Sainte-Croix, Saint-Domingue, la Jamaïque et l'île de Cuba sont moins sujettes à ces accidents.

La sucrerie de M. d'Aros. — Mœurs du pays.

M. d'Aros, ayant sa femme et une habitation sur le bord de la mer, tout près du Fort-Royal, put y demeurer jusqu'au moment de notre départ. Il y invita tous les officiers de son vaisseau et nous fûmes du nombre. Il eut la bonté de nous faire voir et de nous expliquer tous les détails de sa sucrerie.

Nous vîmes des nègres et négresses, mettre ces cannes précieuses (dont la forme ressemble beaucoup à celles que nous cultivons dans nos jardins en Europe) entre deux cylindres de métal placés très près l'un de l'autre, qui tournaient à contresens par le moyen d'un moulin à eau; ces cannes, par la pression des deux cylindres, étaient écrasées et rendaient un jus abondant qui était porté par un petit canal dans un bâtiment très vaste où il avait plusieurs chaudières sous lesquelles il y avait grand feu. Ce jus, après avoir subi plusieurs préparations et différents degrés de cuisson, qui produisent plusieurs espèces de sirop, du tafia, du rhum, etc... était enfin réduit en un sel brun, que l'on mettait dans des pots de grès pour le faire sécher. Dès que ce sel avait pris une certaine consistance, on le sortait de ces pots et on le mettait dans une étuve très chaude, où il achevait de se sécher entièrement ; après quoi, on le pilait et on en remplissait des barriques pour l'envoyer en France, où on le raffine et où on le blanchit.

Il y a quelques habitations où on le vend tout raffiné.

De la sucrerie, nous fûmes dans la campagne, pour voir travailler cette malheureuse classe d'êtres que nous arrachons chaque année des rivages de l'Afrique, pour assouvir notre insatiable cupidité, notre avarice et notre inhumanité. Nous trouvâmes dans un champ une quarantaine d'hommes ou femmes qui n'avaient d'autre vêtement qu'une mauvaise culotte ou un mauvais linge autour de la ceinture, et qui, une bêche à la main, remuaient tristement une terre qu'ils ne devraient creuser que pour s'y ensevelir, tant ils sont malheureux. Un vieux nègre armé d'un grand fouet de poste et tout fier de la confiance de ses maîtres, se tenait à quatre pas, derrière ses tremblants compatriotes, où il saisissait la moindre occasion de prouver qu'il était parfaitement de la même espèce que nous, c'est-à-dire aussi cruel et aussi ardent à tourmenter ses semblables. En nous promenant, nous remarquâmes avec étonnement que les productions de ce climat, quoique infiniment différentes de celles d'Europe, présentaient cependant le même aspect et le même paysage ; ici, une pelouse, là un marais, à droite, un bois de haute futaie ; à gauche, un bois taillis, etc... toutes ces choses paraissaient groupées comme en Europe ; mais, si vous examinez de près, nous ne reconnaissez plus un seul arbre, une seule plante, une seule feuille. Nous entrâmes dans les cases à nègres, qui sont de petites cahutes en bois couvertes d'une espèce de jonc, larges d'environ sept ou huit pieds, au milieu desquelles il y a pour tout meuble une natte sur laquelle ils couchent.

Ces petites maisons entourent la maison de l'habitant et du maître, où viennent se rassembler tous ces malheureux aux heures qui leur sont indiquées, soit pour le travail, soit pour la prière, habitation bien réglée qui ressemble à un couvent, où l'on n'a cependant pas fait vœu de chasteté, ce qui serait contraire aux intérêts de l'habitant qui naturellement désire que ses négresses fassent beaucoup d'enfants pour lui éviter la dépense qu'il serait obligé de faire en en achetant à la côte de Guinée.

Quelle inconséquence dans nos principes! Ce que nous regardons comme un libertinage affreux, un crime digne de toutes les vengeances de l'Eglise, en Europe, n'est ici qu'une obéissance aux lois de la nature, une chose très permise parce qu'il y va de notre intérêt! Bien plus, il y a des habitants et habitantes dont le revenu ne provient que d'une taxe imposée sur leurs esclaves femelles : « Tu me donneras tant par jour, tant par mois », disent-ils à leurs négresses ou mulâtresses, « moyennant quoi, tu feras tout ce que tu voudras, et je n'exigerai aucun service de toi. » Ce qui fait que ces êtres voluptueux n'ayant d'autre plaisir et d'autre occupation que l'amour, et ne s'attachant qu'à la jouissance physique du moment, s'abandonnent entièrement aux impulsions d'un climat brûlant, et parviennent à captiver des hommes qui les préfèrent aux blanches les plus jolies.

Leur air, leur maintien, leur démarche, leurs chants et surtout leurs danses ne respirent que la passion.

Je me rappelle avoir vu en Europe des femmes prétendre que l'allemande était une danse très indécente : que diraient-elles si elles voyaient danser le chica, le kalenda, etc. Elles sont, en général, grandes et bien faites; celles de la Martinique n'ont pour tout habillement qu'une chemise et une jupe toujours très blanches, et quelquefois un mouchoir sur le cou; elles ont pour coiffure un autre mouchoir qui entortille une espèce de turban assez élevé qui emboîte tous leurs cheveux. Elles ont grand soin de se laver souvent et sont très propres, afin de diminuer une odeur très forte et très désagréable, qui leur est naturelle et qui répugne beaucoup à ceux qui n'y sont pas habitués.

Dans le vrai, je n'ai jamais pu concevoir comment, avec un peu de délicatesse, un homme peut balancer entre une blanche et une femme de couleur. Une peau couleur d'ébène, chocolat ou citron, huileuse et d'une odeur forte, peut-elle se comparer à cette carnation vive et animée, à cette peau douce, fine et transparente, à cette aimable rougeur de nos Européennes ?

Les mœstives et carteronnes, qui nées d'un blanc et d'une mulâtresse, sont quelquefois très blanches, offrent toujours une couleur morte et n'ont jamais le coup d'œil coloré d'une Française. Si quelque chose peut excuser le mauvais goût des hommes à cet égard, c'est l'extrême mauvaise éducation des créoles en général : habituées à commander à des esclaves, elles sont extrêmement volontaires, impérieuses, indolentes et maussades. Etendues dans un hamac, elles s'égosillent à appeler Zabeau, pour ramasser leur éventail ou leur mouchoir ou pour lui faire enfiler une aiguille. Remplies de fantaisies et de caprices, elles dédaignent les attentions, les petits soins dus à la société et absolument nécessaires dans un bon ménage. Rapportant tout à elles-mêmes et prêtes à tout sacrifice pour leurs plaisirs, elles ont rarement ces manières aisées, douces et liantes d'une Européenne bien élevée.

Les premiers jours de juillet se passèrent en fêtes et en réjouissances chez les généraux ; on y dansa et on y joua beaucoup. Quelques officiers anglais prisonniers ou parlementaires venant de Sainte-Lucie, y assistèrent et y reçurent toutes sortes d'honnêtetés. Un d'eux nous apprit que le convoi pris à Saint-Eustache par Rodney et envoyé en Angleterre, avait été repris par M. de la Mottepiquet.

CHAPITRE X

Départ de l'armée pour Saint-Domingue. — Mouillage au cap Français. — Idée du Cap. — Les mulâtresses. — Rappel de M. de Renaud, gouverneur de la colonie. — M. de Monteil remplace M. d'Arros au commandement du *Languedoc*. — Brûlis de l'*Intrépide*. — Position comique d'un colonel d'infanterie à bord.

Départ de l'armée pour Saint-Domingue.

Le 4 juillet, tout étant prêt, le général nous fit signal de désaffourcher à 5 heures du soir et, le lendemain, au point du jour, nous appareillâmes, ainsi que le convoi, qui montait à près de deux cents voiles.

Le 13, à 2 heures, nous entrâmes dans le canal entre Porto-Rico et Saint-Domingue.

Le 14, nous avions dépassé le canal et nous prolongeâmes la côte du nord de Saint-Domingue à trois ou quatre lieues.

Nous aperçûmes la Grange le 15 au soir; la Grange est un promontoire qui s'avance dans la mer et dont l'extrémité a la forme du toit d'une grange; les environs en sont dangereux pour les vaisseaux, elle est à huit ou dix lieues du cap Français. Nous mîmes en travers pendant la nuit afin de ne pas dépasser le cap.

Mouillage de l'armée au cap Français.

Le lendemain 16, le général fit forcer de voiles au convoi : il entra sur les 11 heures dans la baie du cap Français. Il y avait à l'entrée de la baie trois vaisseaux commandés par M. de Monteil, chef d'escadre, en station dans cette colonie. Ces trois vaisseaux nous rallièrent et nous rentrâmes tous ensemble à la suite du convoi. La ligne de bataille était formée dans l'ordre naturel; le *Languedoc* mouilla à 3 heures : toute l'armée était mouillée à 5, à l'exception du *Scipion* et du *Northumberland* qui restèrent en croisière.

Idée du Cap.

Nous fûmes étonnés, au premier abord, de l'air opulent de cette magnifique colonie : une grande et superbe rade couverte d'une forêt de bâtiments et invinciblement défendue par une chaîne de rochers à fleur d'eau, qui en ferment exactement l'entrée à l'exception d'un seul passage très étroit et très dangereux et absolument impraticable sous le feu de plusieurs forts garnis de mortiers et canons et qu'il faut ranger à portée de fusil. Au lieu d'une plage sablonneuse et incommode comme dans les Iles du Vent, nous trouvâmes un quai immense et bien construit, garni de débarcadères au bout de l'un desquels était une fontaine à quatre tuyaux à l'usage des vaisseaux qui avaient besoin d'eau.

Sur ce quai aboutissent une grande quantité de rues bien alignées et bordées de superbes maisons, régulièrement bâties, couvertes d'ardoises et assez exhaussées. Plusieurs places publiques ornées de fontaines et de promenades, un beau gouvernement, un corps de casernes plus joli qu'aucun de ceux que j'ai vus en Europe, de beaux magasins, de magnifiques arsenaux, etc., embellissent cette ville à laquelle il ne manque qu'une plus agréable situation. Placée au pied d'une montagne qui l'entoure exactement, elle reçoit la double reverbération des rayons du soleil, ce qui en fait une fournaise, surtout lorsque la brise ordinaire de l'est ne se fait pas sentir. Cette brise n'est pas continuelle comme aux Iles du Vent, et est sujette à des mouvements périodiques. Tous les jours, à 9 ou 10 heures du matin, le soleil commençant à s'élever sur l'horizon, amène avec lui ce souffle bienfaisant, sans lequel ces climats seraient inhabitables ; à mesure que le soleil monte, la brise paraît augmenter et diminuer ensuite quand le soleil baisse. Les bâtiments qui veulent entrer au Cap doivent se hâter d'en profiter, car elle fait entrer vent arrière ; lorsque le soleil est sous l'horizon, la brise de l'est cesse et est remplacée par un petit vent venant de terre, qui est vraisemblablement causé par la quantité de vapeurs que le soleil a pompées dans le jour et qui ordinairement couvrent sur le soir les montagnes de l'île. Le choc de ces deux brises et des nuées qu'elles traînent avec elles, produit presque tous les soirs un orage accompagné d'éclairs et de tonnerre, ce qui ne m'a jamais paru très agréable en réfléchissant que j'habite sur cinquante milliers de poudre. Lorsque cet orage, qui n'est pas ordinairement long, a cessé, l'air rafraîchi par la pluie et par l'absence de soleil invite à la promenade, dont on est obligé de se priver à cause du serein qui est mortel. Les nuits sont, en général, belles et claires, et rien de plus agréable que le point du jour.

Les bâtiments saisissent ordinairement ce moment pour sortir du Cap à la faveur de la brise de terre, qui dure encore ; et ils font en sorte d'être hors de la passe étroite, avant 8 heures, afin de ne pas y rencontrer la brise de l'est, qui, comme je l'ai déjà dit, vient avec le soleil.

Les mulâtresses.

Cette ville opulente n'est point, comme certaines européennes, magnifiquement parées au dehors et mourant de faim au dedans ; tout y est riche ; la plus petite monnaie est une pièce de 5 sols. Les boutiques y sont supérieurement fournies, les habitants sont richement et commodément logés. Les nègres et négresses sont bien vêtus, et les mulâtresses, surtout, y sont d'une magnificence difficile à imaginer. Au lieu d'être pour ainsi dire nues, comme à la Martinique, elles sont chaussées avec toute l'élégance possible, vêtues décemment, presque à l'amazone, portant des manchettes d'hommes et des casaquins à manches longues, fermées avec des boutons d'or; elles sont couvertes de bijoux et leur coiffure est on ne peut plus agréable au coup d'œil : c'est une espèce de turban comme à la Martinique, mais replié en arrière et recouvert d'une gaze pendante, et laissant voir un peu de cheveux tout le tour de la tête, et quelquefois des boucles. Elles joignent à l'air indolent, tendre et passionné qui leur est propre, quelques-unes des grimaces, minauderies et manières des femmes blanches; elles imitent fort bien les airs augustes et précieux de nos prudes, auprès des imbéciles européens qui sont émerveillés à la première vue.

On leur a défendu de porter de la soie; on aurait dû porter bien plus loin l'exécution des lois somptuaires à leur égard. La grande quantité de leurs fantaisies et la cherté horrible de tous les objets de luxe, ont bientôt ruiné les pauvres dupes qu'elles font journellement.

Ayant donné mon linge à blanchir, je fus chez ma blanchisseuse pour la payer. Je fus on ne peut pas plus surpris d'entrer dans un appartement bien meublé, garni d'un lit très élégant, de plusieurs trumeaux et d'une toilette magnifique couverte d'essences, de pommades et colifichets. La princesse était assez bien, mais je l'eusse trouvée plus jolie si elle n'eût pas exigé un argent immense pour mon blanchissage. N'est-il pas révoltant de payer dix sols pour le blanchissage d'une chemise et cinq sols pour une paire de bas de fil, pour un mouchoir, pour un caleçon, pour un col, pour une serviette, etc., trente sols pour un drap, dix sols pour une veste, pour une culotte?

Toutes ces beautés ont des esclaves qu'elles traitent avec

la dernière dureté et dont le sort est, en général, bien plus à plaindre que s'ils appartenaient à des blancs. Il y a plusieurs de ces créatures qui, à force de faire des dupes, ont été assez sages pour se ménager une existence, et qui jouent presque le rôle de la fameuse Ninon de l'Enclos. Elles reçoivent ce qu'il y a de mieux dans la ville, sont supérieurement logées, donnent à jouer toutes sortes de jeux et ont un souper tous les soirs, où l'on fait une excellente chère. Tous les chefs de corps y vont à l'envi et ces nymphes impertinentes plaisantent et tutoient tout ce qui va chez elles et jettent le mouchoir à celui qui leur plaît.

Rappel de M. de Renaud, gouverneur de la colonie.

Le gouverneur de la colonie était, au moment de notre arrivée, un Dauphinois, M. de Renaud, qui eut le désagrément de recevoir son rappel en France des mains de M. de Grasse, son grand ennemi. D'après le rapport de tous les bruits publics à son égard, il paraît qu'il n'a eu d'autres torts que d'être un peu sévère et d'avoir peut-être un peu trop désiré le bien public aux dépens de l'intérêt des particuliers.

Les habitants de bonne foi conviennent que jamais la colonie ne fut gouvernée avec plus d'ordre et de soin : on lui doit l'augmentation des grands chemins, des édifices publics, des fontaines, des places publiques : le desséchement d'un marais infect et malsain placé entre la ville et la montagne qui l'entoure et qui, actuellement, est une promenade. Ingénieux, ferme et entreprenant, sont trois qualités que personne ne lui refuse. Il lui fallait beaucoup d'esclaves pour exécuter ses projets; il les exigeait de l'habitant et punissait sévèrement ceux qui murmuraient. On ne lui reproche pas autre chose.

M. de Grasse ayant des biens dans la colonie, et imaginant ne pas devoir être sujet aux mêmes corvées que les autres habitants, défendit à son économe d'obéir lorsqu'on lui demanderait des nègres pour les travaux publics;

l'économe suivit les volontés de son maître et en fut la dupe : il fut mis en prison. M. de Grasse, furieux, remua ciel et terre, et tel qu'un dogue suivi d'une meute de roquets porta jusqu'au pied du trône les cris de cette foule de gens sans aveu, qui voudraient par leur luxe, faire oublier leur origine et la honte de leurs pères. Le gouverneur fut rappelé et M. de Grasse fut chargé de cette commission bien satisfaisante pour son âme vindicative.

M. de Renaud fut remplacé par le plus plat de tous les êtres, M. de Lilancourt, qui heureusement n'a pas tenu longtemps, et a été remplacé par M. de Bellecombe, gouverneur de Pondichéry.

Je fis, par hasard, connaissance avec M. Trouillet, frère de M. Trouillet, vicaire-général à Grenoble, qui est un chef du conseil supérieur du Cap, et qui me fit honnêteté; il m'aida à faire des perquisitions de la famille d'un de mes oncles qui jadis passa dans ce pays; nos recherches furent infructueuses.

L'armée était augmentée de quatre vaisseaux commandés par M. de Monteil. Le *Palmier*, l'*Intrépide*, le *Destin* et le *Triton*. Ce chef d'escadre était rentré depuis six jours avec sa division, après avoir essuyé un coup de vent qui avait démâté l'*Intrépide*. Il revenait de la Havane où il avait fait une séance de sept mois, y compris l'expédition de Pensacola, à laquelle il avait contribué en joignant ses vaisseaux aux Espagnols et en faisant descendre à terre 800 hommes de ses garnisons, commandés par M. de Boiderues, capitaine de vaisseau. On accuse M. de Monteil d'avoir fait l'impossible pour sortir du Cap, lorsqu'il eut appris que M. de Grasse y arrivait et l'on assure que le jour de notre arrivée, la brise de terre lui ayant permis de sortir, il n'en avait profité que pour tâcher de s'éloigner et de nous éviter; mais M. de Grasse le joignit et nous le ramena dans la baie, tant il est vrai que l'intérêt particulier l'emporte toujours sur le bien général.

M. de Monteil remplace M. d'Arros.

Les généraux pressaient les réparations, surtout celles de l'*Hector* et de l'*Intrépide* ; il s'agissait d'une opération importante sur laquelle on gardait le plus grand secret. La frégate la *Concorde* était venue de la Nouvelle-Angleterre, dépêchée par le comte de Barras à M. de Grasse, qui la renvoya peu de jours après.

M. de Monteil demanda à monter un vaisseau de 80 canons et M. de Grasse, soit qu'il eût des ordres à cet égard, soit qu'il crût devoir moins ménager M. d'Arros qu'un autre, lui donna le *Languedoc* et ordonna à M. d'Arros de passer sur le vaisseau de M. de Monteil, le *Palmier* de 74 canons, avec tout son état-major. Les équipages, ni les garnisons ne furent changés; en conséquence, nous vîmes venir avec regret M. de Monteil et toute sa suite, qui étant plus nombreuse que celle de M. d'Arros, nous délogea et nous réduisit à deux petits postes en toile placés sous la timonerie, qui nous furent encore disputés par les auxiliaires ; et sur ce que nous présentâmes une ordonnance qui nous logeait avant eux, M. de Monteil, ne voulant pas en démordre, ôta deux canons du gaillard d'avant pour les placer dans nos postes.

Nous fûmes relégués dans la grande chambre, avec les timoniers, les tailleurs et les gens de l'office. On n'entrait à la chambre du conseil qu'à une certaine heure et encore M. de Monteil nous témoigna-t-il qu'il ne nous y voyait pas avec plaisir; il fit une table particulière pour lui et nous fit mourir de faim. Il fallait toujours être habillé et en cérémonie; il était détesté de ses propres officiers qui, cependant, entraient dans la chambre du conseil, tandis que nous étions à disputer et à coudoyer avec les timoniers et autres gens de cette espèce pour avoir place à nous asseoir autour de la table de la grande chambre.

Quel indigne métier! On nous jette sur un vaisseau sans s'être donné la peine de rien régler à notre égard; nous sommes continuellement contrariés pour la police de notre troupe qui, par cette raison, ne nous accorde plus la même considération; sans autorité quelconque sur un équipage qui, le sachant fort bien, suit son éducation grossière, et croit se faire un mérite en n'ayant aucun égard pour nous; telle était notre position et telle est celle de tous les pauvres détachements d'infanterie embarqués. Qu'un matelot nous manque, qu'il nous jette une chique de tabac au visage, que faire? Se colleter avec lui et jouer à coups de poing, ou aller bassement porter plainte à un morveux de quinze ans, enseigne depuis quatre jours, et avoir l'humiliation de se voir confronter avec son antagoniste et d'entendre discuter celui qui a tort ou raison; sans doute, ces exemples n'arrivent pas, parce que plusieurs de ces messieurs, sentant notre position humiliante, se font un devoir de veiller à ce qu'on ne nous manque point. Mais il n'est pas moins vrai que nous sommes tous les jours exposés à des scènes de cette espèce.

ÉTAT-MAJOR DU *Languedoc* NOUVELLEMENT FORMÉ, LE 21 JUILLET 1781.

M. de Monteil, commandeur de l'ordre de Saint-Lazare, chef d'escadre.

M. de Linières, lieutenant de vaisseau, major de M. de Monteil (remplacé par M. Isnard, peu de jours après).

M. de Montaigu, enseigne de vaisseau, aide-major.

M. de Ravenel, capitaine de vaisseau, commandant le vaisseau (remplacé peu de jours après par M. du Plessis-Pascault, capitaine de l'*Intrépide*).

M. de La Touraille, lieutenant en pied.

M. de Karuel, lieutenant de vaisseau.

M. de Bonne, enseigne de vaisseau.

M. de Berjou, enseigne de vaisseau.

M. de Maupeou, enseigne de vaisseau.
M. de Kersalun, enseigne de vaisseau.
Deux gardes de la marine.
Quatre auxiliaires.
Un aumônier.
La Biche, chirurgien-major.

Le 22, deux canonniers du bord ayant dispute entre eux, le caporal de garde fut les séparer. L'un d'eux lui donna un coup de rasoir, et, comme il se retirait, il en reçut encore deux, dont un lui coupa le nerf de la première phalange. M. de Saint-Quentin en informa M. de Monteil et M. du Plessis-Pascault. Quelques jours après, un matelot du vaisseau s'étant disputé avec un matelot d'un bâtiment marchand, en reçut un coup de couteau. Le matelot marchand fut arrêté, mis au conseil de guerre et jugé sur le *Languedoc*, par M. de Monteil lui-même, président du conseil ; il fut condamné aux galères perpétuelles. M. de Saint-Quentin, étonné de cette justice sévère envers un homme qui avait donné un coup dans la chaleur de la dispute à celui qui le battait, représenta à M. de Monteil que le canonnier qui avait estropié un caporal de service qui ne lui avait rien fait, méritait bien plus d'être jugé suivant la rigueur des ordonnances et que cependant on ne lui avait rendu aucune justice à cet égard. M. de Monteil, chef d'escadre, fait pour faire observer l'ordre et les mesures qui y sont relatives, répondit qu'on n'y avait pas songé, que nous étions en temps de guerre, que les hommes étaient précieux ; ce fut sa seule réponse, et notre pauvre caporal en fut pour sa main estropiée.

Brûlis de l'Intrépide.

Le 23, à 8 heures du matin, l'*Intrépide* fit signal qu'il avait le feu à bord ; on n'a pas d'idée de la crainte et de la consternation que répand le mot « feu » dans un vaisseau ;

il paraissait effectivement une fumée épaisse qui sortait du milieu du bâtiment et nous apprîmes bientôt que les commis faisant la distribution du tafia dans la cale, pour le déjeuner de l'équipage, avaient trop approché un bout de chandelle qui avait mis le feu au tafia. La cale s'était embrasée et elle n'est séparée de la soute aux poudres que par une cloison.

Ce vaisseau était mouillé assez près de nous et un peu de l'arrière; nous lui envoyâmes nos canots et chaloupes et nous travaillâmes ainsi que tous les autres vaisseaux à nous éloigner d'un voisinage aussi dangereux; malgré tous les secours, toutes les pompes, tous les matelas mouillés, toute l'eau jetée dans cette cale, le feu eût bientôt fait de si grands progrès qu'on jugea impossible de l'éteindre, et nous vîmes avec horreur pendant cet intervalle, l'équipage de ce malheureux vaisseau se jeter deux fois à la mer avec des hurlements affreux et deux fois revenir à bord encouragés par leurs officiers qui les appelaient de dessus le pont.

Beaucoup d'officiers des différents vaisseaux et tous les généraux, à l'exception de M. de Grasse, s'y transportèrent et on décida que n'y ayant plus l'espoir d'éteindre le feu, il fallait couper le câble et remorquer le bâtiment sur un haut fond pour tâcher de lui faire une voie d'eau et de le faire remplir. Pendant qu'on était occupé à exécuter ce projet, le lieutenant en pied était dans la soute aux poudres dont il faisait jeter les barils à la mer, en ayant grande attention d'examiner si la cloison ne se perçait pas par le feu. Il y avait heureusement entre cette cloison un rang de briques qu'on avait rangées là par hasard. Sur les 9 h. 1/2, le feu ayant pénétré la cloison, on n'eut pas le temps de sortir environ soixante barils de poudre qui restaient dans la soute et n'y ayant pas un moment à perdre, on se précipita dans les canots et chaloupes et on s'éloigna le plus vite possible.

Deux minutes après tout le vaisseau était embrasé, le feu sortait de toutes parts et à peine les canots furent-ils à une distance raisonnable, que nous le vîmes sauter jusqu'aux nues avec un fracas épouvantable.

L'explosion se fit un peu en arrière et jeta beaucoup de débris sur la ville dont quelques maisons furent enfoncées ; je n'ai jamais rien vu de plus horrible et en même temps de plus beau ; il y eut quelques personnes blessées ; le capitaine sauva son argenterie, les autres officiers ne sauvèrent pas un chausson, non plus que les autres matelots, qui furent répartis sur les autres vaisseaux. Tout le monde regarda comme très heureux qu'il n'y eût pas péri beaucoup plus de personnes et que ce vaisseau n'eût pas mis le feu à quelque autre bâtiment. M. du Plessis-Pascault, capitaine, vint à bord du *Languedoc*, pour être capitaine de pavillon, il y amena son fils, garde de la marine, et son lieutenant en pied, M. Isnard, qui devint major de M. de Monteil.

Nous apprîmes, peu de jours après, que le même accident était arrivé à la frégate l'*Inconstante* et par la même cause ; elle était à la voile près de l'île à Vache ; elle se jeta à la côte, où se sauvèrent une centaine de matelots de son équipage. Le reste sauta ou se noya, ainsi que le capitaine et l'officier en garnison.

Les mâts de l'*Intrépide* servirent à l'*Hector*, qui, par ce moyen, fut plutôt prêt ; on embarqua sur les vaisseaux beaucoup de munitions de guerre ; nous reçûmes à bord, le 31, un mortier de douze pouces et cent bombes ; nous prîmes aussi pour six mois de vivres.

Le 2 août, M. de Saint-Simon, maréchal de camp, commandant une division dans la colonie, s'embarqua avec les régiments d'Agénois, de Gâtinois et Touraine, un détachement d'artillerie et un de houzards de Lauzun faisant en tout 3.300 hommes. Nous eûmes à bord 185 grenadiers ou chasseurs de Gâtinois, avec leur colonel, M. de Rostaing et 9 officiers.

Rien de plus comique qu'un colonel embarqué : réduit à mettre sa précieuse personne dans un hamac branlant, obligé de supplier pour avoir un peu d'eau pour faire sa grande toilette, coudoyé par un matelot malpropre et goudronné, disputant le coup de chapeau à une troupe de jeunes enseignes qui se font un plaisir de le plaisanter et de le turlupiner, obligé par force d'être honnête, crainte de compromettre son éminente seigneurie vis-à-vis de ces jeunes têtes ; en honneur, son embarras est à mourir de rire, et il y a de quoi faire faire un peu de bon sang à un pauvre officier d'infanterie.

CHAPITRE XI

Départ de l'armée du cap Français et route de l'armée pour la Nouvelle-Angleterre.

Départ de l'armée du cap Français.

Le 3, le général fit affourcher à une petite ancre et nous ordonna d'être prêts à appareiller le lendemain au jour, à la faveur de la brise de terre qui nous força de rester parce qu'elle fut presque insensible. Le surlendemain 5, elle fut plus forte et nous sortîmes tous, à l'exception de la *Bourgogne* qui s'y prit trop tard.

Le 8, nous fîmes route vent arrière au lieu de prendre le chemin des débouquements et nous sûmes qu'on nous menait à la Havane ou à quelque expédition dans le golfe. Nous étions vingt-sept vaisseaux de guerre.

Route de l'armée pour la Nouvelle-Angleterre.

Nous étions à 6 heures du soir en vue du cap Maisy qui est la pointe la plus est de l'île de Cuba; il y a un petit fort nommé Baragua, où un de nos cutters fut demander des pilotes espagnols. Le lendemain 9, nous reçûmes un pilote ainsi que les autres vaisseaux et nous fîmes route vent arrière pour entrer dans le vieux canal, qui est formé par la côte du nord de l'île de Cuba et par un banc de sable considérable nommé Pracel, qui est semé d'écueils et de petites îles dangereuses pour les vaisseaux.

Le 10, au point du jour, il se trouva au milieu de nous

une frégate étrangère, dont on ne s'aperçut que lorsqu'elle s'était déjà assez éloignée pour ne pouvoir pas être coupée. Les frégates et quelques vaisseaux la chassèrent, mais sans pouvoir l'atteindre. Nous voyions toujours la terre de Cuba à cinq ou six lieues. A midi on releva Roche-Moha.

Le 11, à midi, on releva Xarara, à huit lieues au sud 1/4 sud-ouest.

Le 12, à midi, on releva la pointe Matterni, au sud-sud-ouest à six lieues.

Le 14, on releva, à midi, la Caye-Romaine et la Caye-Confite : ce sont deux écueils, à trois lieues de distance l'un de l'autre, qui forment le plus étroit du canal et entre lesquels nous n'osâmes pas nous engager si tard. Le 15, à la faveur de la brise de l'est, nous franchîmes ce mauvais pas.

Le 16, nous ne voyions plus la terre. On signala une voile à l'arrière, à l'entrée de la nuit, qui se trouva être l'*Hector* qui venait nous rejoindre et qui mettait notre nombre à 28 vaisseaux de ligne.

Le 17 nous revîmes la terre et relevâmes à midi le pain de Mattance au sud 1/4 sud-ouest, à six ou sept lieues.

Le pain de Mattance est une montagne d'une forme carrée, située auprès d'une baie de même nom, à quelques lieues de la Havane, qui est le principal établissement de l'île de Cuba, et qui, si l'on en croit ceux qui l'ont vue, est la plus belle ville des Indes occidentales. Nous aperçûmes à la nuit un bâtiment sous le vent qu'on reconnut être la frégate l'*Aigrette* qui revenait de la Havane et cherchait à nous rallier ; nous courûmes bord sur bord pendant la nuit afin de ne pas nous éloigner de Mattance.

Le lendemain 18, nous demeurâmes tout le jour en panne ; l'*Aigrette* avait rallié avec une cargaison de caisses d'argent que les Espagnols lui avaient remis ; c'est la seule façon dont ils ont fait la guerre jusqu'à présent.

Nous eûmes, à bord du *Languedoc*, 50 caisses de 3.000

gourdes chacune; les deux autres généraux en avaient à peu près autant. Un de nos cutters fut expédié pour aller annoncer en France l'expédition qu'on allait entreprendre. L'autre, commandé par M. de Chabons, fut envoyé à la Havane pour y caréner.

Tous les secrets furent divulgués et nous apprîmes que nous allions débouquer par le canal de Bahama pour nous rendre dans la baie de Chesapeack, afin de tâcher d'y surprendre le lord Cornwalis, qui y avait pris poste avec sept ou huit mille hommes et exerçait de là les ravages les plus affreux dans les provinces de Virginie et de Maryland. Nous fîmes de la voile à l'entrée de la nuit et nous fîmes route pour le canal de Bahama.

Ce canal, qui a cent lieues de long sur douze ou quinze de large, est formé par la côte orientale de la Floride et par le grand banc de Bahama, qui est semé de rochers, d'écueils et d'îles, dont la plus considérable, nommée la Providence; est un repaire de corsaires.

La mer, qui dans l'étendue immense qui sépare les deux hémisphères est évidemment entraînée vers l'ouest par le mouvement diurne de la terre à l'égard du soleil, et par la constance des vents d'est entre les tropiques, rencontrant tout-à-coup les côtes du grand continent de l'Amérique qui environnent le golfe du Mexique, est nécessairement forcée de revenir sur elle-même, et de chercher une issue; le canal de Bahama lui en offre une dont elle profite avec violence. Les courants y remontent vers le nord avec une force si grande qu'il n'a pas été possible jusqu'à présent de remonter ce canal, même avec des coups de vents du nord.

Le 19, nous croyions être totalement entrés dans ce canal, lorsque nous découvrîmes, sur les onze heures, le coude des Martyrs qui est la pointe méridionale de la Floride. Cette côte est composée de terres basses et noyées, de bancs, d'écueils, de rochers à fleur d'eau.

Elle est très redoutée des bâtiments, parce qu'étant située

à l'entrée du canal, les courants portent dessus et que si, malheureusement, on est surpris par un calme, on s'y perd inévitablement. Elle est habitée par des sauvages et est très éloignée d'aucun établissement européen.

On prétend qu'il y a péri une escadre entière et un convoi qui sortait de la Havane.

Le lendemain, à midi, nous trouvâmes par la latitude que nous avions fait 40 lieues dans le nord pendant les vingt-quatre heures.

Le 21, toujours calme et nous nous trouvâmes à midi par 28° 10' de latitude ce qui nous donnait encore quarante lieues faites dans le nord et nous annonçait que nous avions débouqué.

Le 22, le calme continua. Le général mit flamme d'ordre, tous les vaisseaux envoyèrent à son bord et on en rapporta des ordres préparatoires à une descente pour les troupes de M. de Saint-Simon et pour les garnisons des vaisseaux.

Le 23, nous nous aperçûmes que nous n'étions plus dans les vents généraux. Les courants continuèrent à nous faire faire grand chemin et on les voyait quelquefois le long du vaisseau qui faisaient le même bruit qu'une rivière.

Le 24, il fit mauvais temps, de l'orage, de la pluie, des tonnerres; il parut trois bâtiments, on les chassa; ils furent joints et pris. C'était une corvette de 20 canons, un paquebot allant en Angleterre et un bateau de la côte.

Les deux premiers sortaient de Charlestown et avaient à bord des passagers et des jolies femmes. Cette chasse nous avait un peu dispersés.

Le 25, il fit beau. Nous gouvernions de façon à ne pas trop rapprocher la côte, afin de ne pas être vus.

Le 27, comme nous approchions de la latitude de baie de Chesapeack, nous gouvernâmes au nord-ouest parce que nous nous doutions que les courants nous jetaient dans le nord-est. Il parut deux bâtiments qu'on chassa, et comme les chasseurs s'éloignaient considérablement faisant route contraire à celle de l'armée, nous revirâmes sur eux ; ils disparurent à la nuit et nous reprîmes notre route au nord-ouest.

Le 28, il fit beau, petite brise, les chasseurs n'avaient pas rallié ; à 4 heures, une frégate fit signal qu'elle avait sondé et trouvé fond, ce qui nous annonçait que nous n'étions pas à plus de 15 lieues de la côte.

Le général fit signal de mettre en panne tribord amures.

Le 29, il fit très beau. Le *Chasseur*, le *Glorieux* et le *Souverain*, dont on était inquiet, rallièrent avec une prise qui était un bâtiment de 24 canons de 18, 12 et 6 livres, construit pour entrer dans les rivières : il se nommait le *Sandwich*. Nous prîmes route à 10 heures, droit à l'ouest pour chercher la terre que nous ne découvrîmes qu'à 6 heures du soir. Le général ne voulant pas entrer la nuit dans la baie, fit signal de mouiller en ligne de bataille. Nous jetâmes l'ancre par douze brasses.

Le général nous fit ensuite dire par une frégate qui prolongea la ligne, d'appareiller à 4 heures du matin. Effectivement, le lendemain 30, toute l'armée fut sous voile, au point du jour ; à 10 h. 1/2, nous étions à une lieu du cap Henry. Il s'éleva bonne brise du sud-sud-ouest. Le général fit signal de faire branle-bas et de se préparer à mouiller sur trois colonnes.

A midi, nous entrâmes dans la baie et à midi et demi nous étions mouillés à un quart de lieue de terre au point C (voyez le plan). L'ordre des trois colonnes ne fut point observé.

Nous vîmes plusieurs personnes à cheval courant le long du rivage ; il vint un canot de terre qui fut à bord de la *Ville-de-Paris* ; le général mit flammes d'ordre et nous eûmes des ordres préparatoires pour faire descendre à terre les garnisons des vaisseaux qu'on avait divisées en trois corps de 600 hommes chacun. Le jour de la descente n'était point fixé et on croyait que nous devions nous joindre à M. de Lafayette qui commandait un corps de 1.500 américains et qui jusqu'alors avait observé les mouvements du lord Cornwalis. Les terres que nous voyions des mouillages paraissaient basses, sablonneuses, et couvertes de bois. Il ne paraissait aucune maison.

L'opération dont je vais tracer les détails fait le plus grand honneur à l'intelligence et à la capacité des généraux Washington et Rochambeau.

La baie de Chasepeak est un bras de mer qui s'enfonce plus de cinquante lieues dans les terres de Virginie et de Maryland : sa largeur varie depuis quatre jusqu'à dix lieues.

Cette petite mer Méditerranée reçoit une quantité étonnante de rivières qui, presque toutes, peuvent être remontées à une grande distance par les vaisseaux marchands et dont plusieurs peuvent recevoir des vaisseaux de guerre. Il est facile de prévoir que si jamais la paix et la tranquillité se rétablissait sur ces bords malheureux, ce sera la plus peuplée, la plus commerçante et la plus riche de la Nouvelle-Angleterre.

L'entrée de cette baie est occupée par deux bancs de sable à quelques pieds sous l'eau, ce qui ne laisse qu'un passage étroit pour entrer ou pour sortir.

Celui qui, avec des forces maritimes, pourra s'établir à portée de ce passage, sera maître de tout le commerce de la baie ; c'est précisément ce qu'avait fait le lord Cornwalis qui, avec environ 8.000 hommes, un vaisseau de 50 canons, des frégates et corvettes, et beaucoup de transports pour assurer les subsistances, avait pris port à York, petite ville sans défense située sur la rive droite de la rivière du même nom et vis-à-vis de laquelle il y a une autre petite bourgade qui se nomme Glocester, et dont il s'empara aussi afin d'être maître des deux côtés de la rivière qui a dans cet endroit une portée de canon de largeur.

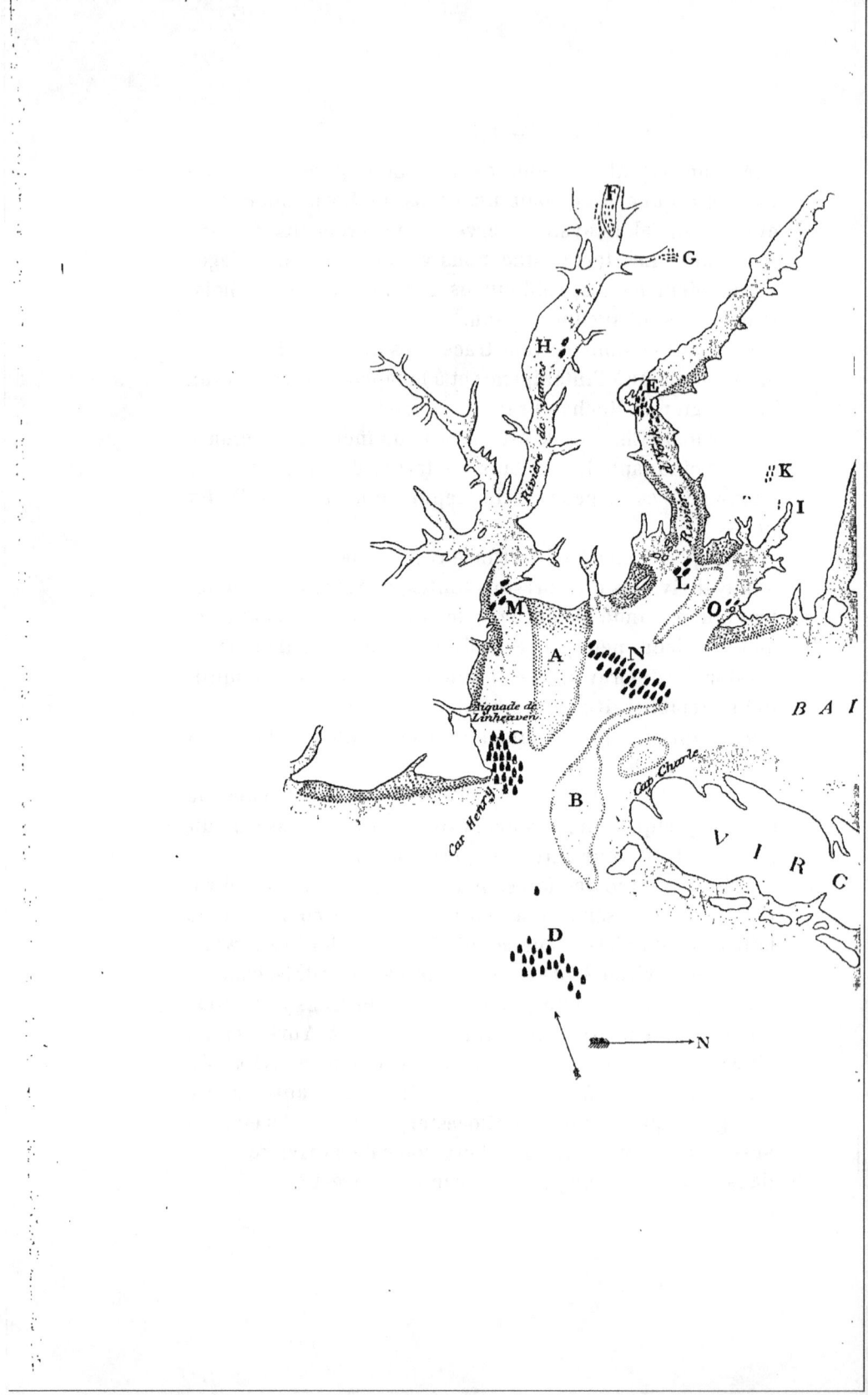

Expédition de Chesapeak.

de sable appelé Horse-Shoe. *B*, Autre banc de sable appelé Midle-Ground. Ces deux bancs ne sont
que de cinq à six pieds d'eau et celui de Midle-Ground assèche quelquefois. Ils ne laissent entre eux
un canal seul passage pour entrer dans la baie avec des vaisseaux.
...ier mouillage de l'armée française à son arrivée dans la baie et lorsqu'elle aperçut, le 5 septembre,
...nemie *D* qui venait à elle.
...s d'York et de Glocester, retranchés et occupés par le lord Cornwallir et sous lesquels étaient mouillés
...on. de 50 canons, *La Guadeloupe*, de 24 canons et plus de 60 bâtiments marchands. *F*. Ville de Ja-
...lieu de débarquement de M. de Saint-Simon.
... de Williamsbourg, ancienne capitale de la Virginie et lieu de réunion des armées combinées. *H*.
...ébarquement de l'artillerie. *I*. Lieu du débarquement de M. de Choisy. *K*. Village de Court-House,
...i premier campement. *L*. Trois vaisseaux ou frégates françaises qui bloquaient la rivière d'York.
...vaisseaux ou frégates françaises bloquant la rivière James et chargés d'en défendre l'entrée. *N*. Se-
...llage de l'armée française entre les deux bancs pour en défendre le passage. *O*. Corvettes françaises
... le long de la côte, pour arrêter tous les petits bateaux qui, en rasant la terre, auraient pu échapper
...aux.

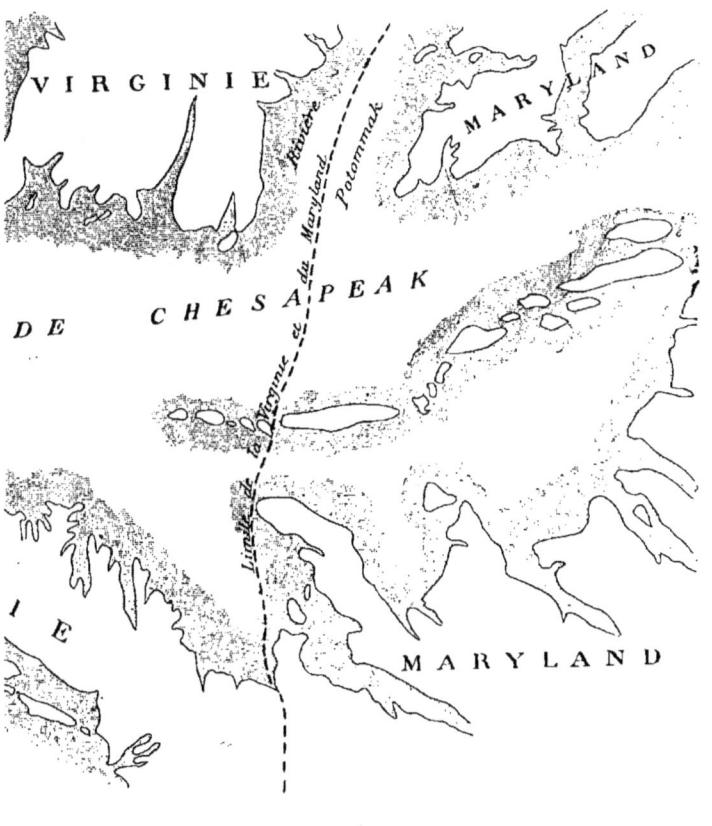

Le général s'y était retranché et envoyait, de là, dans les environs, des détachements qui faisaient des ravages affreux et ses bâtiments croisaient et interceptaient tout le commerce de la baie.

CHAPITRE XII

Expédition de Chesapeak. — Apparition de l'armée anglaise. — Combat de Chesapeak. — Les ennemis s'éloignent. — Rentrée de l'armée dans la baie. — Arrivée de l'armée de terre. — Descente d'une division de garnison des vaisseaux. — Escarmouche. — Séjour au camp devant Glocester. — Grand'gardes, reconnaissances. — Reconnaissances avec M. de Choisy. — Précautions prises contre le passage des ennemis à Glocester. — Description de Glocester. — Idée des environs d'York et de Glocester.

Expédition de Chesapeak.

Les généraux Washington et Rochambeau sentirent qu'il serait possible de surprendre cet ennemi formidable, si les forces maritimes devenaient supérieures à celles des Anglais et si M. de Grasse y voulait concourir. Ils imaginèrent qu'en s'emparant de la baie et en bloquant les rivières qui l'environnaient, pour l'empêcher de s'échapper, ils pourraient aisément marcher sur lui et s'en rendre maîtres.

La *Concorde* fut expédiée à M. de Grasse, qui était pour lors à Saint-Domingue, et lui remit des paquets relatifs à ce projet. M. de Grasse sentit l'importance et la possibilité de l'exécution, et renvoya la *Concorde* annoncer qu'il partirait sous peu pour se rendre dans la baie et qu'il prendrait à Saint-Domingue 3.000 hommes de renfort. Cette frégate arriva le 15 août à Niewport.

Les généraux Washington et Rochambeau étaient alors campés sur la rive gauche de la rivière du Nord, devant New-York, poste important où le lord Clinton commandait des forces considérables. Ils supposèrent une correspondance simulée qu'ils faisaient intercepter exprès par les ennemis, par laquelle le lord Clinton crut apprendre que M. de Grasse venait dans la baie de Sandy-Hook, que les troupes allaient passer sur la rive droite de la rivière du Nord, et qu'enfin on en voulait à l'Ile des Etats ou Staten-Island, qui est opposée à Long-Island et qui forme avec cette île le canal étroit qui conduit à New-York. Dans cette persuasion, le général Clinton demandait avec instance des secours au lord Cornwalis.

Nos généraux se mettent effectivement en marche le 19 août, remontent à quelque distance la rivière du Nord, la passent et se portent sur la rive droite; un corps de troupes avancées couvre leur marche et continue à se porter sur New-York pour faire croire que l'armée y vient, tandis que Washington et Rochambeau, à la tête des régiments de Bourbonnais, Soissonnais, Saintonge, Royal-Deux-Ponts, la légion de Lauzun, une brigade d'artillerie et 2.000 Américains marchent tout à coup vers Philadelphie où ils passent le 4 septembre, et d'où ils se rendent, le 7, à Elktown, où ils apprennent l'arrivée de M. de Grasse dans la baie de Chesapeak.

En attendant que M. de Grasse eût des nouvelles de la marche de l'armée, il s'occupa de resserrer Cornwalis en s'emparant des rivières. Le *Glorieux*, l'*Aigrette* et la *Diligente*, qui avaient chassé deux bâtiments ennemis, les poursuivirent jusqu'à l'entrée de la rivière d'York, où l'un d'eux, corvette de 24 canons nommée la *Loyaliste*, fut pris. Ils restèrent en station à l'entrée de la rivière pour en former le blocus.

Le 31, le lendemain de notre arrivée, il y eut ordre de débarquer la division de M. de Soissons; on la mit partie sur les corvettes et petits bâtiments, partie sur les canots et chaloupes de tous les vaisseaux de l'armée; cette petite escadrille partit le 1er septembre, escortée par l'*Expériment* et l'*Andromaque*; elle remonta la rivière James et aborda le lendemain à Jamestown, où les troupes descendirent sans résistance et sans trouver autre chose que des maisons pillées, saccagées et remplies de cadavres : ils virent entre autres celui d'une femme qui avait le ventre ouvert et sur elle cette inscription : « Tu n'enfanteras plus de rebelles. »

Les tombeaux étaient ouverts, les ossements en avaient été retirés et jetés çà et là ; les chemins étaient garnis de corps à moitié pourris, soit nègres, soit blancs ; en un mot, on y retrouva toutes les horreurs d'une guerre civile qui, ainsi qu'une guerre de religion, excite le fanatisme et entraîne les plus grandes cruautés.

M. de La Fayette y arriva le 3 avec le corps qu'il commandait, et ils se portèrent ensemble sur Willamsbourg jolie ville, ancienne résidence des gouverneurs de la Virginie ; ils y prirent poste pour attendre l'armée de Washington ; de manière que le théâtre de cette importante opération se trouvait réduit dans une petite presqu'île d'environ douze ou quinze lieues de l'est à l'ouest, et de quatre ou cinq lieues du nord au sud.

L'*Expériment*, l'*Andromaque* et les corvettes étaient restées dans la rivière James afin de protéger les canots et les chaloupes qui avaient porté la division de M. de Saint-Simon et surtout pour empêcher et couper la retraite du lord Cornwalis sur la Caroline et Charlestown.

Le *Triton* et le *Vaillant* furent se joindre au *Glorieux* à l'entrée de la rivière d'York. Dans cet intervalle, nos frégates prirent deux bâtiments marchands, en dehors de la baie et un qui cherchait à s'échapper de la rivière d'York.

Apparition de l'escadre anglaise.

Les choses étaient en cet état lorsque nous aperçûmes à 7 heures du matin, le 5 septembre, un nombre de voiles considérable dans le nord-est, qui faisait route sur nous. On crut d'abord que ce pouvait être M. de Barras, commandant huit vaisseaux à Rhode-Island, qui venait se joindre à nous, et convoyer les munitions et l'artillerie nécessaires pour l'expédition ; mais ces bâtiments, manœuvrant pour se mettre en ligne, nous firent bientôt voir une vingtaine de vaisseaux de guerre qui n'étaient sûrement pas de nos amis.

La marée montait, il n'était pas possible d'appareiller et les vents étaient nord-est, ce qui ne rendait pas notre position brillante. Cependant nous ne pouvions pas présenter un front de défense par la manière dont nous étions mouillés ; nous ne pouvions pas non plus entrer dans la baie, n'ayant aucune connaissance de la situation des bancs de sable et n'ayant pas nos pilotes pratiques, qui avaient été envoyés sur les bâtiments, canots et chaloupes employés dans les rivières. Heureusement, les ennemis ne profitèrent pas du temps ; ils se rangèrent sur la ligne du plus près tribord, ils firent passer les vaisseaux de force à l'avant-garde, en un mot, ils tâtonnèrent ; ce qui nous mena à la marée descendante et nous donna la possibilité d'appareiller, ce qui fut bientôt fait. En moins de trois-quarts d'heure, toute l'armée fut sous voiles, quoiqu'il nous manquât environ 100 hommes et 2 officiers par vaisseau. Il était alors midi et demi ; nous formâmes une ligne de vitesse, c'est-à-dire chaque vaisseau, sans chercher son rang dans la ligne, se mit dans les eaux du vaisseau le plus à portée. Quelques-uns ne pouvant pas doubler le cap Henry, coururent un bord et revirèrent ensuite pour se mettre en ligne.

Combat de Chesapeak.

Les vaisseaux se trouvèrent placés selon l'ordre suivant :
Le *Pluton*, la *Bourgogne*, le *Marseillais*, le *Diadème*, le *Refléchi*, l'*Auguste*, le *Saint-Esprit*, le *Caton*, le *César*, le *Destin*, la *Ville de Paris*, la *Victoire*, le *Sceptre*, le *Northumberland*, le *Palmier*, le *Solitaire*, le *Citoyen*, le *Scipion*, le

Magnanime, l'*Hercule*, le *Languedoc*, le *Zelé*, l'*Hector* et le *Souverain*.

Le *Languedoc* se trouvait d'abord le matelot d'avant du général ; mais, M. de Grasse ayant fait attention qu'il n'y avait pas d'officier général à l'arrière-garde, ordonna dans le porte-voix à M. de Monteil d'en aller prendre le commandement.

Les Anglais étaient au nombre de vingt vaisseaux de ligne et huit frégates ou cutters ; ils venaient vent arrière sur la ligne du plus près tribord ; nous allions au devant d'eux, ralliés à l'ordre de bataille bâbord amures.

A 2 heures, les ennemis, après nous avoir à peu près prolongés, virèrent lof pour lof et prirent les mêmes amures que nous. Les deux lignes couraient bâbord amures, sans cependant être parallèles, l'arrière-garde ennemie étant très au vent.

A 3 heures, la tête de la ligne ennemie arriva sur la nôtre. M. de Grasse fit arriver de deux quarts notre avant-garde qui était trop au vent. A 3 h. 1/2, elle arriva à portée de mousqueterie de la nôtre, et on fit grand feu de part et d'autre.

Les vents varièrent de deux et même quatre quarts, ce qui mit encore notre arrière-garde beaucoup sous le vent de notre avant-garde. M. de Grasse fit encore signal à notre avant-garde d'arriver, afin d'être en ligne, et de rendre s'il était possible l'engagement général ; mais l'arrière-garde ennemie se tint toujours au vent et il n'y eut que les quinze premiers vaisseaux de notre ligne qui combattirent pareil nombre de la ligne anglaise ; le feu dura jusqu'à la nuit. Les deux armées s'éloignèrent à une lieue et continuèrent à courir bâbord amures.

Le lendemain 6, les vents furent les mêmes et les deux armées continuèrent tout le jour bâbord amures à deux lieues de distance l'une de l'autre. Plusieurs de leurs vaisseaux paraissaient avoir été très maltraités et chacun travaillait à se réparer. Un de leurs généraux fut obligé de porter son pavillon sur un autre vaisseau : à la nuit, notre ligne pouvant faire plus de voiles, parce qu'elle était moins dégréée, avait gagné de l'avant.

A 11 heures du soir, les vents passèrent à l'est-sud-est. On nous fit virer vent devant. La nuit fut obscure, on ne put pas trop voir les ennemis.

Le 7, nous nous trouvâmes au point du jour en calme plat, à trois lieues des ennemis, les deux armées très dispersées ; à 11 heures, il vint une petite brise du sud qui nous mettait au vent des ennemis ; ils avaient quatre vaisseaux séparés du gros de leur armée ; nous crûmes que nous allions profiter de notre avantage et tâcher de ne pas leur laisser le temps de se rallier, mais M. de Grasse crut devoir y mettre plus de prudence ; il nous fit tenir le vent tribord amures.

Les ennemis se rallièrent bâbord amures, et, à 2 heures, M. de Grasse fit virer lof pour lof, ce qui nous mit au même bord dans l'ordre renversé.

Les vents vinrent au sud-ouest, bon fixes.

A 6 heures, le général nous forma sur la ligne de plus près bâbord, les amures à tribord ; les ennemis continuèrent bâbord amures.

Le 8, au point du jour, nous étions encore ralliés à l'échiquier sur la ligne du plus près bâbord, les amures à tribord, lorsque nous aperçûmes la ligne ennemie qui avait viré vent devant par la contremarche et qui venait en ligne de bataille tribord amures avec l'air de vouloir nous gagner le vent. M. de Grasse, jugeant que la chose n'était pas possible, nous fit sur le champ virer vent devant, et, par ce mouvement, nous nous trouvâmes bien formés en ligne de bataille bâbord amures ; nous forçâmes de voiles et nous allions de bonne grâce au devant d'eux ; mais l'amiral Grave, commandant l'armée ennemie, s'apercevant qu'il ne pourrait pas passer au vent, entreprit de présenter sur le même bord que nous en faisant virer vent devant par la contremarche; alors M. de Grasse, jugeant ce mouvement avantageux pour nous, en ce que l'armée ennemie présentait un coude, et une manœuvre à demi exécutée, fit signal à notre tête d'arriver, de forcer de voiles et d'attaquer de très près; trois vaisseaux ennemis avaient commencé leur manœuvre, lorque l'amiral Grave, sentant le désavantage de cette position, fit arriver vent arrière tous ses vaisseaux pour les faire former sur les derniers vaisseaux de son arrière-garde. Alors M. de Grasse fit retenir le vent à l'armée, et nous fit revirer à 10 heures, tribord amures sur la ligne des plus près bâbord.

On observa à midi 35°,52' de latitude. A 4 heures du soir, il vint de l'orage, de la pluie, des vents fous; à la nuit, les vents passèrent au nord-est, bon frais, ce qui rendit le vent aux ennemis. Nous courûmes toute la nuit entre l'est et l'est-quart-sud-est en ligne de bataille bâbord amures. On prit deux ris dans la nuit.

Le 9, les ennemis parurent très loin, et toujours au vent; nous revirâmes tribord amures sur la ligne de plus près bâbord; nous portions au nord-nord-ouest à midi, les vents passèrent à l'est, bon frais; nous fîmes de la voile; les ennemis, étant plus maltraités, ne purent pas en faire, et nous leur gagnâmes le vent; ils couraient tribord amures. On observa 35°,33' de latitude : à 3 heures, nous avions un peu rapproché les ennemis qui couraient toujours tribord amures, nous courions de même sur un échiquier mal formé au vent à eux; nous continuâmes la même route la nuit suivante.

Eloignement des ennemis.

Le 10, au jour, nous ne vîmes plus les ennemis; ils avaient pris la bordée du sud pendant la nuit sans faire de signaux; les vents étaient toujours à l'est, mais faibles. M. de Grasse, craignant que les ennemis n'eussent fait beaucoup de voiles et ne fissent route au nord pour le devancer dans la baie de Chesapeak, rompit notre échiquier et nous fit forcer de voiles en ligne de bataille tribord amures dans l'ordre renversé.

On signala une nouvelle escadre de l'avant et le général ordonna de chasser sans ordre au nord; il faisait peu de vent, toujours de la partie de l'est.

A midi, on observa 36°,30' de latitude.

Le 11, au jour, les vents passèrent au sud et au sud-ouest; nous gouvernions au nord-ouest.

Nous découvrîmes deux frégates à trois lieues sous le vent de l'armée, courant comme nous et placées par le travers du milieu de notre ligne. Le *Glorieux* était aussi sous le vent à la même distance de l'armée, mais de l'arrière de ces deux frégates, de manière qu'elles avaient d'un côté la terre, de l'autre l'armée dont la tête était de beaucoup de l'avant à elles, et de l'arrière, presque dans leurs eaux, le *Glorieux*.

Comme elles paraissaient suspectes, on leur fit des signaux de reconnaissance auxquels elles ne répondirent pas. Le *Glorieux* les chassa sur le champ à toutes voiles, la *Bourgogne* en fit autant; nos vaisseaux de tête coupèrent de l'avant sur la terre, de manière qu'elles étaient cernées de toutes parts. Elles prirent d'abord le parti le plus propre à les sauver, ou au moins à en sauver une, en virant de bord et en se déterminant à passer auprès du *Glorieux* dont le feu ne les eût peut-être pas dégréées tout de suite, ou du moins n'en eût peut-être arrêté qu'une.

— 131 —

Lorsqu'elles furent à une certaine distance, soit qu'elles ne voulussent pas tâter de la passade, soit qu'elles crussent aller assez près de la côte pour que, sans s'échouer, elles trouvassent une quantité d'eau suffisante pour les garantir de l'approche des vaisseaux, elles revirèrent encore et firent route sur la terre.

On les suivit, en sondant, et nos frégates furent leur livrer le combat; quelques vaisseaux approchèrent et firent grand feu sur elles, mais les boulets n'y portaient pas; une d'elles se rendit après une canonnade de demi-heure et fut amarinée par la *Bourgogne;* l'autre faisait un feu d'enfer au milieu de trois de nos frégates et de deux vaisseaux; il est vrai que tout ce feu se faisait de fort loin; enfin, le *Palmier* l'ayant approchée d'un peu plus près, lui tira une volée qui lui cassa quelques manœuvres, et elle amena son pavillon après avoir eu l'air de se défendre pendant deux heures au milieu d'une armée de vingt-cinq vaisseaux.

Elle aurait pu se défendre encore longtemps si on ne l'eût pas plus approchée, car le résultat de toute cette canonnade fut trois hommes blessés. Ces deux frégates étaient l'*Iris* et le *Richmont,* de 40 canons chacune, envoyées par l'amiral Grave dans notre mouillage de la baie de Chesapeak pour couper les bouées que plusieurs de nos vaisseaux avaient dû naturellement laisser sur leurs ancres, dans un appareillage aussi précipité. Elles en avaient effectivement coupé plusieurs et elles allaient les porter à leur amiral, lorsque nous les rencontrâmes.

Rentrée de l'armée dans la baie.

Nous mouillâmes à 8 heures du soir sur le cap Henry à peu près au même endroit où nous avions déjà fait la première station. Nous trouvâmes à l'entrée de la baie M. de Barras mouillé, ayant sous ses ordres huit vaisseaux : le *Duc de Bourgogne,* de 80, le *Neptune,* de 80, le *Conquérant,* de 74, l'*Ardent*, de 64, l'*Eveillé*, de 64, le *Jason*, de 64, la *Provence*, de 64, et le *Romulus*, de 50.

Ce général, l'ancien de M. de Grasse, avait eu le désagrément de se le voir passer sur le corps par un brevet de lieutenant-général, tandis qu'il n'était que chef d'escadre, ce qui devait naturellement lui donner une répugnance bien grande à venir servir sous ses ordres, surtout étant libre d'agir en chef avec sa division dans la Nouvelle Angleterre. Mais ce preux chevalier, par un patriotisme peu commun dans ce siècle, ne considérant que le bien de l'Etat, et l'avantage certain qui résulterait de la jonction de ses forces à celles de M. de Grasse, était parti de New-Port avec un convoi chargé de mâtures et de provisions, et avait fait route pour la baie de Chesapeak, au risque de rencontrer l'armée du général Grave. C'est son escadre que l'on avait signalée le 10, de l'avant à nous.

Ceux de nos vaisseaux qui avaient été les plus maltraités pendant le combat furent le *Saint-Esprit* et le *Diadème*, qui eurent entre eux deux environ 30 hommes tués et 100 blessés ; il y eut environ 200 hommes tant tués que blessés sur toute l'armée. MM. de Boades, capitaine du *Réfléchi*, d'Orvault, major de M. de Bougainville, Rhaab, enseigne de vaisseau, et La Villéon, auxiliaire, furent tués. Douze ou quinze officiers furent blessés.

Quoique, dans cette occasion, la division de M. de Bougainville eût été la plus près de l'ennemi, on lui fit les plus grands reproches. Le capitaine du *Diadème*, surtout, soutint publiquement que l'*Auguste* lui avait tiré dessus. Le *Diadème* était engagé avec deux ou trois vaisseaux anglais, son gouvernail était avarié, ses manœuvres coupées; M. de Chabert, capitaine du *Saint-Esprit*, s'en apercevant, dit à l'*Auguste* qu'il était nécessaire de faire de la voile et d'aller découvrir ce vaisseau. M. de Bougainville fait de la voile et vient à portée du *Diadème*; mais, au lieu de lui passer au vent afin de le couvrir du feu de l'ennemi, il arrive sous le vent et quelques coups mal dirigés tombent sur le *Diadème*. M. de Chabert, qui suivait l'*Auguste,* au lieu de faire la même manœuvre, tient le vent et couvre le vaisseau endommagé en faisant un feu d'enfer.

Ces reproches, bien ou mal fondés, ont fait le plus grand honneur à M. de Chabert, à qui le Ministre a fait avoir une pension très considérable ; tous les officiers de son état-major se sont ressentis des grâces de Sa Majesté, à l'exception de ceux de la garnison qui n'ont rien eu, dont on n'a pas même fait mention, et qui cependant avaient mis au feu leurs jambes, leurs bras, aussi bien que les autres. M. de Fabre, commandant de cette garnison, a cependant plus de trente ans de service et est capitaine au régiment de Beaujolais depuis 1748. Qu'il a dû être désolant pour lui d'avoir sacrifié les trois quarts de sa vie pour ne rien mériter, et pour être humilié à la fin de sa carrière !

Nos canots et chaloupes nous rejoignirent le même soir. Les officiers qui les commandaient avaient été très inquiets pendant notre absence, surtout à l'apparition des deux frégates ennemies dans la baie, et même à l'apparition de M. de Barras qu'ils ne reconnurent pas tout de suite.

Le lendemain 12, on nous chargea de vingt-quatre prisonniers, au nombre desquels était un officier de la marine, de la classe de ceux que les Anglais appellent master commander.

M. de Grasse, ayant eu des nouvelles de l'arrivée de l'armée de terre au fond de la baie de Chesapeak et sachant que tous les bateaux du pays ramassés par Washington suffisaient à peine pour embarquer les chasseurs et grenadiers, dépêcha toutes les frégates, corvettes et autres bâtiments pris, vers Baltimore et Annapolis, pour y embarquer les troupes et les transporter dans la rivière James.

Les ennemis reparaissent. — Le 13, les généraux Washington et Rochambeau arrivèrent à Willamsbourg, accompagnés seulement de deux aides de camp. Dans l'après-midi, les deux frégates la *Concorde* et la *Surveillante,* étant en croisière au large du cap Henry, signalèrent les ennemis.

M. de Grasse fit aussitôt le signal de désaffourcher.

Le 14, nos frégates signalèrent encore les ennemis au nombre de 27 voiles; le général ordonna de se tenir prêt à appareiller; les vents étaient contraires.

Le 15, nos frégates ne virent plus rien; il fit mauvais temps, froid et pluvieux, qui nous retraça presque le climat de la côte de Bretagne. Le général ordonna de désaffourcher.

On s'occupa les jours suivants à se réparer et à faire de l'eau : on fit des creux profonds dans le sable sur le rivage du cap Henry, on y plaça des barriques défoncées qui empêchaient le sable de s'ébouler et qui formaient de petits puits où l'on recueillait une eau claire et bonne; on fit aussi plusieurs pêches si abondantes, que les équipages des vaisseaux pouvaient s'en rassasier dans tous leurs repas.

Nous attendions avec impatience de voir paraître notre flottille de Baltimore.

Le 18, le général Washington vint à bord de la *Ville-de-Paris* pour remercier le comte de Grasse, concerter avec lui et l'engager à ne pas sortir de la baie, parce que sa présence rassurait les milices américaines qui accouraient en foule et qui, au contraire, disparaîtraient avec la même célérité, s'il s'éloignait.

On vit paraître dans l'après-midi les bateaux qui portaient l'avant-garde de l'armée; elle était composée des grenadiers et chasseurs aux ordres de M. de Custine, colonel du régiment de Saintonge.

Nous apprîmes que toute l'armée devait faire voile le même jour de Baltimore, sur les transports envoyés par M. de Grasse.

Quant à l'avant-garde, elle arriva le lendemain dans la rivière James, où elle débarqua et se porta à Willamsbourg.

Dans la matinée de cette même journée, il parut une goélette ennemie, qui, persuadée que l'escadre française ne pouvait pas être dans ces parages, entra dans la baie au milieu de tous nos vaisseaux qui, cependant, ne ressemblent assurément pas aux vaisseaux anglais. On mit pavillon blanc et on lui tira un coup de canon. Elle amena et fut conduite au général. Elle avait à bord plusieurs officiers passagers qui venaient de Charlestown et qui allaient rejoindre leurs régiments qui étaient à York, sous les ordres du lord Cornwalis.

Dans la nuit du 19 au 20, il s'éleva beaucoup de vent de la partie du nord. Le 20, dans la matinée, la mer devint très grosse; plusieurs vaisseaux chassèrent et furent obligés de mettre plusieurs ancres à l'eau pour ne pas tomber sur la côte du cap Henry. La *Bourgogne*, entre autres, en était excessivement près; elle demandait des ancres et des grelins, mais la mer était trop forte pour pouvoir lui en porter. Le temps était couvert, il faisait très froid et un peu de pluie.

Il y eut quelques chaloupes brisées, quelques-unes entièrement perdues; de ce nombre, fut celle du général.

La nôtre fut très endommagée et nous envoyâmes tous nos charpentiers pour la raccommoder.

Il y avait dans les environs du cap Henry quelques habitations où on trouvait des volailles et autres provisions aux mêmes prix qu'en Europe.

Arrivée de l'armée de terre.

Dans l'après-midi de ce même jour, les bâtiments qui portaient le gros de l'armée commandé par M. de Vioménil, parurent et mouillèrent auprès du passage entre les deux bancs de sable.

Ils appareillèrent le lendemain 23 et furent dans la rivière James, où l'armée débarqua à six milles de Willamsbourg.

La légion de Lauzun partit à la même époque pour se rendre dans le comté de Glocester et se réunir à un corps de milices américaines commandées par le colonel Wreden.

Le 24, le général ordonna de rassembler à bord les équipages de tous les vaisseaux. On eut avis que Grave avait reçu un renfort commandé par l'amiral Digby, ce qui nous engagea à prendre plus de précautions, afin de n'être pas pris au dépourvu une seconde fois.

Le 25, le général rassembla à son bord les officiers généraux pour tenir un conseil, à l'issue duquel on fit signal de désaffourcher et ensuite d'appareiller. Nous quittâmes le mouillage de Linheaven, et nous nous portâmes entre les deux bancs de sable; lorsque nous fûmes en dedans de ce passage, on ordonna de mouiller en ligne de bataille nord-est et sud-ouest, de manière à pouvoir s'embosser si le cas l'exigeait. On mouilla tant bien que mal, et pendant l'intervalle de plus d'un mois que l'on demeura dans le mouillage, le général ne put jamais parvenir à faire placer les vaisseaux aux distances et à l'aire de vent ordonnée; on doute même que les deux extrémités de notre ligne fussent appuyées aux bancs de sable.

On plaça deux frégates mouillées au cap Henry pour servir de découvertes; une troisième mouilla dans le passage étroit des deux bancs, afin de répéter au général les signaux de celles du cap Henry.

Le *Vaillant*, l'*Expériment* et la *Railleuse* continuèrent le blocus de la rivière d'York; le *Réfléchi*, l'*Ardent*, le *Triton* et le *Romulus* furent s'embosser à l'entrée de la rivière James, appuyés d'un côté par un banc, et de l'autre par une batterie que l'on construisit sur la côte.

Le 26 et le 27, toute l'artillerie et les munitions étant débarquées et les armées combinées réunies à Willamsbourg, on se mit en marche le 28 et on se porta sur York, qui fut investi le 29 par les Français vers la droite et par les Américains vers la gauche.

Cornwalis avait quelques redoutes détachées fort en avant de ses retranchements qu'il abandonna et où on se logea le 30.

Telles étaient les dispositions prises par nos généraux, soit par mer soit par terre, pour ne pas laisser échapper leur proie.

Descente d'une division des garnisons de vaisseaux.

Le 29, le général Washington envoya M. de Choisy demander au comte de Grasse une partie de la garnison des vaisseaux pour en former un corps et les joindre à la légion de Lauzun et aux milices américaines qui étaient aux environs de Glocester, pour resserrer ce poste et empêcher que Cornwalis pût s'échapper par là et chicaner encore longtemps dans les bois et les marais dont cette partie est remplie.

M. de Grasse lui accorda 800 hommes et les prit sur les détachements en garnison sur différents vaisseaux. Nous y contribuâmes en fournissant 75 hommes; M. de Saint-Quentin et moi reçûmes ordre de descendre avec eux pour les commander. On nous embarqua le 30, à 3 heures après-midi, dans la chaloupe du vaisseau qui devait se joindre à celle du général, ainsi que toutes les autres afin de partir toutes ensemble, et arriver au débarquement. Mais, comme nous étions mouillés très loin du général, on ne nous attendit point, et la nuit nous empêcha bientôt de distinguer la route que faisaient les autres chaloupes et comme nous ne savions point où devait se faire la descente, nous voguions à l'aventure, sondant souvent pour ne pas nous échouer sur quelque banc de sable.

Le lendemain, 1er octobre, nous vîmes de loin les chaloupes ; nous les ralliâmes et nous entrâmes dans une crique étroite et bordée de quelques maisons de campagne. Nous arrivâmes au fond de cette crique sur les 11 heures du matin ; nous mîmes pied à terre et nous demeurâmes en bataille jusqu'à ce qu'on eût débarqué nos provisions et ustensiles qui avaient aussi été embarqués sur des chaloupes.

(Voyez dans le plan de la baie, au point I, le lieu de notre débarquement).

ÉTAT DES DÉTACHEMENTS DESCENDUS DE CHAQUE VAISSEAU

Régiments.	Nombre d'hommes.	Vaisseaux d'où ils sont descendus.	Officiers qui les commandaient.
			MM.
Colonel-général	30	*Jason.*	de Besson, lieut.
Id.	40	*Duc-de-Bourgogne.*	de la Motte, lieut.
Picardie	75	*Ville-de-Paris.*	de Gingney, lieut.
Bresse	40	*Neptune.*	de Combette, cap.
Brie	75	*Hector.*	de Lège, lieut.; de Serre, s.-lieut.
Du Maine	75	*Zélé.*	de Cabrerolle, cap.; de Vidal, s.-lieut.
Id.	75	*Marseillais.*	de Tessonet, lieut.; de Nantiat, s.-lieut.
La Sarre	30	*Conquérant.*	de Laubanie, cap.
Bourbon	30	*Eveillé.*	de Bocmar, cap.
Monsieur	75	*Languedoc.*	de Saint-Quentin; cap.; du Perron, s.-lieut.
Angoumois	75	*Northumberland.*	de Vidart, cap.; La Rouvière, s.-lieut.
Id.	75	*Scipion.*	Le Grand, lieut.; de Chazelle, s.-lieut.
Rohan-Soubise	30	*La Provence*	de Gardis, lieut.
Total...	800 hommes et 21 officiers.		

Il y avait en outre deux officiers : MM. de Boihu, capitaine du régiment de Picardie, commandant la garnison de la *Ville-de-Paris* et de Boissard, lieutenant au même régiment, que M. de Grasse avait donnés à M. de Choisy pour faire les fonctions de major et d'aide-major de sa petite division.

Notre nouveau général, qui de simple cavalier était devenu brigadier des armées du roi, commandeur de l'ordre de Saint-Louis, et qui s'était acquis une espèce de réputation à la défense du château de Cracovie, en Pologne, nous ordonna de nous diviser en huit piquets de 100 hommes formant deux bataillons de 400 hommes chacun qui feraient entre eux le même service qu'un régiment réel de deux bataillons. Le plus ancien des capitaines devait commander et maintenir la police dans toute la division.

Nous procédâmes à cette nouvelle formation en donnant au major les dates de nos lettres et brevets; ensuite, on forma les huit piquets de manière que les huit plus anciens officiers qui devaient les commander eussent avec eux leur propre troupe, autant qu'il était possible.

Il y eut quelques discussions sur le rang que devaient occuper les piquets dans le bataillon. MM. de Colonel-général et de Picardie prétendirent que leur troupe devait former le premier piquet, en vertu de leur rang d'ancienneté; on leur répondit que comme nous n'étions qu'un ramassis de détachements, morcelés et sans drapeaux, qui devaient être commandés par le plus ancien officier, il était naturel que chaque détachement suivit le rang de son commandant et ils se rendirent à des raisons aussi plausibles.

Rang d'ancienneté des officiers.	Composition du bataillon.		
MM. de Vidart, capit. commandant.	1er piquet : Angoumois		100
de Saint-Quentin, capitaine...	2e piquet : Monsieur	75	100
	— Angoumois	25	
de Combette, capitaine	3e piquet : Bresse	40	100
	— Angoumois	30	
	— Rohan-Soubise	30	
de Cabrerolle, capitaine	4e piquet : Maine		100
de Laubanie, capitaine	5e piquet : La Sarre	30	100
de Bocmar, capitaine	— Colonel-général	70	
de Tacherot, lieutenant	6e piquet : Bourbon	30	100
de Lège, lieutenant	— Picardie	50	
de Gardie, lieutenant	— Angoumois	20	
Le Grand, lieutenant	7e piquet : Maine	50	100
de Gingney, lieutenant	— Angoumois	50	
de Tessonnet, lieutenant	8e piquet : Brie	75	100
de Besson, lieutenant	— Picardie	25	
de la Motte, lieutenant.			
du Perron, sous-lieutenant.			
de La Rouvière, sous-lieutenant.			
de Belmont, id.			
de Chazelle, id.			
de Serre, id.			
de Vidal, id.			
de Nantiat, id.			

Les six derniers sous-lieutenants étaient de beaucoup mes cadets en service.

Il est à remarquer que malgré ce mélange de soldats de tant de différents corps, ils n'ont point eu de querelles entre eux pendant tout le temps que nous avons campé ensemble.

On débarqua les tentes, bidons, gamelles, etc., que la division de M. de Barras avait pris sur un bâtiment anglais. M. de Grasse avait fait donner à chaque détachement des vivres pour cinq jours; ceux que le commis du *Languedoc* nous avait délivrés se trouvèrent en partie gâtés : ainsi, des âmes barbares cherchent à friponner jusque sur la nourriture d'un malheureux soldat qui va jouer sa vie à croix ou pile. Quant à nous, nous n'avions pour tout bien que deux chemises et une redingote.

M. de Monteil, ayant tous les défauts des petites gens,

n'avait pas daigné nous donner les moindres provisions; cependant il nous en devait pour cinq jours, conformément à l'ordre du général.

Premier camp de la division des vaisseaux.

Nos ustensiles et nos munitions étant débarqués, nous nous disposâmes à quitter le rivage pour aller camper à une lieue, à portée de la légion de Lauzun et des Américains. Des chariots attelés de quatre chevaux vinrent prendre les bagages et nous nous mîmes en marche à 4 heures du soir. Nous arrivâmes à 5 heures auprès d'un village de quatre ou cinq maisons sur le bord d'un grand chemin, sur la droite duquel nous vîmes un emplacement où l'on traçait notre camp.

On délivra les tentes, bidons, marmites, etc., à raison d'une canonnière et une marmite par huit hommes et une canonnière et une marmite par deux officiers. Après la distribution, nous accrochâmes encore une canonnière, une marmite et des bidons pour nos domestiques.

Chacun mit la main à l'ouvrage et M. de Saint-Quentin et moi ne fûmes pas les derniers à bâtir notre petite maison; il eut la bonté de me montrer à dresser la tente, à garnir le bas de murailles avec de la terre, à creuser une cuisine, à faire une crémaillère, à faire du feu, et, en un mot, à faire bouillir la marmite.

Nos domestiques furent au bois, et à la recherche d'un peu d'herbe ou de paille de maïs pour nous coucher dessus; car nous n'avions que deux chemises et une redingote.

Il faisait beau temps, tout le monde était gai; en moins d'un quart d'heure notre camp fut couvert de feux et de tentes bien alignées. Nos vieux soldats mettaient un amour-propre et un plaisir singulier à montrer aux jeunes ce qu'ils avaient à faire, et tous paraissaient bien aises d'être sortis de leur boîte.

Nous étions sur deux lignes : nous avions derrière, à droite et à gauche, un ravin profond, garni de bois et de mares d'eau qui faisaient aller des moulins. Nous avions en avant de nous le grand chemin parallèle à l'alignement de notre camp : nos gardes de camp y étaient placées.

Au delà de ce grand chemin, à une certaine distance, étaient un ravin et des bois ou étaient placées nos grand'-gardes. Sur notre droite, le long du grand chemin était un petit village nommé Court-house, ce qui veut dire maison de justice ; M. le duc de Lauzun y était logé. Sa légion, composée de 300 hommes à pied et 300 hommes à cheval, était campée tout auprès, et, pas bien loin de sa légion, un corps de milices américaines dont on ne savait pas trop la force, car elle variait tous les jours.

Le lendemain 2, je me levai au point du jour sans avoir d'autre toilette à faire que de me secouer les oreilles ; je fis grand feu pour tâcher de me réchauffer et sécher l'humidité dont la terre sur laquelle j'avais couché m'avait pénétré ; après quoi, comme j'avais appris à bord quelques mots et phrases anglaises, je fus à la provision. Je parvins à découvrir l'endroit où les Américains tuaient de la viande pour leurs milices ; j'en achetai ; je trouvai aussi, dans d'autres maisons, des dindes, des oies, des canards, dont je fis emplette, et je revins trouver M. de Saint-Quentin qui avait eu soin de faire faire la soupe, que nous mangeâmes de bon appétit.

M. le duc de Lauzun nous engagea tous à dîner ; il fut avec M. de Choisy et un détachement de ses houzards, pour reconnaître un camp plus près de Glocester, car nous en étions à douze milles ou quatre lieues. Il revint sur les 2 heures et nous nous rendîmes chez lui. Il nous fit copieuse chère à la houzarde et à l'anglaise ; nous bûmes du groog à la ronde, nous mangeâmes du rosbif.

des patates, des choux, etc... Il avait plusieurs officiers américains, entre autres le colonel Wreden, cordonnier de son métier, commandant le corps de milices dont j'ai déjà parlé. Je me trouvai à table à côté d'un aide major de la légion de Lauzun, que je reconnus avoir vu à Grenoble, inspecteur des haras à la place de M. de L'Égalière. Nous parlâmes Dauphiné, et je serais curieux de savoir si, dans cet instant, les oreilles cornèrent aux Dauphinois et Dauphinoises qui furent le sujet de notre conversation.

Nos soldats maraudèrent un peu, et on ne pouvait guère l'empêcher; plusieurs détachements, ainsi que les nôtres, avaient été la dupe des commis de leurs vaisseaux et n'avaient que du lard et du biscuit gâté. Il fallait cependant vivre pendant cinq jours.

Second camp de la division des vaisseaux. — Escarmouche.

Le général Choisy ordonna d'être prêt à partir, le lendemain 3 au jour, pour aller prendre un nouveau camp à trois milles, ou une lieue de Glocester. Effectivement, nous pliâmes bagages à 5 heures du matin et nous nous mîmes en marche à 7 heures. La légion de Lauzun marchait en avant de nous, ayant devant elle une avant-garde de 50 houzards avec lesquels M. de Lauzun marchait lui-même. Après trois heures de marche dans un pays assez plat et assez bien cultivé, nous passâmes auprès d'un temple, où nous laissâmes une garde; on avait destiné cette église à nous servir d'hôpital.

Quelques minutes après, nous rencontrâmes une maison assez jolie, à droite du chemin, ou un aide de camp vint nous dire de doubler le pas, afin d'aller soutenir la légion de Lauzun qui était aux mains avec les ennemis; nous marchâmes le plus vite possible, et nous rencontrâmes bientôt plusieurs houzards couverts de sang dont quelques-uns menaient des prisonniers. La première vue de ce sang, l'air pâle des blessés, l'air content de ceux qui menaient des prisonniers, l'air tremblant de ces mêmes prisonniers, qui ne se faisaient pas prier pour courir à pied devant leur conducteur à cheval, ces chevaux blessés, morts, etc..., tout cela fit un effet singulier sur mon âme. Tous nos soldats auraient voulu voler, pour se rendre plutôt à vue des ennemis.

Nous dépassâmes l'endroit où nous devions camper et, au bout d'un quart d'heure, nous vîmes la légion de Lauzun en bataille dans une petite prairie en avant d'un champ de maïs, ayant devant elle, à deux portées de fusil, un bois et deux baraques.

Nous nous mîmes en bataille sur le même alignement. Nous apprîmes alors que M. de Lauzun, à la tête de son avant-garde de cinquante houzards, ayant dépassé l'endroit de son camp pour faire une reconnaissance et placer des postes, avait aperçu l'ennemi au nombre de 150 chevaux en bataille, en avant du bois, au point F (voyez le plan), les avait chargés sur-le-champ, quoique très inférieur et que, lorsqu'il avait été presque à portée de pistolet d'eux, il avait reçu une décharge d'un détachement d'infanterie embusqué dans le bois au point H, qui lui avait tué trois houzards et blessé plusieurs chevaux : qu'il avait, malgré cela, enfoncé la troupe qu'il avait devant lui et l'avait culbutée dans le bois ; après quoi il s'était retiré en désordre pour ne pas être enveloppé, et était revenu à toute bride sur son infanterie qui, avec une compagnie de grenadiers américains, avait fusillé, dans le bois, l'infanterie anglaise et l'avait fait déloger avec perte de son commandant qui était resté sur la place ; le colonel Talton, commandant de ces détachements anglais, avait aussitôt abandonné la place et s'était retiré sur Glocester.

Il est difficile de s'imaginer avec quelle curiosité nous fûmes contempler les morts et surtout l'officier anglais. Lorsque j'y arrivai, il était déjà tout nu : l'un avait sa veste, l'autre sa culotte, l'autre ses bottes. Il avait sur son habit rouge des boutons timbrés du numéro 28 et une devise anglaise. Il paraissait un superbe homme d'environ 30 ans; il avait un coup de fusil dans le front.

Quel métier que le nôtre! Si bien portant que l'on soit, on n'est pas sûr de voir la fin du jour que l'on commence. Tous ces morts avaient la figure hideuse. Les ennemis emportèrent leurs morts et ne laissèrent que cet officier.

Séjour au camp devant Glocester. — Grand'gardes; reconnaissances.

MM. de Choisy et de Lauzun firent fouiller le bois et y établirent des grand'gardes. La principale était de cent hommes et était placée au point I, sur le grand chemin au milieu du bois (voyez le plan).

Ils revinrent ensuite et nous retournâmes avec eux à l'endroit où nous devions établir notre camp.

Nous campâmes sur deux rangs de tentes, dans une petite plaine d'environ mille pas de large (voyez le plan au point A); nous avions à droite et derrière nous un grand bois de sapins assez épais où il y avait plusieurs chemins qui conduisaient dans les différentes habitations du pays. Sur notre gauche, le terrain allait en descendant et était aussi garni de bois. Au milieu de cette petite plaine passait le grand chemin de Glocester. En avant de nous, était un grand champ de maïs, au coin duquel il y avait une jolie maison que M. de Choisy prit pour son logement (au point E); au delà de cette maison, était le camp de M. de Lauzun qui avait aussi devant lui un champ de maïs et ensuite la plaine où s'était passée son escarmouche. Derrière nous, au sortir du bois (au point C) était une taverne où nous trouvions des provisions. Le commandant des milices américaines y était logé.

Le 4, M. de Choisy fit donner à nos soldats le pain et la

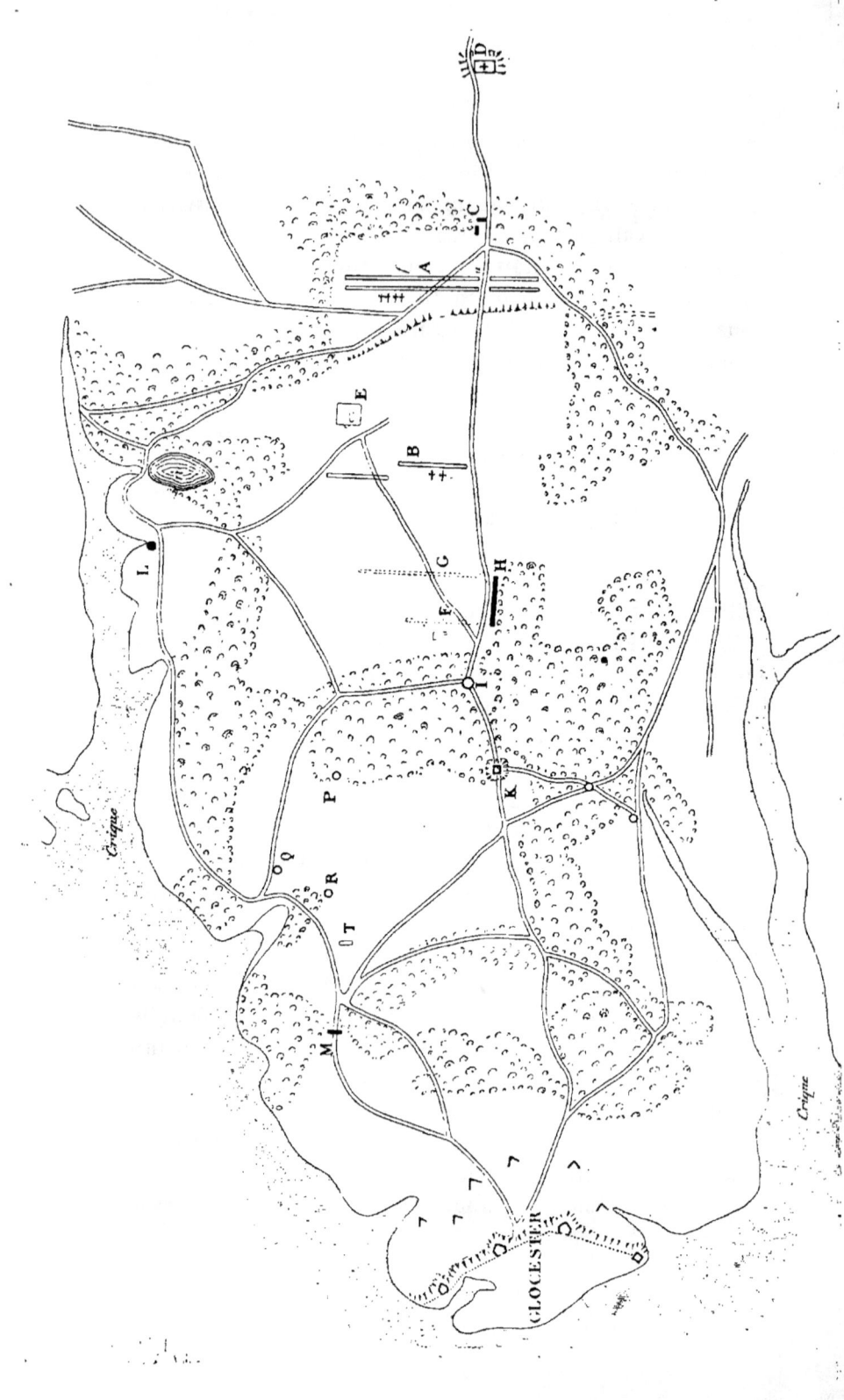

ENVIRONS DE GLOCESTER.

A. Camp de M. de Choisy, les Français en f, les Américains en a.
B. Camp de la légion de Lauzun, l'infanterie appuyée au chemin.
C. Auberge appelée Saulstavern, où logeait le commandant américain.
D. Temple qui nous servait d'hôpital et que l'on fortifia dans l'intention de s'y défendre si Cornwalis eût tenté de passer à Glocester.
E. Maison particulière où logeait M. de Choisy.
F. Endroit où le colonel Talton était en bataille lorsqu'il fut chargé par M. le duc de Lauzun.
G. Endroit où nous vinmes l'instant d'après nous mettre en bataille.
H. Le trait noir exprime l'infanterie anglaise qui prit en flanc M. le duc de Lauzun.
I. Grand'garde française sur laquelle devaient se replier tous les postes de droite et de gauche, marqués O. Elle fut ensuite postée à la redoute K, qui fut construite par ordre du général.
L. Autre grand'garde chargée de garder la crique et d'empêcher le débarquement.
M. Grand'garde ennemie.

viande et fit les défenses les plus sévères contre la maraude. Je montai la garde à la taverne qui était derrière notre camp jusqu'à 4 heures du soir que je fus relevé par les Américains qui vinrent camper à notre gauche au nombre de 600 hommes.

Cette troupe, aussi mauvaise qu'il est possible de l'imaginer, ressemblait parfaitement à nos troupes bourgeoises qui montent la garde dans certaines villes. Armés de fusils dont les trois quarts n'avaient pas de baïonnettes, sans uniformes, sans aucune marque distinctive pour leurs officiers, sans tentes, c'était un ramassis de pauvres paysans qui apportaient dans leur sac de quoi vivre pendant quelques jours et qui se construisaient une cabane de branches d'arbres. Ils savaient se rompre à droite et à gauche et faire une espèce de maniement des armes. Leur nombre variait tous les jours, selon que leur courage les animait ou qu'ils avaient besoin d'aller chercher à manger.

Le 5, il nous arriva quatre pièces de canon de campagne avec deux officiers d'artillerie et trente-deux canonniers envoyés par M. de Rochambeau. Elles furent placées devant notre front de bandière, et il y avait toujours le nombre de chevaux nécessaire, prêts à les conduire où le besoin l'exigerait. La légion de Lauzun avait aussi deux petites pièces à la Rostaing. M. de Choisy ordonna que tout le camp prendrait tous les jours les armes deux heures avant le jour et que les troupes ne rentreraient que lorsque la reconnaissance serait faite et qu'il en aurait donné l'ordre.

Comme j'avais été relevé la veille, au bout de quatre heures de garde et que le général avait paru faire entendre que ce ne devait être regardé que comme une corvée, je demandai à remonter la garde et je me trouvai commander une grand'garde de vingt-cinq hommes placée sur la droite de notre camp à un quart de lieue (voyez dans le plan au point L la marque O). J'y relevai un officier de Colonel-général qui me fit part des mesures qu'il avait prises pour la défense de son poste et je suivis en partie les mêmes dispositions. J'avais à veiller qu'il ne passât aucune chaloupe ou canot dans la crique et à empêcher le débarquement que quelques partis ennemis auraient pu faire pour surprendre le camp. Je fis le tour de mon petit poste pour le bien reconnaître; après quoi, je plaçai deux sentinelles ensemble tout à fait à la pointe de la petite presqu'île que j'avais à garder. Il ne pouvait rien venir de la rivière dans la crique qui ne fût vu par mes deux sentinelles, dont l'une devait sur le champ venir m'avertir s'il apercevait quelque bateau.

Je mis deux autres sentinelles le long du bois qui bordait ma gauche et dans lequel je savais qu'il y avait des postes gardés par la légion de Lauzun. J'avais derrière moi un champ de maïs, une maison habitée par un Américain et sa famille et une grande mare d'eau (N) bordée de bois, qui servait d'abreuvoir aux chevaux de la légion de Lauzun et aux bestiaux des habitants voisins.

Après avoir pris tous les arrangements nécessaires à ma sûreté, je fis grand feu et j'engageai une partie de ma troupe à dormir, afin d'avoir moins de sommeil pendant la nuit et d'être plus alerte. Peu d'instants après, j'aperçus au travers du maïs qui était derrière moi, trois hommes à cheval que je reconnus être M. de Choisy et deux aides de camp qui venaient à mon poste; je fis sur le champ prendre les armes et je le reçus en bataille conformément à ce que je devais à son grade. « On entre ici comme dans une église », me dit-il en m'abordant: « pourquoi ne me faites-vous pas reconnaître ? »; je fus d'abord déconcerté, et je lui répondis enfin que n'ayant point vu de troupe avec lui, je n'avais pas cru devoir le faire reconnaître, et que n'ayant jamais servi en campagne, je pouvais ignorer certains usages. Il me répondit, qu'en présence de l'ennemi, on ne devait laisser approcher qui que ce soit sans le reconnaître, et m'ordonna ensuite de lui faire voir mon poste et de lui en rendre compte; je le conduisis à toutes mes sentinelles, et Il trouva mes dispositions bonnes et n'y changea rien.

Il me quitta pour continuer sa ronde et on imagine bien que je fus ensuite très soigneux à faire crier sur le moindre individu qui paraissait, quelque loin qu'il fût. A l'entrée de la nuit, je fis partir des patrouilles de demi-heure en demi-heure, qui allaient à toutes les sentinelles et faisaient le tour de mon poste; j'eus grand soin de ne laisser dormir personne et je me tins moi même toujours debout, promenant et écoutant. Je craignais moins l'ennemi que M. de Choisy, à qui il aurait pu prendre fantaisie d'éprouver mon exactitude pendant la nuit. Le jour vint enfin me tirer de mon inquiétude et je passai tranquillement le reste de ma garde. J'eus lieu d'être très mécontent de ma troupe; mes 25 soldats étaient presque tous de différents régiments; je fus obligé de tomber sur le corps à plusieurs pour les faire aller en patrouille ou en faction, et il n'est pas croyable combien tous ces détachements avaient contracté l'esprit d'insubordination sur les vaisseaux.

Le 6, j'appris à la descente de ma garde que le général était allé le matin faire une reconnaissance sur la gauche de Glocester avec deux cents hommes et quelques houzards. Les officiers et soldats dirent avoir vu les redoutes; on leur tira deux coups de canons et ils revinrent au camp sans qu'il y eût personne de touché. Mon compagnon de chambre, M. de Saint-Quentin, monta la garde, et je fus chargé pendant son absence du soin du ménage. M. de Choisy nous fit donner du pain et de la viande, sur nos billets; je ne sais si on nous les fera payer. Je fus dans les maisons voisines ou je trouvai du beurre, du lait et de la volaille que j'achetai, et dont nous formâmes une basse-cour auprès de notre tente. Nous achetions encore une espèce de boisson nommée sapinette, qui se fait avec l'écorce d'un pin du pays.

Les habitants ont aussi une liqueur qu'ils vendent fort cher; ils la font avec des pêches dont ils ont une grande quantité, mais en général mauvaises, ainsi que leurs pommes et leurs autres fruits.

Nous fîmes provision de paille de maïs; nous trouvâmes quelques vieilles planches et nous nous en fîmes à chacun une espèce de lit. Nous garnîmes bien le bas de notre tente et nous prîmes toutes les précautions possibles pour nous garantir du froid et de la pluie. Quelques officiers avaient été moins maladroits que nous et avaient apporté des matelas et des couvertures.

Le 7, nous apprîmes que les généraux Washington et Rochambeau avaient ouvert la tranchée dans la nuit devant York (G dans le plan d'York). Les Américains poussèrent la droite et les Français la gauche.

Il nous vint encore un corps de milices américaines qui campa à gauche de la légion de Lauzun. M. de Choisy renouvela ses défenses contre la maraude et promit que le premier qui serait pris serait pendu. Il était difficile de retenir nos soldats; les bois étaient remplis de cochons qui, quoiqu'ils appartinssent à des particuliers, étaient absolument confiés aux seuls soins de dame nature: il y avait même des bœufs, des moutons. Les houzards de Lauzun les trouvaient et les joignaient avec une adresse singulière, et nos soldats croyaient pouvoir en faire autant.

Le 8, je dinai chez le général qui avait tous les jours une douzaine de convives et qui faisait assez bonne chère.

Le 9, un détachement de Lauzun, ayant voulu surprendre un poste ennemi au point du jour, fut fusillé par une garde du même corps et, par cette méprise, il eut trois hommes blessés.

Je montai la grand'garde, et je me trouvai en second

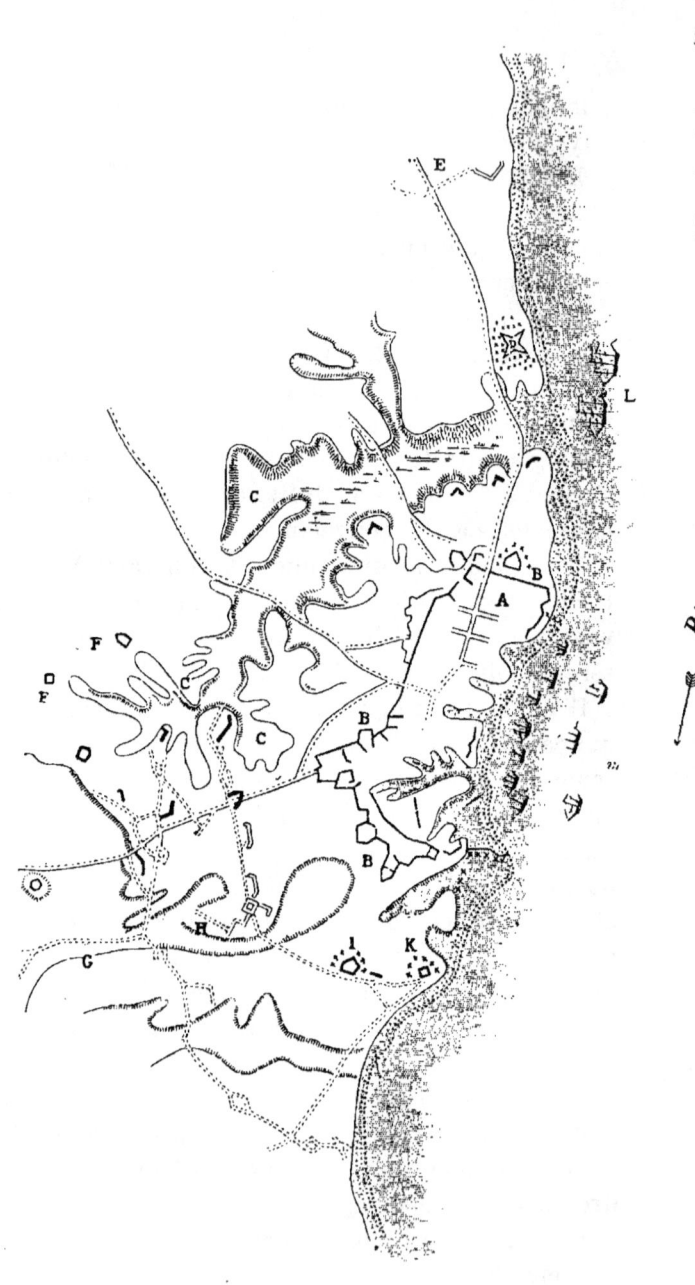

Plan des postes d'York et de

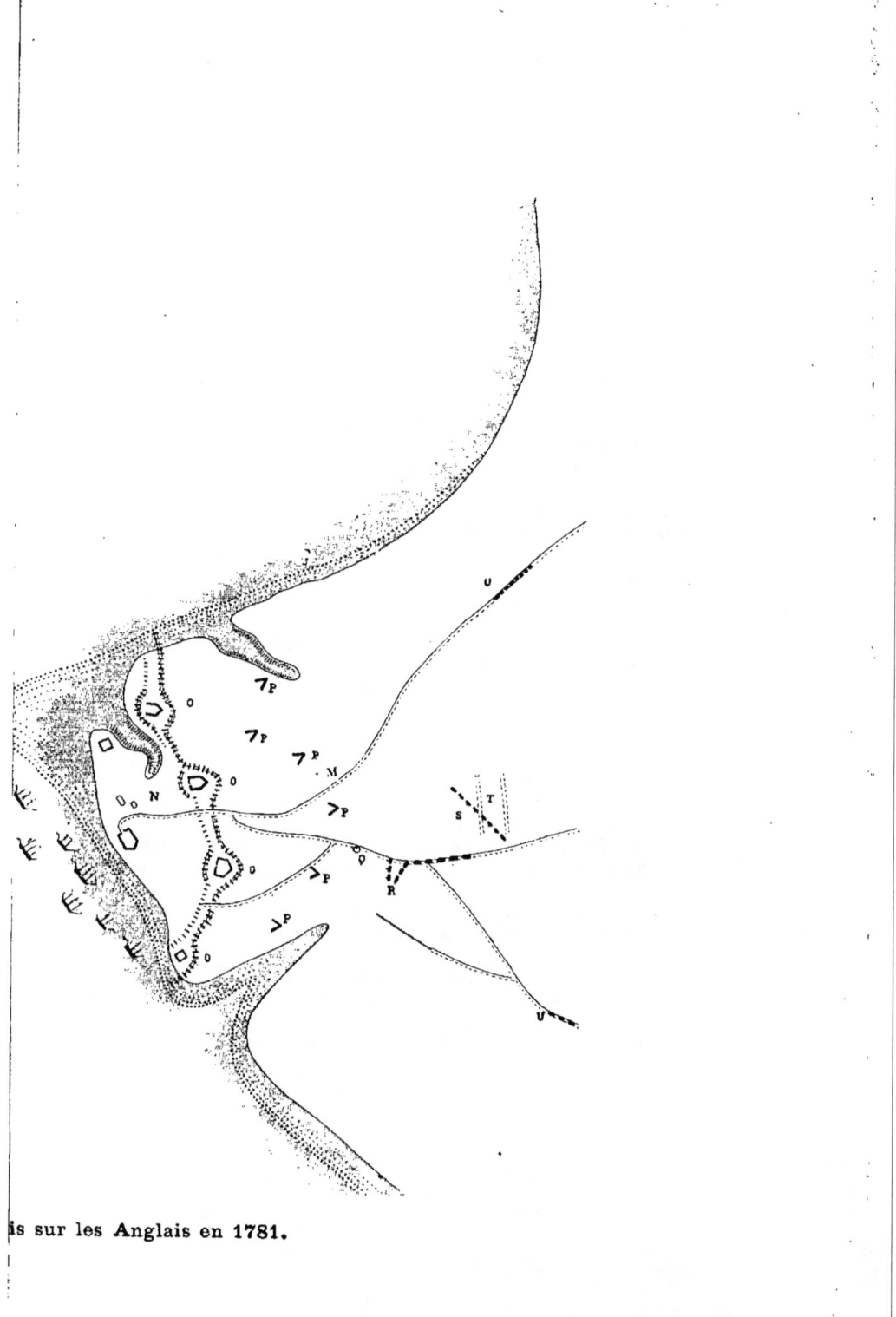

is sur les Anglais en 1781.

PLAN DES POSTES D'YORK ET DE GLOCESTER PRIS SUR LES ANGLAIS AU MOIS D'OCTOBRE 1781.

(Légende de la gravure de la page précédente.)

A. Ville d'York.

B. Retranchements ennemis.

C. Ravin dont une partie était marais; il couvrait une partie des retranchements. Il y avait quelques épaulements sur le bord pour en défendre le passage.

D. Grande et forte redoute au delà du marais, fraisée, palissadée avec fossé et entourée d'un double abatis d'arbres.

E. Tranchée du régiment de Touraine qui attaquait cette redoute avec six obusiers et quatre canons.

F. Deux autres redoutes détachées que les ennemis abandonnèrent aux premières approches.

G. Ouverture de la tranchée. Les Américains poussèrent la droite et les Français la gauche.

H. Ouverture de la seconde parallèle dont les Français poussèrent aussi la gauche et les Américains la droite, qu'ils joignirent aux deux redoutes ennnemies I et K qui avaient été enlevées d'assaut vingt-quatre heures auparavant.

L. Le vaisseau le *Caron* et la frégate la *Guadeloupe*.

m. Bâtiments de transport ennemis.

M. Poste de cavalerie ennemie.

N. Bourgade de Glocester.

O. Redoutes ennemies fraisées, palissadées et jointes ensemble par un rang de gros pieux de bois plantés en terre, le tout couvert d'un bon abatis d'arbres, en avant duquel il y avait plusieurs petits redans, *p*.

Q. Poste ennemi qui nous fusilla lors de la fausse attaque.

R. Premier bataillon se mettant en bataille successivement et faisant feu.

S. Position du second bataillon faisant aussi feu.

T. Position des deux bataillons, le second derrière le premier, lorsque nous étions sur le point de nous fusiller mutuellement.

U. **Colonne** de Lauzun à droite et colonne américaine à gauche.

avec M. de Vidart, capitaine d'Angoumois, qui commandait cent hommes. Son poste était sur le grand chemin de Glocester dans le bois (au point I). Il avait en avant de lui, sous ses ordres, un détachement de douze houzards à cheval; il me détacha sur sa droite, en avant, à la lisière du bois, avec trente hommes (au point P); je détachai en avant de moi (au point Q), un sergent avec douze hommes, avec défense de faire du feu pendant la nuit. Il y avait auprès de son poste quatre maisons et, tout près, une fontaine où nos soldats allaient chercher de l'eau armés, parce que les patrouilles ennemies y venaient quelquefois.

La gauche du grand chemin était occupée par des postes américains qui, ainsi que nous, devaient se retirer en cas d'attaque sur la garde de M. de Vidart.

Les ennemis avaient leurs grand'gardes dans le bois, vis-à-vis de nous, dont une de cavalerie (au point M); nous n'en étions séparés que par une petite plaine, où il y avait quelques plantes de maïs. Nous voyions leurs feux et, parfois, leurs patrouilles, de façon que nous étions bien ce qu'on appelle à la barbe de l'ennemi. Sur les 2 heures après-midi, il vint un officier supérieur de jour qui changea mon poste et celui de mon sergent; il plaça un détachement de Lauzun dans le maïs, auprès d'un bouquet de bois (au point R). Cette garde ne devait point avoir de feu pendant la nuit. Il me plaça (au point K), sur le grand chemin, avec ordre de communiquer pendant la nuit avec le poste qu'il venait de placer (au point R), par des patrouilles continuelles qui passeraient au travers de la plaine et sur lesquelles on ne ferait point « qui vive », mais qui feraient un signal convenu pour se faire reconnaître.

Je devais aussi envoyer sur ma gauche des patrouilles aux postes américains, afin de les tenir alertes.

J'avais, à vingt pas en avant de moi, douze houzards à cheval qui devaient se retirer derrière moi pendant la nuit.

Ces dispositions prises, j'attendis la nuit qui fut belle et tranquille. Mes patrouilles se suivaient continuellement et ne rencontrèrent rien. Une heure avant le jour, je fis prendre les armes et je tins ma troupe en bataille, autant pour éviter d'être surpris que pour nous empêcher de dormir, ce dont on a toujours grande envie à cette heure là.

A peine le jour commençait à paraître que j'entendis tout à coup une fusillade considérable sur ma gauche, aux postes des américains; j'envoyai sur le champ deux patrouilles avec mon sergent et mon caporal dans le bois, avec ordre de ne pas revenir sans avoir bien reconnu ce que c'était, et pendant le même temps j'envoyai des soldats intelligents fouiller dans le bois à ma droite avec ordre de revenir dès qu'ils apercevraient quelque chose. Peu de minutes après, j'entends beaucoup de monde qui venait avec précipitation dans le bois de ma gauche et qui parlait anglais. Je préparai ma troupe à faire feu en cas que ce fussent les ennemis, mais je reconnus les postes américains qui se repliaient sur moi, avec un air effrayé et qui me dirent : *draguns, draguns, i have sin draguns*, ce qui veut dire qu'ils avaient tiré sur des dragons ennemis; je les rassurai, et je leur fis entendre autant que je le pus qu'ils devaient aller reprendre leurs postes; dans ce moment mes deux patrouilles revinrent et me dirent qu'elles avaient trouvé les postes américains abandonnés, mais qu'elles n'avaient rien vu du tout. J'envoyai ma patrouille d'houzards fouiller dans les environs des postes américains et y fis reconduire ces pauvres gens par mon sergent et quelques soldats; ils y retournèrent et y demeurèrent tranquilles.

J'envoyai rendre compte à M. de Vidart et tout rentra dans l'ordre. Les dragons qu'ils avaient vus n'étaient sûrement que des cochons dont les bois étaient remplis et qui y faisaient quelquefois un tapage diabolique.

Reconnaissance avec M. de Choisy.

Nous apprîmes, à 8 heures du matin, que les ennemis avaient tenté, au nombre de 800 hommes, un débarquement sur les deux petites îles qui sont à l'entrée de la crique de droite et que M. de Lauzun y était accouru avec sa légion et ses deux petites pièces de canon, qui les avait forcés de s'en aller. M. de Choisy craignait que ce ne fût une feinte pour nous engager à nous porter de ce côté-là, pendant que des troupes qui sortiraient de Glocester pourraient entreprendre quelque chose, et, en conséquence, il se rendit au poste de M. de Vidart, accompagné de cinquante houzards. Il vint ensuite au mien, et après que je lui eus rendu compte de ma nuit, il me dit : « Prenez trente hommes avec vous, vous suivrez le grand chemin jusqu'au bois que vous voyez devant vous, vous le fouillerez et ensuite vous prendrez sur votre droite en le côtoyant de ce côté-ci ; je m'en vais, pendant ce temps-là, passer par le milieu de la plaine et aller droit à ce clair entre les deux bois que vous voyez à droite ; il y a dans ce clair un poste de dragons ennemis, je les engagerai à me charger ; s'ils me chargent, vous sortirez du bois et vous le prendrez en flanc. » Je lui répondis que j'exécuterais ses ordres et je me mis en marche avec mes trente hommes (dont un seul était du régiment). Je fis passer mon sergent avec quatre hommes en avant de moi et à quinze pas.

Parvenu à l'entrée du bois, je trouvai un poste que les ennemis avaient abandonné depuis peu, où il y avait encore du feu ; il était sur le bord du chemin à gauche et était défendu par un abatis d'arbres. Le bois était clair et je n'y vis rien ; je trouvai un petit chemin à droite qui côtoyait le bois ; j'y entrai pour continuer d'exécuter les ordres que j'avais reçus ; je marchai avec précaution et sans bruit, ayant toujours mon sergent et quatre hommes à quinze pas devant moi, et tout mon détachement derrière moi sur deux rangs.

Tout à coup, mon sergent aperçoit un homme qui traverse le bois en courant; il lui tire son coup de fusil, sans m'en prévenir; ses quatre hommes tirent aussi, et, ce que je n'ai jamais pu concevoir, tout mon détachement fait feu derrière moi et tire aux feuilles, sans rien voir du tout; je courus de la tête à la queue en distribuant de grands coups de crosse de fusil; et « à qui tirez-vous ? » leur disais-je; « on tire », me répondaient-ils. A cette fusillade, M. de Choisy s'approcha au galop; je fis alors marcher en avant en doublant le pas, j'arrivai au coin du bois, tandis que M. de Choisy s'était arrêté (au point T); là, il fit avancer quelques pas deux houzards pour tirer des coups de carabine sur l'escadron anglais qui était en bataille et immobile (au point M).

L'officier anglais fit avancer de son côté deux dragons qui tirèrent aussi quelques coups de carabine; pendant ce temps je me glissais dans les broussailles le plus près de l'ennemi, et j'en étais environ à quarante pas. M. de Choisy fit avancer deux autres houzards, l'officier anglais en fit autant. Enfin, M. de Choisy, s'ennuyant de la plaisanterie, m'envoya un aide de camp, qui me cria de débusquer ce poste en le fusillant; alors je sortis de mes broussailles et je leur fis une décharge d'assez près. Ils tournèrent bride sur-le-champ, mais ils démasquèrent deux pièces de canon chargées à mitraille, dont ils me régalèrent; je n'eus pas un homme touché, tous les coups donnèrent dans les arbres derrière moi qu'ils ébranchèrent de la jolie façon. M. de Choisy me fit ordonner de me retirer par le même chemin où j'étais venu, ce que j'exécutai; il retourna au camp avec ses houzards et moi à mon poste où je fus relevé une demi-heure après. Les batteries de la première parallèle commencèrent à faire feu; il nous vint quelques déserteurs.

Le 11, la canonnade fut très violente, nous eûmes dans

la rivière deux bâtiments en feu, dont l'un était le *Charon*.

Le 12, nous continuâmes à entendre une canonnade considérable, et nous apprîmes qu'on avait ouvert dans la nuit une seconde parallèle à deux cents toises plus près des ouvrages ennemis; il fit, ce jour-là, beaucoup de pluie.

Le 13, il nous vint plusieurs déserteurs, qui nous dirent que les troupes hessoises étaient très dégoûtées, et que les Anglais étaient obligés de mettre toujours deux sentinelles ensemble, qui répondaient l'une de l'autre.

Nous avions tous les jours cinq officiers de service, trois de grand'garde et deux de piquet. Il plut à M. de Choisy d'ordonner que le piquet de service marcherait à 3 heures du matin le lendemain, commandé par M. de Tessonnet, officier du régiment du Maine, qui avait fait acte de bonne volonté auprès du général, en offrant de marcher volontairement, toutes les fois que le général en aurait besoin. M. de Gingney, officier du régiment de Picardie, qui avait été commandé à l'ordre avec la troupe que le général destinait à M. de Tessonnet, lui représenta que c'était à lui à marcher et qu'il serait désagréable pour lui de voir marcher un autre officier à sa place. Le général lui répondit que tel était son bon plaisir et ne voulut plus de représentations; M. de Gingney s'emporta et lui dit qu'il marcherait avec sa troupe et que personne ne pouvait l'en empêcher, parce que son honneur y était intéressé. Le général lui répondit d'aller aux arrêts et qu'il lui ferait lier pieds et poings, s'il disait encore un mot. Y a-t-il rien de plus dur? Et pourquoi? Cet officier pouvait avoir tort en mettant trop de chaleur dans ses représentations, mais cela autorisait-il un chef à tenir un propos aussi révoltant?

Ah! pauvre infanterie!

Le 14, j'étais allé me promener avec M. de Saint-Quentin dans les environs de notre camp, après dîner, lorsque nous apprîmes tout à coup que toutes les troupes avaient laissé le camp tendu, et s'étaient portées avec M. de Choisy du côté de la grand'garde de 100 hommes. Il était 4 heures; nous courûmes au camp pour y prendre nos armes, et nous fîmes toute la diligence possible pour joindre notre troupe que nous trouvâmes effectivement en bataille (au point K). Les Américains, la légion de Lauzun, nos canons, tout y était. M. de Choisy nous dit que M. de Washington devait faire attaquer, dès qu'il ferait nuit, deux redoutes qui faisaient partie des retranchements d'York, et que pour faire diversion de notre côté, nous allions faire une fausse attaque sur Glocester, à la nuit.

En conséquence, il ordonna que la légion de Lauzun formerait la colonne de droite et prendrait le chemin à droite (qui passe par le point M). Les Américains, ayant à leur tête cinquante volontaires commandés par M. de Tessonnet, devaient former la colonne de gauche et prendre le chemin de la gauche. Nos deux bataillons, commandés le premier, par M. de Vidart, le second, par M. de Saint-Quentin, devaient former la colonne du centre qui suivrait le grand chemin.

Il expliqua ensuite ses intentions à MM. de Vidart et Saint-Quentin dans les termes suivants : « Vous allez marcher en colonne dans le grand chemin, vous entrerez dans le bois que vous voyez devant vous; lorsque vous en serez sortis, vous vous mettrez en bataille, le premier bataillon à droite, le second à gauche du grand chemin, ayant soin de le laisser vide entre les deux bataillons, parce qu'il y a deux pièces de canon qui le battent. Les redoutes ennemies sont au delà de ce bois, vous marcherez en avant et vous ferez un feu roulant. Si vous trouvez jour à tourner une redoute, vous ferez bien; je ne vous l'ordonne pas, mais si vous en trouvez l'occasion, je m'en rapporte à vous; prenez dans vos bataillons un officier intelligent qui, avec un détachement, pourra examiner la force des ennemis et leurs dispositions. Mais ne vous compromettez pas, nous ne marchons que pour une fausse attaque. »

Cet ordre bien énoncé et bien entendu, nous fûmes tous à nos troupes ; M. de Saint-Quentin fut prendre le commandement du second bataillon et je commandai le second piquet en son absence.

Nous nous mîmes en marche, rompus par pelotons, lorsque la nuit commença à empêcher de distinguer les objets.

Le général suivait notre colonne avec l'artillerie. En arrivant au point S, nous entrâmes dans le bois sans rien rencontrer ; nous observions le plus grand silence, il faisait extrêmement sombre ; à peine distinguait-on à quatre pas devant soi. M. de Vidart marchait en tête avec son premier piquet et avait quatre hommes et un sergent à quatre pas devant lui ; je le suivais immédiatement.

Parvenus au point U, nous nous arrêtâmes et M. de Vidart envoya demander si c'était l'endroit où il fallait mettre en bataille. Il vint un aide de camp américain qui nous dit qu'il y avait encore du bois en avant de nous, au sortir duquel il faudrait nous mettre en bataille : nous continuâmes à marcher et nous trouvâmes le grand chemin rempli d'arbres abattus, à droite et à gauche desquels il y avait de petits passages pour un homme, ce qui nous annonça que les arbres n'avaient été mis là que pour empêcher la cavalerie de passer et d'inquiéter quelques postes d'infanterie que nous nous attendions devoir trouver bientôt.

Nous entendîmes alors quelques coups de fusil sur la droite du bois, nous y vîmes un feu à travers les arbres ; c'étaient les postes des environs du point M qui étaient repliés par la légion de Lauzun. Quelques moments après, nous nous trouvâmes tout à coup hors du bois et nous distinguâmes devant nous un terrain uni.

Nous nous arrêtâmes un instant et M. de Vidart envoya

dire à M. de Saint-Quentin qu'il allait se mettre en bataille sur la droite et nous fit faire à droite par files.

Nous trouvâmes tout à coup ce terrain que nous croyons uni, plein de troncs d'arbres, de branches, d'arbres entiers renversés et nous n'avançions qu'avec une difficulté singulière en tombant dix fois les uns sur les autres et en faisant grand bruit par les branchages que nous cassions sous nos pieds.

Quand tout le bataillon fut hors de chemin, nous nous arrêtâmes et neus demeurâmes immobiles. (Voyez le plan des postes d'York et de Glocester. Les deux lignes ponctuées les plus près de Glocester, au point T, expriment l'emplacement où nous étions en bataille.)

Pendant cet intervalle, le second bataillon avait reçu ordre de ne point se mettre en bataille sur la gauche, je ne sais trop pourquoi, et un aide de camp fut soutenir à M. de Choisy que le premier bataillon n'était point en bataille sur la droite et qu'il ne savait pas où nous étions.

M. de Choisy ordonna au second bataillon de se porter à notre flanc, de s'y mettre en bataille et ensuite de faire feu parce que les postes ennemis ne pouvaient pas être loin et qu'il ne fallait que faire du bruit.

M. de Saint-Quentin, surpris de cet ordre, commença par obéir en se mettant en bataille sur sa droite, dans le même terrain que nous et environ à trente pas derrière, et fut ensuite lui-même à M. de Choisy qui était en arrière dans le grand chemin, pour lui dire qu'il était impossible de faire feu, parce qu'il était sûr que nous étions tout au plus à trente pas devant lui.

Pendant ce temps, nous étions toujours immobiles, attendant l'ordre de marcher en avant, lorsque nous entendîmes le bruit que faisait derrière nous le second bataillon que nous croyions devoir être en bataille sur notre gauche ; nous crûmes que c'étaient les postes ennemis que la légion de Lauzun avait pu trouver dans le bois qui se repliaient, et nous nous tînmes prêts à faire feu.

Jugez s'il fût parti un coup de fusil! nous nous égorgions mutuellement de la jolie manière.

M. de Choisy crut enfin M. de Saint-Quentin, qui lui assura de la manière la plus positive que l'aide de camp s'était trompé, et que nous étions, suivant qu'il l'avait ordonné, en bataille sur la droite du grand chemin, et que le second bataillon, par son dernier ordre, se trouvait derrière nous à trente pas. Alors le général ordonna de faire tout rentrer dans le grand chemin; nous exécutâmes ce nouvel ordre, et ce fut pas sans laisser guêtres et habits dans les ronces.

M. de Vidart fut alors trouver le général pour savoir ses intentions; M. de Choisy le reçut avec humeur et même avec dureté, en lui disant de marcher en avant jusqu'à ce qu'il trouvât les ennemis et qu'il eût à faire feu sur eux.

M. de Vidart lui répondit que cela suffisait et prit la tête de son piquet et marcha.

A peine eûmes-nous fait vingt pas en avant dans le chemin qu'une sentinelle nous cria : « hou is thaire ».

M. de Vidart fit sur le champ former les pelotons et fit mettre son piquet en bataille sur la gauche. Je fis former les deux miens et je fus à la course me mettre en bataille à la gauche du piquet de M. de Vidart. Les pelotons qui me suivaient en firent autant. Le second bataillon prit une direction oblique à droite du chemin (voyez au point S); M. de Choisy lui en avait donné l'ordre. La sentinelle, après nous avoir crié trois fois « hou is thaire », nous tira son coup de fusil, et en même temps nous en reçûmes une trentaine du poste, auquel nous répondîmes en tirant à l'endroit d'où était parti ce feu, car nous ne distinguions point les hommes.

Dans le même instant, soit que le général eût crié : feu,

à la queue de la colonne, soit que le soldat, voyant tirer devant lui, ne pût pas s'empêcher de tirer aussi, tous les pelotons derrière nous, et tout le bataillon de M. de Saint-Quentin firent leur décharge et comme ils tiraient dans l'endroit où il avaient vu partir des coups de fusil, nous nous trouvâmes entre deux feux et une grêle de balles, nous sifflèrent aux oreilles de l'avant et de l'arrière.

Un soldat de mon piquet en eut une au travers du corps, plusieurs en eurent dans leurs habits et leurs chapeaux; il y eut deux soldats du Maine tués raides et deux blessés. Un officier d'Angoumois eut une balle et deux chevrotines dans son chapeau, il y eut quelques fusils cassés et quelques baïonnettes coupées.

Les officiers se jetèrent sur leurs soldats pour les empêcher de tirer et M. de Choisy ordonna de se retirer.

Le poste ennemi s'était retiré après sa décharge. Nous rentrâmes dans le grand chemin et nous nous en allâmes emportant nos deux morts et nos blessés.

Les ennemis nous tirèrent encore deux coups de canon qui donnèrent dans le bois.

Nous nous arrêtâmes à notre grand'garde, où nous enterrâmes les deux pauvres soldats du Maine. On avait commencé dans cet endroit une redoute carrée que faisait construire un ingénieur américain par ordre de M. de Choisy. Nous rentrâmes dans notre camp environ à minuit.

De retour de cette cacade, chacun prétendit qu'il avait vu les redoutes; quelques-uns même disaient qu'ils avaient été jusqu'aux palissades, et qu'ils avaient vu des chevaux attachés.

Comme je n'avais rien vu et que j'avais été plus à même de voir que les autres qui, par leur rang, étaient derrière moi, je réfléchis sur la manière dont cette fausse attaque avait été conduite et je promis de critiquer en secret notre général, que je supposai être peu instruit sur la position des redoutes ennemies.

Je fis réflexion que nous n'avions pas trouvé un chat dans le bois et qu'il fallait nécessairement que les ouvrages des Anglais en fussent encore éloignés, sans quoi nous aurions sûrement trouvé des grand'gardes.

Je me promis de bien reconnaître la position où nous avions été en bataille dans les ronces et l'endroit où nous avions fusillé, si la prise d'York le permettait.

Je me rappelai qu'étant en bataille, j'avais entre mes jambes un cheval mort et que sur le grand chemin, à dix pas de l'endroit où nous avions fusillé, il y avait aussi un cheval mort qui empoisonnait.

Quand je songe à présent à la quantité de balles qui me passaient de tous côtés et au peu d'utilité qu'aurait apporté la mort de plusieurs de nous, je ne puis m'empêcher de faire des jérémiades sur le sort de la pauvre infanterie qui, ainsi que le laboureur, sue sang et eau pour être humiliée, maltraitée et écrasée.

Pendant que nous étions en bataille dans les ronces, nous avions joui d'un superbe spectacle.

On avait fait une attaque à York, et nous entendîmes la fusillade qui fut longue, bien nourrie et lardée de beaucoup de coups de canon ; nous vîmes en même temps, une grêle de bombes et d'obus en l'air qui se succédaient avec une rapidité singulière.

Le lendemain 15, nous apprîmes que dans la fusillade de la veille, à York, les Français et les Américains avaient chacun enlevé d'assaut les deux redoutes I et K (plan d'York). On ajoutait que les ennemis ne pouvaient plus tenir longtemps parce que ces deux redoutes battaient à revers leurs retranchements.

Précautions prises contre le passage des ennemis à Glocester.

M. de Choisy, craignant que les ennemis ne passassent tous à Glocester et ne vinssent ensuite lui tomber sur le corps, fit accélérer la redoute de la Grand'garde et la fit entourer d'un abatis de troncs d'arbres garnis de leurs branches aiguisées. Il fit faire un pareil abatis à quelques toises en avant de nos tentes, dans toute la largeur de notre camp. Il fit aussi creuser un fossé et relever la terre autour du mur qui entourait le temple qui nous servait d'hôpital; il fit encore garnir les angles de ce mur avec des troncs d'arbres. Son intention était de se retirer dans ce poste s'il était forcé d'abandonner le terrain, et les ennemis, bornés par les deux criques, étant nécessairement obligés de nous passer sur le corps, auraient éprouvé de grandes difficultés.

Le 16, il nous vint beaucoup de déserteurs : nous apprîmes que les ennemis avaient fait une sortie dans la nuit sur une des batteries de notre tranchée à York, et qu'ils avaient encloué quatre canons, blessé deux officiers d'Agénois, et fait un capitaine du même corps prisonnier, avec quelques soldats; mais on nous dit en même temps que les canons ayant été mal encloués avaient été en état de tirer deux heures après, et qu'on avait poussé la seconde parallèle jusqu'aux redoutes prises la veille; qu'on y établissait des batteries qui seraient bientôt en état de faire feu.

Je montai la garde au poste des vingt-cinq hommes à la crique de droite, où j'avais déjà monté. J'eus un temps abominable, beaucoup de vent et une pluie torrentielle. Nous entendîmes pendant la nuit une canonnade terrible à York; il n'y avait pour ainsi dire pas d'intervalles entre les coups de canon, ce qui nous fit prendre les plus grandes précautions et redoubler de vigilance; mais on n'entendait rien, on ne voyait rien, par la force du vent et de la pluie; malgré tous nos soins, il n'avait pas été possible de garantir nos armes qui étaient trempées et hors d'état de servir.

Si les ennemis eussent passé cette nuit à Glocester, comme nous avons su depuis qu'ils l'ont tenté, nous ne les aurions pas arrêtés un seul instant, on n'aurait pas pu tirer un coup de fusil et nos postes auraient sûrement été surpris. Nous vîmes paraître le jour avec grand plaisir, la pluie cessa par intervalles et nous fîmes grand feu pour tâcher de nous sécher et de nous réchauffer.

Dans la journée du 17, nous remarquâmes que la canonnade avait complètement cessé et nous apprîmes sur le soir que les ennemis avaient tenté de passer à Glocester pendant la nuit, mais que le vent et le mauvais temps avaient entraîné leurs chaloupes dans la rivière, sur le rivage opposé à celui de Glocester, et que, ne voyant plus de ressources et se voyant près d'un assaut général, ils avaient proposé de capituler et qu'on était en pourparlers.

Le 18 fut encore employé à discuter les articles de la capitulation; on remarqua que le général Burgoyne avait signé, le même jour, quatre ans auparavant, la capitulation de Saragota.

Capitulation d'York et de Glocester.

Le 19, la capitulation fut conclue et signée. Elle portait que les officiers et soldats, matelots et tous autres marins seraient prisonniers de guerre, que les troupes seraient prisonnières des Etats-Unis et qu'on remettrait tous les magasins, effets et munitions des deux postes d'York et de Glocester aux préposés par le général Washington; que les bâtiments de la rivière, ainsi que leurs cargaisons, seraient remis aux forces navales du roi de France et que tous les marins seraient prisonniers de Sa Majesté. Il fut permis aux officiers de garder leur épée; les troupes défilèrent l'arme dans le bras, les drapeaux ployés, par représailles de ce qu'on avait exigé la même chose de la garnison de Charlestown lorsque les Anglais s'en étaient emparés.

Les troupes devaient être réparties dans la Virginie, dans le Maryland et la Pensylvanie, ayant avec elles un officier supérieur des trois nations, anglaise, anspach et hessoise et d'autres officiers en proportion de un par 50 hommes; les autres officiers pouvaient demander des passeports pour aller où ils voudraient.

On devait donner au lord Cornwalis un des bâtiments pris, le sloop de guerre *la Bonneta*, armé de son équipage, pour le transporter à New-York avec son aide de camp. Il donnait sa parole de faire rendre ce bâtiment aux ordres de M. de Grasse.

Il y avait dans ces deux postes 6.000 hommes de troupes réglées anglaises ou hessoises, et 22 drapeaux, 1.500 matelots, 160 canons de tout calibre, dont 75 en fonte et 8 mortiers. Il y avait dans la rivière environ 50 bâtiments, dont un vaisseau de 50 canons qui avait été brûlé; il y en avait une vingtaine de coulés bas, au nombre desquels était la frégate la *Guadeloupe;* on est, depuis, parvenu à relever cette frégate et une partie des autres bâtiments.

M. de Choisy fut à 3 heures après midi, avec 100 hommes de nos troupes, 100 hommes de Lauzun et 200 hommes des milices américaines, pour prendre possession de Glocester. Il en sortit environ 1.200 hommes tant à pied qu'à cheval qui défilèrent ainsi qu'il était convenu et remirent leurs armes. Ils étaient désolés de les remettre aux Américains, pour lesquels ils témoignaient le plus grand mépris; ils appelaient nos soldats et leur présentaient leurs fusils. Ils rentrèrent dans leurs retranchements après la cérémonie et M. de Choisy établit des gardes dans toutes leurs redoutes.

Les officiers anglais vinrent voir nos officiers qui y étaient de service, leur firent toutes les honnêtetés possibles et burent à leur santé, tandis qu'ils ne dirent jamais un mot à aucun officier américain ; plusieurs même firent ce qu'ils purent pour engager nos messieurs à accepter des sabres, des fusils de chasse, des carabines, etc., ajoutant qu'ils aimaient mieux les casser en mille pièces que de les laisser aux Américains.

Nous avions la plus grande envie d'aller voir Glocester, mais nous n'en eûmes pas la permission ; il nous fut ordonné de nous tenir prêts à repartir au premier ordre pour retourner dans nos vaisseaux.

Je crois que M. de Choisy nous fit cette défense baroque afin d'être en droit de faire la même défense aux Américains qui accouraient de tous les environs pour voir leurs prisonniers et surtout le colonel Talton, jeune homme de 25 ans, fils d'un négociant de Londres, qui les avait fait trembler pendant longtemps.

Il commandait une légion de son nom, à peu près comme celle de M. de Lauzun, et on l'accusait d'avoir commis avec sa troupe les plus grandes horreurs dans la campagne. Son nom seul faisait frémir un Américain. Il avait cependant la figure la plus douce et la plus honnête, et y joignait l'élégance, l'air, l'aisance et les manières françaises.

Le 20, nous eûmes le même ordre de nous tenir prêts à partir, nous sûmes que M. de Choisy devait aller rejoindre M. de Rochambeau ; nous fûmes lui faire notre visite d'adieu.

Description de Glocester.

En sortant de chez lui, je proposai à un de nos camarades de faire une fugue vers Glocester, afin de le voir avant de partir ; il accepta et nous fîmes toute la diligence possible ; nous prîmes le grand chemin afin de reconnaître le lieu de notre fausse attaque ; quand nous fûmes hors du bois le plus loin, nous reconnûmes que l'endroit où nous

nous étions mis en bataille avec tant de peine était un emplacement où les ennemis avaient coupé le bois nécessaire aux abatis qui entouraient leurs retranchements ; je cherchai mon cheval mort que je trouvai très bien, et je reconnus que de cet endroit on n'apercevait point les ouvrages ennemis ; nous rentrâmes dans le chemin et je trouvai bientôt mon second cheval mort qui puait autant qu'au moment de notre fausse attaque. Je reconnus, à quelques pas, l'endroit où nous avions fusillé, je trouvai même le tronc d'arbre où s'était assis le soldat de mon piquet qui avait eu une balle au travers du corps : il était encore inondé de son sang. Je trouvai, dans le chemin, à vingt pas, l'emplacement du poste qui nous avait tiré dessus, et devant lequel il y avait deux ou trois troncs d'arbre garnis de branches pour le garantir d'une charge de cavalerie.

On ne voyait encore point les retranchements ennemis parce que le terrain était un peu en dos d'âne.

Après avoir fait quelques pas, je les découvris et je vis en même temps de petits redans à droite et à gauche. Je les examinai tous : ce n'était autre chose qu'un peu de terre relevée et qui ne couvrait un homme que jusqu'à la ceinture, le terrain y était battu et il paraissait y avoir eu des postes et même je crus voir des traces de canon dans un ou deux. Le terrain compris entre ces redans et les retranchements était couvert de trous où l'on avait fait du feu et d'emplacements de tentes, et j'ai su depuis qu'ils y campaient avant notre arrivée qui les avait obligés de camper en dedans de leurs ouvrages.

Nous arrivâmes à l'enceinte et on ne voulut pas d'abord nous laisser entrer, attendu que cela était défendu. Nous demandâmes à parler à l'officier de garde qui était de notre connaissance et qui se laissa aller à nos sollicitations ; nous lui promîmes de ne demeurer que quelques instants et nous entrâmes.

Nous parcourûmes tout l'intérieur et nous reconnûmes que Glocester était quatre maisons situées sur une pointe de terre qui s'avançait dans la rivière vis-à-vis d'York.

Il y avait, sur la côte, une redoute en terre garnie de canons destinés à défendre le mouillage et protéger les bâtiments mouillés tout près. L'enceinte était formée par quatre bonnes redoutes, fraisées, palissadées, entourées d'un fossé et aussi bien construites qu'il était possible de le faire dans un terrain extrêmement sec et sablonneux ; ils avaient été obligés d'encaisser leurs parapets pour empêcher l'éboulement. Ces quatre redoutes avaient une ou deux pièces de canon dans chaque. Elles étaient jointes ensemble par un rang de gros pieux de bois très élevés et plantés assez près les uns des autres pour n'y pouvoir passer qu'un canon de fusil. Il y avait, en outre, à trois pas en avant de tout, un abatis d'arbres bien épais et bien entrelacé qui suivait le contour des ouvrages et qui continuait jusqu'à quelques toises de l'eau, des deux côtés. Les troupes étaient campées en dedans. Il y avait, à quinze pas en avant de chaque redoute, un monceau de foin, goudron, et autres matières combustibles, auxquelles ils auraient mis le feu dans le cas d'une attaque de nuit.

Notre curiosité étant satisfaite, nous retournâmes au camp par le chemin de la droite et nous fûmes convaincus que le général ni aucun individu n'avait eu connaissance des retranchements ennemis avant la prise d'York. Toutes les reconnaissances qui s'étaient faites tous les jours n'avaient abouti qu'à venir en vue des petits redans qu'on avait bonnement pris pour des redoutes, et le général le croyait si bien que, lors de la fausse attaque, il avait dit à MM. de Vidart et Saint-Quentin : « Si vous trouvez jour à tourner les redoutes, vous ferez bien. » Or, s'il eût connu le poste, il aurait su que cela était impraticable.

Comment est-il possible qu'on ne fût pas plus instruit à

cet égard, ayant avec nous tant d'officiers américains et après avoir reçu un si grand nombre de déserteurs ?

Je ne puis m'empêcher encore de rire lorsque je me rappelle la bonne foi avec laquelle quelques-uns de nous, assuraient avoir vu les palissades et des chevaux qui y étaient attachés lors de la fausse attaque.

Quoi qu'il en soit, nos généraux étaient d'un contentement sans égal et, en effet, l'expédition était aussi heureuse qu'elle pouvait l'être. Une armée prise, deux provinces délivrées, un convoi, des bâtiments de guerre détruits. Le siège d'York avait coûté environ 600 hommes, tant Français qu'Américains.

Le 21, nous reçûmes l'ordre d'être prêts à partir au premier moment pour retourner dans nos vaisseaux. M. de Choisy passa à York et nous restâmes à attendre qu'on voulût bien nous envoyer chercher; enfin, à l'entrée de la nuit, on nous fit dire de nous rendre à Glocester à 10 heures du soir.

Nous remîmes nos tentes, bidons, gamelles, à la légion de Lauzun qui avait les siennes en très mauvais état.

Nous décampâmes à 9 heures, très aises de nous séparer des milices américaines qui, fières de n'avoir plus d'Anglais à craindre, avaient déjà eu quelques disputes avec nos soldats.

Arrivés à Glocester, on nous mit en bataille le long de la rivière pour y attendre les chaloupes et canots qui parurent enfin à minuit.

En les attendant, nous nous promenions sur le sable pour nous réchauffer; nous trouvâmes sous nos pieds plusieurs corps morts qui puaient horriblement, et nous apprîmes que de grandes tentes, que nous voyions tout le long du rivage, renfermaient quinze cents malades; il en mourait une si grande quantité qu'on n'avait pas le temps de les enterrer, on ne faisait que les jeter hors de la tente à mesure qu'ils expiraient. Le lord Cornwalis avait établi dans cet endroit son hôpital pendant le siège.

Idée des environs d'York et de Glocester.

Cette partie de la Virginie paraissait en général très malsaine; tous les habitants que nous avons vus dans les environs de notre camp étaient porteurs d'une physionomie blême et pâle; il est possible que leur nourriture y contribue aussi, ils ne mangent point de pain, il y en a même qui ne le connaissent pas. Ils font une espèce de galette sur de la cendre chaude, avec du maïs qu'ils cultivent en grande abondance; ils mangent beaucoup de laitage et de patates qui y sont du meilleur goût; elles leur tiennent lieu de pain.

Ils cultivent beaucoup de tabac qui fait leur unique commerce; ils ont beaucoup de bestiaux dont se nourrissent les gens à leur aise.

Ils ont une espèce de chevaux, petits, mais extrêmement lestes, qui exigent très peu de soins et supportent très bien les fatigues. On y retrouve tous les arbres et toutes les plantes d'Europe et je n'y en ai pas vu de celles des Antilles.

Le terrain paraît ingrat, on n'y distingue que du sable; il est couvert de bois de sapins, on trouve de temps en temps quelques chênes, quelques noyers, des pommiers, des pêchers; le terrain qui, sans produire de bois, n'est pas cultivé, ne produit qu'une espèce d'herbe à long tuyau, sec et aride. On y trouve beaucoup de mares d'eau ce qui, avec la quantité de bois, annonce encore une nature sauvage. Cependant, nous y avons vu plusieurs belles habitations qui étaient confiées aux soins de quelques nègres et qui, par leurs dehors et leurs commodités intérieures, annonçaient appartenir à des gens opulents. Les habitants qui étaient restés dans leurs chaumières (car il y en avait beaucoup qui étaient sans maîtres) avaient l'air triste et misérable. Les filles et femmes que nous y avons vues avaient en général le teint beau mais peu de couleurs. Elles montent à cheval avec plus d'aisance que beaucoup de nos concitoyens. Il est d'usage de les embrasser sur la bouche et non pas sur la joue ; elles sont, en général, beaucoup plus libres dans leurs manières que nos Françaises, et n'en sont pas moins sages.

Nous avons cru remarquer qu'en général, chez les Anglais, les femmes mariées sont bien plus réservées que les demoiselles.

A 1 heure après minuit, nous fûmes embarqués sur plusieurs petits bâtiments qui devaient nous transporter à nos vaisseaux. Notre détachement fut mis à bord du *Loyaliste*, une des corvettes prises sur les Anglais.

Idée des ports d'York. — Le lendemain, 22, le commandant de la corvette ayant quelques affaires à York, y fut, et nous profitâmes de l'occasion pour le voir. Nous le parcourûmes partout, en dedans et en dehors : nous visitâmes les tranchées françaises et américaines, qui étaient encore entières, les batteries n'étaient pas même démontées, de manière que, à l'aide de quelques questions, je fus presque aussi au fait du siège que si j'y avais servi. La ville d'York n'est ni jolie ni grande : il n'y a qu'une rue assez large et point pavée, elle est située sur le bord de la rivière, dans un terrain inégal.

Il y avait une grande batterie sur la côte pour défendre le mouillage. La droite de la ville était entourée d'un ravin où il y avait un peu d'eau ; le bord de ce ravin était garni de quelques épaulements pour en défendre le passage.

Ils avaient construit au delà de ce ravin une grande redoute qu'ils avaient rendue aussi forte qu'ils l'avaient pu. (Voyez le plan d'York au point D.)

Le régiment de Tourraine y avait ouvert une tranchée et les ennemis croyaient que c'était là notre principal point d'attaque.

En deçà du ravin, ils avaient fait une enceinte en pieux

de bois soutenus par des redoutes, comme à Glocester. La gauche de la ville était défendue par un retranchement très étendu, bien fraisé, palissadé, avec fossé et soutenu par des redoutes rapprochées et construites de même. (Voyez-en la forme B B.)

Tous les environs de ces redoutes étaient couverts de bourres de canon, preuve indubitable du grand feu qu'on y avait fait.

En avant de la gauche, à deux cents toises, étaient les deux redoutes prises d'assaut, la petite par les Américains commandés par M. de Lafayette, la plus grande par les grenadiers de Gâtinois, soutenus par les chasseurs et les grenadiers de Royal Deux-Ponts, et 500 hommes d'infanterie, commandés par M. de Viomesnil, dont on a fait le plus grand éloge.

Les grenadiers et chasseurs de Gâtinois avaient eu soixante hommes tués ou blessés dans cette attaque qui ne dura que cinq minutes. Une fois parvenus au pied de la redoute, ils sautent dans le fossé et, à l'abri des coups qui passaient sur leurs têtes, ils arrachent les fraises et les palissades, montent sur le parapet et culbutent à coup de baïonnettes ceux qui osent encore faire résistance.

Ces redoutes dominaient et battaient à revers les retranchements, ce qui força Cornwalis à capituler avant même que les batteries de la seconde parallèle eussent joué. Le feu de la première parallèle était si bien nourri, et il pleuvait dans les retranchements une si grande quantité de bombes et d'obus, que les troupes avaient été obligées de quitter leur camp qui était établi derrière et tout contre les parapets. Elles se réfugièrent dans les creux qui régnaient le long du rivage au bord de l'eau; ce qui a fait dire que si le *Vaillant* et l'*Experiment*, qui étaient en station dans la rivière, avaient exécuté les ordres que leur avait donnés M. de Grasse, de venir canonner la ville, Cornwalis eût encore été obligé de se rendre plus tôt. Mais les vents et les courants, ressources ordinaires, les en empêchèrent, et un gazetier des Antilles a fait la mauvaise plaisanterie de dire dans ses papiers que York s'était rendu par le feu terrible de ces deux vaisseaux. Dès que la ville fut rendue, les vents devinrent bons et M. de Mastelli, commandant les deux vaisseaux, entra dans le mouillage. Tous ses camarades lui reprochent de s'être approprié toutes les cloches des bâtiments qui étaient dans la rivière. Du reste, beaucoup d'autres se sont permis de piller; il y a eu beaucoup de nègres enlevés et vendus à notre retour dans nos colonies. Des corps entiers se sont permis cette indécence et, après avoir empoché les moëtles, se sont secrètement moqués de ceux qui avaient été plus scrupuleux. Il n'aurait tenu qu'à nous d'en faire autant, mais nous avons été du nombre de ceux qui ont crié et dont on a ri.

Rentrée de la division des vaisseaux. — Nous rentrâmes à bord du *Loyaliste* à 3 heures après-midi et nous appareillâmes tout de suite; il faisait calme, ce qui nous obligea de mouiller la nuit pour ne pas tomber sur les bancs dont la rivière est remplie. Le lendemain, 23, nous appareillâmes au jour et nous fûmes encore obligés de mouiller à la marée montante; nous remîmes sous voiles à 4 heures du soir et nous mouillâmes à une heure après minuit, au milieu de l'escadre.

Le 24, les canots et chaloupes des vaisseaux vinrent nous prendre et nous rentrâmes à bord du *Languedoc* à 11 heures du matin; on peut s'imaginer le plaisir que nous eûmes à retrouver nos lits, après avoir demeuré vingt-quatre jours couchés par terre et sans nous déshabiller. Ce petit échantillon de la guerre par terre m'a entièrement convaincu qu'elle est infiniment plus dure que celle de mer. Le marin, après son service qui ne dure que quatre heures, va dormir tranquillement sans s'embarrasser de son dîner, de sa tente, de ses domestiques et il est sûr qu'il ne sera pas réveillé par la générale ou par un ordre de partir sur-le-champ : s'il est mouillé, il est certain de trouver un bon lit bien sec, ou des hardes pour se changer ; il n'est jamais fatigué par une marche forcée et se moque du chaud et du froid Il est bien moins exposé que le fantassin, qui l'est cent fois dans une campagne, et sa bourse reçoit bien moins d'échecs.

Toute l'escadre était comme nous l'avions laissée. M. de Grasse avait envoyé la frégate la *Surveillante* pour annoncer en France notre heureuse réussite.

On s'occupait de rembarquer les munitions et les troupes de M. de Saint-Simon, et on faisait toute la diligence possible pour être en état d'appareiller et de quitter un mouillage où nous n'aurions pas été en sûreté, dans la saison des coups de vent qui approchait.

Nouvelle apparition de l'armée ennemie pour secourir Cornwalis. — Le 27, M. de la Viconté, capitaine en second du *Neptune*, vint être notre capitaine de pavillon, à la place de M. du Plessis-Pascaut, qui était parti pour France, avec son fils, sur la *Surveillante*.

A 4 heures du soir, nos frégates, en station sur le cap Henry, signalèrent l'armée ennemie au nombre de trente et une voiles. La division de M. de Saint-Simon arriva sur des petits bâtiments, et on la répartit sur des vaisseaux ; nous embarquâmes cent chasseurs du régiment de Touraine.

Le 28, nos frégates signalèrent encore l'armée ennemie au nombre de quarante-quatre voiles ; les vents ne permettaient pas qu'elle entrât ; par conséquent, nous étions peu inquiets ; d'ailleurs, nous la savions bien moins nombreuse que nous en vaisseaux de ligne.

Le lendemain, 29, elle était encore en vue du cap Henry, et un vaisseau vint même si près, qu'il obligea nos frégates de mettre sous voiles.

Plusieurs de nos vaisseaux avaient leurs chaloupes dans différents endroits de la baie où on allait chercher des bœufs et des provisions, et le général n'avait pas fini ses arrangements, sans quoi, nous serions allés leur présenter le cartel qu'ils auraient vraisemblablement évité.

Nous avons su, depuis, que l'amiral Grave avait dans son armée le général Clinton, avec des troupes venues de New-York pour secourir Cornwalis, mais il était trop tard, la poule était mangée, et l'un et l'autre prirent le parti de s'en retourner, car on n'entendit plus parler d'eux les jours suivants.

CHAPITRE XIII

Départ de l'armée de la baie de Chesapeak.

Le 4 novembre, tout étant fini, et les vents étant favorables, nous appareillâmes pour nous en retourner aux Antilles, où M. de Grasse projetait encore une expédition.

Nous laissâmes dans la baie le *Romulus* et les deux frégates l'*Hermione* et la *Diligente* pour protéger le commerce. Les généraux Washington et Rochambeau furent hiverner à Willamsbourg.

L'*Andromaque* fut encore dépêchée pour France, la veille de notre départ.

Route de l'armée de la baie de Chesapeak à la Martinique. — Il ventait bon frais du nord-ouest, ce qui facilitait la sortie de l'armée qui, à l'entrée de la nuit, se rallia sur trois colonnes et se mit en route, gouvernant à l'E 1/4 S-E.

Le lendemain 5, on aperçut deux bâtiments qu'on chassa sans pouvoir les joindre; c'étaient vraisemblablement des mouches laissées par l'amiral Grave pour observer le moment de notre sortie de la baie et la direction de la route que nous prendrions. Le vent augmenta un peu jusqu'au 7, la mer fut très grosse et les vaisseaux fatiguèrent beaucoup. Le nôtre perdit une grande partie de son doublage en bois, ce qui nous fit faire de l'eau; on établit deux pompes, et elles jouaient souvent.

Nous espérâmes que la perte de ce doublage engagerait le général à nous renvoyer en France, attendu que le vaisseau pouvait difficilement être caréné aux Antilles, et que, d'ailleurs, son franc-bord était très pourri depuis la campagne de M. d'Estaing.

Le 8, le général ordonna aux vaisseaux la *Victoire*, le *Triton*, le *Vaillant*, la *Provence*, et aux deux frégates, la

Gentille et la *Railleuse*, de faire route vers Saint-Domingue. Nous continuâmes, avec le reste de l'armée, à faire route pour la Martinique. Ces quatre vaisseaux devaient aller au cap Français pour prendre un convoi et le ramener en France. L'*Hector* devait être de ce nombre, ayant, au moins, autant besoin d'être radoubé et raccommodé qu'aucun des quatre partants; mais, par un malentendu et la méprise d'un jeune enseigne de vaisseau, M. le Camus, il ne reçut point l'ordre de se séparer et continua la même route que nous. Il avait à son bord une partie du régiment de Gâtinois, qui, n'étant pas destinée à suivre à la Martinique la division de M. de Saint-Simon, avait été embarquée exprès sur les vaisseaux qui devaient aller au Cap, de façon que le détachement de l'*Hector* suivit le sort du vaisseau et vint avec nous à la Martinique, tandis que le reste du régiment fut à Saint-Domingue.

Le temps continua à être beau et favorable. Comme nous approchions de la latitude de la Martinique, nous revirâmes tribord amures à l'entrée de la nuit, jusqu'au 23 où nous revirâmes bâbord amures.

Le 25, au jour, nous découvrîmes la Martinique à cinq ou six lieues devant nous, un peu à tribord. Le général fit signal, à 10 heures, de former la ligne de bataille dans l'ordre naturel; il en prit la tête et entra dans le canal de Sainte-Lucie : nous gouvernâmes dans ses eaux, et une partie de l'armée entra dans la baie de Fort-Royal; quant à nous, par nos fines manœuvres, nous restâmes dehors avec deux ou trois autres qui entrèrent cependant dans la nuit.

Le lendemain, 26, nous étions seuls et nous nous déterminâmes enfin à chercher le mouillage. Nous eûmes encore la maladresse de laisser tomber notre ancre au moment d'un fort grain qui nous fit chasser, et nous fûmes sur le point de tomber sur la cage de la Pointe-aux-Nègres; tout cela était de la façon de M. de Monteil.

CHAPITRE XIV

Séjour de l'armée à la Martinique au retour de Chesapeak. — Expédition de Saint-Eustache. — Dispositions prises pour surprendre la colonie. — Exécution du projet. — Butin fait dans la colonie. — Imputation fausse à M. de Bouillé. — Changement d'état-major.

Séjour de l'armée à la Martinique au retour de Chesapeak.

De retour à la Martinique, nous fûmes étonnés du peu de sensation que paraissait avoir fait notre brillante expédition : les habitants de la colonie n'avaient point oublié le 29 avril. Cette époque s'était passée sous leurs yeux et ne balançait pas dans leur imagination un avantage qui leur était étranger.

Nous apprîmes que M. de Bouillé était parti depuis quelques jours avec douze cents hommes et trois frégates; on croyait qu'il était allé au devant de nous pour engager M. de Grasse à entreprendre quelque expédition subite.

Le 5 décembre, M. de Bouillé entra à la Martinique sur un bateau. Il nous annonça la prise de Saint-Eustache, dont voici les détails :

Expédition de Saint-Eustache.

Il avait fait embarquer, le 15 novembre, 400 hommes du régiment d'Auxerrois, 320 de Royal-Comtois, 400 de Dillon et Walsh, 50 grenadiers de la Martinique et 24 canonniers faisant environ 1.200 hommes, sur deux bateaux, deux goëlettes, la corvette *L'Aigle* et les trois frégates *La Médée,*

L'Amazone et *La Galathée* qui étaient, sous ses ordres, attachées à la colonie pour en protéger le commerce.

Il embarque aussi plusieurs pilotes côtiers pour faire croire qu'ils sont destinés aux vaisseaux de M. de Grasse au devant duquel il est censé aller pour entreprendre quelque chose tout de suite.

Il part le même jour et pour mieux masquer son projet, il entreprend de remonter le canal de la Dominique, au lieu de faire tout de suite route sur Saint-Eustache.

Il parvint au vent de la Dominique le 20, y croisa trente-six heures et fit ensuite route par le vent des Iles.

Le 25 du même mois, à 9 heures du soir, on découvrit Saint-Eustache; les bateaux et goëlettes avaient chacun une chaloupe des frégates; ils s'approchèrent et mouillèrent dans le nord-ouest de l'île. Les frégates restèrent en panne à quelque distance. Il y avait très forte brise.

Le général avec un détachement de Walsh, M. Dillon avec ses Irlandais, mettent les premiers pied à terre. Un ras de marée inattendu brise les chaloupes contre les récifs; il se noie quelques soldats; on trouve un débarquement moins dangereux et on parvient à mettre quelques hommes à terre.

Dispositions prises pour surprendre la colonie.

Les premiers gravissent un rocher de sept à huit cents pieds de haut, seul endroit par où on peut pénétrer dans l'île qui, hors dans la baie, est très escarpée.

Le général donne l'exemple : tout est tranquille sur la côte et il y règne un silence majestueux.

Une heure avant le jour, il n'y avait que 400 hommes à terre, et on ne pouvait pas espérer d'avoir le reste, la plupart des canots et chaloupes étant avariés ou brisés.

Le général prend son parti et marche : à 4 h. 1/2 on était encore à une lieue et demie du fort et des casernes; on double le pas. M. Dillon est chargé d'aller droit aux casernes avec ses Irlandais et d'envoyer deux petits détachements, l'un aux batteries de la côte, à droite de la ville, et l'autre à la maison du gouverneur. M. de Fresne, major du Royal-Comtois, est détaché avec 100 chasseurs d'Auxerrois et de son régiment pour s'emparer du fort et l'escalader s'il ne peut entrer. M. le vicomte de Damas est chargé de soutenir l'attaque avec le reste de la troupe.

Exécution du projet.

M. Dillon arrive aux casernes à 6 heures ; il trouve les Anglais faisant l'exercice sur l'esplanade, qui, trompés par l'habit rouge des soldats de Dillon, les laissent approcher et sont bientôt désabusés par une décharge faite à bout touchant, qui en couche plusieurs par terre ; les ennemis se précipitent vers le fort.

M. de Fresne y court de son côté, y arrive au moment où on cherchait à lever le pont-levis ; M. de la Mothe, capitaine en second des chasseurs d'Auxerrois, se précipite sur le pont et fait feu si à propos, que les ennemis en abandonnent les chaînes ; on entre avec eux et ils mettent bas les armes.

Pendant ce temps, le gouverneur Cockburn sort pour savoir pourquoi on fait l'exercice à feu ; il est arrêté par le chevalier O'Connor, capitaine de chasseurs de Walsh et, dès ce moment, on ne s'occupe plus qu'à arborer le pavillon hollandais sur le fort, à la place du yacht.

Ainsi, Saint-Eustache, bien fortifié et appelé par les Anglais le nouveau Gibraltar des Indes occidentales, est enlevé en un instant par trois frégates et 400 hommes, tandis que Rodney l'avait attaqué avec l'appareil formidable de treize vaisseaux et 4.000 hommes, lorsqu'il était sans défense.

M. de Bouillé y établit un gouverneur militaire et un

gouverneur civil et il y remit en vigueur les lois hollandaises, telles qu'elles étaient avant que les Anglais s'en fussent emparé.

Il avait été secondé dans cette expédition par M. Chabert, négociant français, établi depuis longtemps dans la colonie, à qui sir Rodney avait fait beaucoup de mal lors de son invasion dans l'île. Il en est le gouverneur civil.

Je ne sais pourquoi on fit arborer pavillon hollandais au lieu de pavillon français. M. de Bouillé imaginait peut-être que Sa Majesté rendrait cette possession à la République, mais elle en a ordonné autrement et on y a mis depuis pavillon blanc.

Le même jour, 26, le général détacha M. de Damas avec 300 hommes pour aller s'emparer de deux petites îles voisines, Saint-Martin et Saba, qui n'étant pas assez considérables, par leurs productions ni leur position, sont au premier occupant. On y fit 53 prisonniers.

La garnison trouvée à Saint-Eustache, était composée du 13e et du 15e régiments faisant en tout 691 hommes. Le total des prisonniers se monta à 776 hommes, dont 2 lieutenants-colonels, 7 capitaines, 33 lieutenants, 702 bas-officiers ou soldats et 32 matelots.

M. de Bouillé y laissa une garnison de 600 hommes. Nous avions eu 10 hommes tués, noyés ou blessés; les ennemis en avaient perdu 32.

Butin fait dans la colonie.

On trouva chez le gouverneur trois millions et demi en espèces; il réclama 300.000 livres comme lui appartenant particulièrement; quelques particuliers réclamèrent différentes sommes sous divers prétextes et on les leur remit généreusement. Il resta 1.500.000 francs que M. de Bouillé partagea entre tous les preneurs officiers et soldats, en suivant l'ordonnance des prises faites à la mer.

C'est peut-être le seul exemple d'officiers d'infanterie qui aient eu part à des prises faites à terre.

Les officiers de la marine qui montaient les frégates partagèrent aussi, et comme commandants de bâtiments eurent 20.000 livres et les lieutenants environ 12.000 livres.

Les officiers d'infanterie et les enseignes eurent environ 80 moëttes qui valent 3.500 livres. Il faudrait de pareilles aubaines pour faire supporter le métier.

Cette colonie n'est presque rien par elle-même. C'est un rocher d'environ trois ou quatre lieues d'étendue, où il y a un mouillage défendu par un fort de 22 pièces de canon. On y trouve une douzaine d'habitations. Il y a auprès du mouillage une ville très commerçante; lorsque les Hollandais la possédaient, ils en avaient fait un entrepôt général où les nations belligérantes venaient porter ou exporter des marchandises, ce qui l'a rendue très riche.

Cette acquisition était cependant intéressante lorsque M. de Bouillé s'en empara en ce qu'elle est située à deux lieues sous le vent de Saint-Christophe et que par sa position, elle peut à peu près savoir tout ce qui se passe dans la baie de cette île.

Ce mouillage nous a été de la plus grande ressource lors de l'expédition de Saint-Christophe, comme on le verra plus loin.

Imputation fausse à M. de Bouillé.

Le public, enthousiasmé de la conduite vigoureuse de M. de Bouillé, le chantait partout. Les jaloux, qui étaient en grand nombre, insinuèrent que l'île avait été vendue et que M. de Bouillé n'avait pas donné au gouverneur Cokburn les 300.000 francs qu'il avait réclamés sans de bonnes raisons.

Mais celui qui n'est pas intéressé à diminuer le mérite

d'une belle action se rend à une réflexion toute simple. Si ces deux chefs eussent été d'accord, M. de Bouillé n'eût-il pas été trop heureux que Cokburn lui rendit la colonie sans lui livrer les 3.500.000 livres dont il était possesseur qu'il aurait alors confisqués à son profit? N'eût-il pas au moins retenu une beaucoup plus grosse somme que celle qu'il a réclamée? et n'eût-il pas pu convenir avec M. de Bouillé de lui remettre la colonie à condition qu'il avait pris les 3.500.000 livres, afin de se mettre à couvert des reproches de la cour de Londres?

Mais comment Cokburn, dit «l'envie aux doigts crochus», se trouvait-il avoir 300.000 livres en argent comptant? Il n'y a rien de bien étonnant : Cokburn avait été un des préposés à la vente du butin immense fait par sir Rodney après la prise de l'île; il avait eu sa part, comme gouverneur, qui devait être considérable, puisque nous savons que les officiers particuliers qui étaient de cette expédition en ont eu de très riches. Il pouvait donc fort bien avoir 100.000 écus comptant, qu'il a réclamés et qu'on lui a rendus.

Or, l'argent trouvé a été employé ouvertement. Les deux millions ont été distribués en public aux négociants qui ont prouvé qu'ils leur appartenaient et les autres 1.500.000 francs, ont aussi été distribués tout de suite aux officiers et soldats.

L'imputation est donc fausse et invraisemblable.

Nos deux généraux étant réunis, voulurent profiter de leur supériorité décidée sur les forces navales des ennemis, pour faire quelques conquêtes. On savait que les vaisseaux anglais n'étaient pas plus de vingt ou vingt deux. On les disait tantôt à Antigue, tantôt à la Barbade.

M. de Grasse ordonna de se tenir prêt à appareiller; on fit embarquer des troupes sur quelques vaisseaux et sur des bateaux et autres bâtiments.

Nous étions dans la baie trente et un vaisseaux de ligne.

Changement d'état-major.

Le 14, M. de Monteil eut ordre de quitter le *Languedoc* et de passer sur l'*Ardent*, de 64 canons. M. de Grasse avait le projet de renvoyer en France, immédiatement après l'expédition qui se préparait, une division formée des vaisseaux les plus mauvais ou les plus endommagés. M. de Monteil devait commander cette division et fut, par conséquent, obligé de quitter le *Languedoc* qui n'avait pas été mis au nombre des partants. Nous apprîmes cette bonne nouvelle avec une satisfaction inexprimable et Messieurs de l'*Ardent* le virent venir avec autant de mauvaise humeur que nous avions de plaisir à le quitter.

Cet être détesté, et des grands et des petits, n'était bon à voir que dans un jour d'affaire, vis-à-vis des ennemis. Le général nous rendit M. d'Arros qui quitta le *Palmier* et reprit le commandement du *Languedoc*. Il ramena son état-major et celui qu'avait amené M. de Monteil retourna sur le *Palmier*; nous gagnâmes tous infiniment à ce changement; nous reprîmes nos anciens logements et nos anciennes commodités. L'équipage du vaisseau retrouva un lieutenant en pied soigneux et attentif à la conduite des commis qui, pendant le dernier règne, avaient fait des friponneries atroces. Les provisions, les comestibles, avaient été vendus, égarés, changés, soit à Chesapeak, soit à la Martinique.

On forçait le matelot à prendre des vivres gâtés et mauvais, ou du moins on ne faisait pas la moindre attention à ses plaintes et il fallait bien qu'il mangeât ou qu'il se laissât mourir de faim.

On avait poussé la vexation et le peu de soins jusqu'à régler l'eau au mouillage. En un mot, il régnait à bord le plus grand désordre et l'équipage gémissait.

Le retour de M. de la Motte ramena la gaieté, la santé et la bonne nourriture.

CHAPITRE XV

EXPÉDITION DE SAINT-CHRISTOPHE

L'armée appareille pour aller à une destination secrète. — Abordage considérable. — Route de l'armée sur Saint-Christophe. — Idée de l'île à notre arrivée. — L'armée ennemie vient au secours de la colonie. — Combat entre les deux armées. — Première attaque du mouillage. — Opérations de nos troupes. — Siège du Réduit. — Débarquement des ennemis pour secourir le Réduit. — Le Réduit capitule. — Richesse de la conquête. — Mouillage à Nièves. — L'armée ennemie s'échappe.

L'armée appareille pour aller à une expédition secrète.

Le 16, le général fit signal de désaffourcher dans l'après-midi. Nous sortîmes le lendemain au jour au nombre de vingt-quatre vaisseaux dont trois formaient une escadre légère commandée par M. de Monteil.

Croisière dans le canal de Sainte-Lucie. — Le *Saint-Esprit* appareilla dans la nuit avec deux frégates, afin de donner chasse aux bâtiments ennemis qui venaient presque tous les jours nous examiner dans la baie. Nous laissâmes au Fort-Royal sept vaisseaux sous les ordres de M. de Barras qui, disait-on, était chargé du convoi des troupes et de conduire et protéger l'expédition secrète, tandis que nous allions chercher l'armée ennemie à son mouillage, pour la tenir en échec pendant que les troupes opèreraient ailleurs.

Lorsque nous fûmes hors de la baie, le général nous fit signal de louvoyer sans ordre, ce qui nous annonça qu'il voulait remonter le canal de Sainte-Lucie.

Abordage considérable.

Le 18, la brise continua à être très faible, le temps par grains, la mer grosse dans le canal.

M. de Grasse, pour prévenir les abordages dans le louvoiement, avait établi que lorsque deux bâtiments courraient à bords contraires, s'il y avait la moindre apparence qu'ils passâssent trop près l'un de l'autre en croisant leur route, celui qui aurait les amures à tribord devait tenir le vent, et celui qui avait les amures à bâbord devait toujours arriver et s'y prendre de bonne heure, de manière qu'en cas d'abordage le second aurait indubitablement tort.

Le *Conquérant* et le *Solitaire* se trouvaient dans ce cas à 4 heures du soir : Le *Conquérant* courait sa bordée sur Sainte-Lucie et avait par conséquent l'amure à bâbord, le *Solitaire* courait le bord contraire et ayant l'amure à tribord ne dérangea point sa route, selon qu'il était ordonné. Le *Conquérant* voulu disputer le vent et lorsqu'il fut près, il craignit de ne pouvoir pas passer, ralingua ses voiles d'arrières et manœuvra pour arriver, mais, il était trop tard, il aborda le *Solitaire* de bout au corps, lui jeta mât de misaine et beaupré à la mer, s'enfonça son avant et fut encore assez heureux pour se dégager promptement, sans quoi ils se seraient coulés bas mutuellement.

Le vent étant très fort et la mer très grosse, ces deux vaisseaux furent obligés de relâcher : le *Conquérant* rentra au Fort-Royal, mais le *Solitaire* ne le put pas, il fut pris à la remorque par la frégate la *Médée*, qui le conduisit à Saint-Domingue, où il trouva à se réparer promptement, et partit ensuite pour France au grand contentement de son équipage, qui sans doute en sut le meilleur gré au *Conquérant*.

Ainsi, par l'opiniâtreté, l'ignorance et l'insubordination d'un jeune enseigne de vaisseau, l'armée se trouvait privée de deux vaisseaux, dont l'un obligé de s'en aller tout seul sans mâts, pouvait fort bien être pris, et l'autre ne pouvait pas tenir la mer de quelque temps. Plusieurs de ces Messieurs ont prétendu souvent qu'on ne devait point craindre d'aborder, et que celui qui craignait les abordages était en général mauvais officier. Je crois que les événements malheureux, causés depuis par des abordages, les auront fait changer d'opinion.

Relâche de l'armée. — Le 23, le général fit signal de ralliement et ordonna d'aller au mouillage. Une partie de l'armée parvint à y entrer à la nuit, et le reste, le lendemain 24. Nous avions tous besoin de réparations, nos voiles déchirées, nos manœuvres cassées, nos vergues consenties et obligées d'être jumellées, des beauprés en mauvais état, etc.... Le général engagea tous les capitaines à se réparer le plus tôt possible, étant dans l'intérêt de remettre sous voiles dans trois ou quatre jours.

Les projets furent changés; on embarqua des troupes sur tous les vaisseaux et toute l'escadre devait sortir ensemble le 26, nous embarquâmes 926 hommes du régiment de Champagne avec 6 officiers. Tous les vaisseaux eurent à proportion des détachements de différents corps. Il y avait en outre une flotille de bâteaux qui s'était chargée et qui devait sortir avec nous.

Les uns disaient que nous allions à la Barbade, d'autres à Antigue, d'autres à Saint-Christophe. On prétendait que les ennemis avaient embossé 15 vaisseaux à la Barbade, avec une partie de leurs canons et de leurs équipages à terre, sachant que nous voulions y aller.

Nouvelle sortie dans le canal. — Le 28, au point du jour, le général fit signal d'appareiller.

Le 1er janvier, nous continuâmes à louvoyer sous le gros Ilet et lorsque nous approchions un peu trop, les batteries ennemies s'exerçaient sur nous.

Nous ne fûmes pas tourmentés par les compliments et

visites du jour de l'an. Il faisait le plus beau temps possible; la terre verte et fleurie annonçait le printemps, et cependant, je regrettai fort de ne pas être en Europe, à me souffler dans les doigts au milieu des neiges et des glaces.

Le 4, après une courte relâche au fort Royal, M. de Grasse fit signal d'appareiller. Nous sûmes que nous allions tout de bon à Saint-Christophe.

Route de l'armée sur Saint-Christophe.

Il faisait très forte brise, nous fîmes route sous le vent, en prolongeant la Martinique, nous traversâmes le canal de la Dominique, et nous étions à la nuit sous cette île. Le lendemain 6, au jour, nous étions sous les Saintes, à deux ou trois lieues.

Dans la nuit du 6 au 7, nous courûmes sur la Dominique, et dans la journée du 7, nous revînmes sous la Guadeloupe, à une lieue. Nous nous aperçûmes qu'il nous manquait des vaisseaux; il rallia un cutter, qui nous annonça que le *Sagittaire* et les frégates l'*Astrée* et la *Résolue* étaient mouillées à la Guadeloupe, arrivant de la Nouvelle-Angleterre avec un petit convoi chargé de vivres et mâtures; ce qui nous fit grand plaisir ainsi qu'à nos généraux, parce que toute l'armée n'en avait que pour peu de temps.

Nous étions très dispersés et plusieurs vaisseaux étaient à trois lieues sous le vent; le 8, nous étions encore sous la Guadeloupe; nous y restâmes toute une journée à une lieue sous la ville de la Basse-Terre dont le commandant vint à bord de *Ville-de-Paris*. Nous n'avons pas trop su pourquoi nous avions resté ainsi deux jours sans faire route. Nos généraux avaient peut-être des arrangements à prendre dans cette colonie, pour l'expédition que nous allions entreprendre, ou peut-être que M. de Grasse voulut attendre les vaisseaux qui avaient eu la maladresse de se séparer.

De ce nombre étaient le *Glorieux*, le *Sceptre*, le *Zélé*, l'*Expériment*, le *Diadème* et un ou deux autres. Que de mauvaise volonté, que de négligences !

Le 9, quelques vaisseaux séparés nous rejoignirent, et le 10 nous étions sous la Redonde, à trois lieues ; nous aperçumes Saint-Christophe devant nous. Nous étions sans ordre, le convoi de même, chacun voguant à volonté ; ce qui nous fit présumer que nos généraux étaient bien sûrs de ne pas trouver l'armée anglaise.

On assure que M. de Bouillé avait fait l'impossible pour déterminer M. de Grasse à détacher une petite division de bons marcheurs pour aller bloquer la baie de Saint-Christophe, en attendant l'arrivée de l'armée.

L'événement a prouvé que le conseil était bon, car le vaisseau de guerre le *Royal-Oak*, qui était, au moment de partir pour l'Europe, avec un convoi de 60 voiles, apercevant nos frégates, les chassa et fit appareiller son convoi pendant la nuit, ayant reçu avis que nous allions attaquer la colonie.

M. de Grasse aurait pu l'empêcher de sortir s'il eût détaché des vaisseaux.

Arrivée et mouillage de l'armée à Saint-Christophe. — Le 11, à 7 heures du matin, nous étions à une demie-lieue de l'île de Nièves, et nous faisions route sur Saint-Christophe en rasant cette première île.

Nos vaisseaux avaient tous rallié à l'exception du *Diadème*. L'armée en arrivant au mouillage de cette colonie, était composée de 23 vaisseaux de ligne en y comprenant le *Sagittaire* et l'*Expériment*.

Le général fit signal de ligne de bataille, de branlebas et de se préparer à mouiller.

Nous vîmes plusieurs bâtiments dégréés en partie qui appareillèrent de la grande baie et fuyaient le long de la côte de l'île. Nos bons marcheurs les chassèrent, en firent jeter quatre à la côte, et poursuivirent les autres jusque sous le principal fort de l'île.

La baie de Saint-Christophe est excessivement vaste et ne peut point être défendue dans toute son étendue. De la pointe du vieux fort à celle de l'extrémité sud, il y a trois lieues, où l'on trouve un bon mouillage par dix ou douze brasses, hors de la portée du canon et de la bombe. Nous mouillâmes à très grande portée des batteries que nous voyions sur les côtes à droite et à gauche de la ville qui était dans le fond de la baie.

A peine le général fut-il mouillé que nous vîmes venir de la ville un canot portant pavillon blanc qui s'en fut auprès de la *Ville-de-Paris*. Nous apprîmes que c'étaient les principaux habitants qui venaient assurer le général de leur soumission, et réclamer sa protection pour n'être pas pillés.

Ils annoncèrent que le gouverneur et sa garnison s'étaient retirés au fort de Brimston-Hill, autrement appelé le Réduit.

M. de Grasse leur fit promettre qu'ils n'exerceraient aucun acte d'hostilité et qu'ils seraient parfaitement neutres jusqu'à ce que le fort de Brimston-Hill fut pris, ou que le siège fut levé, moyennant quoi, il leur assurait la paix et la tranquillité dans leurs maisons. Il était alors 2 heures après midi, M. de Bouillé envoya sur-le-champ des détachements s'emparer de la ville et des batteries de droite et de gauche. M. de Grasse envoya en même temps prendre possession de 15 ou 16 bâtiments marchands mouillés dans la petite rade vis à vis de la ville.

Il fut défendu à tous les vaisseaux de communiquer avec la terre. Le *Glorieux*, le *Pluton* et plusieurs frégates furent laissées en croisière, sur Nièves, pour observer ce qui paraîtrait au large, et dans le canal de Saint-Eustache, pour empêcher les cinq ou six bâtiments qui s'étaient réfugiés sous le Réduit, de s'échapper. Toutes nos troupes, au nombre de 6.000 hommes, descendirent à terre sur les 6 heures du soir et M. de Bouillé se mit en marche dans la nuit pour se porter sur Brimston-Hill.

Le 12, on s'occupa à débarquer toutes les munitions de guerre. Le *Diadème* nous rejoignit, le *César* et le *Caton* vinrent aussi de Saint-Eustache avec une vingtaine de bateaux chargés de troupes et munitions qui y avaient aussi relâché.

Nous étions alors dans la rade vingt sept vaisseaux de ligne en comptant le *Sagittaire* et l'*Expériment*.

On parvint à déséchouer trois des bâtiments marchands qui s'étaient jetés à la côte, le quatrième fut mis en pièces et toute l'armée y envoya faire du bois.

Quelques-uns de ceux qui furent pris dans la rade étaient à moitié chargés de vivres dont on s'empara pour le roi, c'est-à-dire pour l'armée, car nous avions entrepris cette expédition en comptant beaucoup sur un convoi de France qui était attendu depuis longtemps avec beaucoup d'impatience ; on trouva aussi des magasins à terre qui servirent beaucoup à M. de Bouillé et à son armée.

On promit à tout le monde d'aller à terre, nous y fûmes avec empressement, nous parcourûmes la ville et les environs, le long de la côte, sans trop oser nous écarter.

Idée de l'île à notre arrivée.

La ville de la Basse-Terre est la principale de l'île, elle est située dans un terrain plat, sur le bord de la côte, qui est basse dans toute cette partie. Elle avait été brûlée presque tout entière, peu d'années auparavant ; elle avait été rebâtie en bois, ce qui ne lui donnait pas une apparence brillante ; les rues ne sont point pavées. Les maisons ont presque toutes des jardins, ce qui lui donne un air champêtre. Il y a beaucoup de boutiques bien fournies. L'intérieur des maisons est bien meublé, ce qui annonce de l'aisance et du luxe.

Les nègres et négresses y sont mieux vêtus et plus décemment que dans nos colonies.

Les hommes y sont froids, rêveurs, en grands chapeaux, en tailles courtes, avec des pipes, une tasse de thé, la gazette, comme de vrais Anglais, mais les femmes y sont en général très françaises, grandes, bien faites, jolies, très élégantes et mises (quant aux jeunes) absolument comme en France.

Presque tous les officiers de l'armée trouvèrent des maisons et des sociétés où on les recevait à merveille; la plupart des femmes bien élevées savaient parler le français et, après les premiers moments de terreur passés, elles parurent très bien s'accommoder de la gaieté française. On dansa, on chanta, on rit avec elles, tandis que, à quelques lieues, nous faisions tous les préparatifs nécessaires pour tuer leurs pères, frères, oncles, neveux ou amis qui s'étaient renfermés dans le réduit avec les troupes réglées.

Quant à moi, quoique je susse quelques mots anglais, je n'eus pas l'adresse de faire aucune connaissance. Mon peu d'usage du monde, mon embarras dès que je vois une coiffe, me furent tout aussi désavantageux qu'en France. Je fus dans la campagne qui est de toute beauté; les cannes à sucre et autres productions y sont magnifiques. Chaque champ paraît être cultivé avec un soin particulier et les terres sont travaillées jusqu'au haut des montagnes, qui, comme dans les autres îles, occupent le milieu et sont comme le noyau de ces morceaux de terre.

Celles qui occupent le milieu de l'île de Saint-Christophe en comprennent toute la longueur et forment de chaque côté jusqu'à la côte, une pente assez douce couverte d'habitations et de cannes à sucre, et entrecoupée de ravins qui portent à la mer les eaux de la pluie. La partie étroite de l'île, où il y a une saline, est presque inculte.

Il y avait à gauche de la ville, à une portée de fusil, un fortin de quatre petits bastions en terre qui, n'ayant point été entretenu, n'était pas tenable. Un de ses fronts battait la rade avec douze pièces de canon, dont les affûts seraient tombés en mille pièces au premier coup. A droite de la ville, sur une pointe de terre avancée, étaient les restes d'un vieux fort et une batterie de dix-huit pièces de canon sur la rade qui n'était pas en meilleur état.

Telles étaient les défenses de la ville et de la rade, qui ne peut être entièrement défendue, par la trop grande étendue de son mouillage. Mais il est étonnant que les Anglais n'aient pas mis plus de soin à assurer une protection au chef-lieu de leur meilleure colonie du vent, et à un mouillage où ils avaient rassemblé jusqu'alors leurs convois les plus considérables pour les envoyer de là en Europe.

En général, nous avons remarqué que les Anglais ont beaucoup trop compté sur leur marine et ont prodigieusement négligé leurs moyens de défense à terre. Si, depuis que nous avons la guerre, nos généraux eussent connu l'état de Saint-Christophe, ils auraient pu s'emparer de plusieurs convois, car quand ces deux batteries seraient en bon état, elles sont trop basses pour pouvoir résister à des vaisseaux : il y faudrait des mortiers et, par conséquent, il faudrait qu'elles fussent défendues par terre.

Toute la défense de l'île consistait donc dans le fort de Brimston Hill, dont la position est réellement susceptible de la plus grande résistance.

Il est situé à trois lieues, sous le vent de la ville de la Basse-Terre, sur une montagne détachée et isolée au milieu de la mer. Quelques bâtiments peuvent mouiller assez près de la côte pour en être protégés. Il y a, d'ailleurs, un fort en pierre, au bas du morne, en bon état, et uniquement destiné à défendre le mouillage. Cette montagne, extrêmement rapide et escarpée, n'est accessible que par deux endroits. On peut y monter par deux chemins; mais ils sont si rapides que même avec le secours d'une canne et sans aucun poids à porter, on ne peut la monter d'un seul trait. Il paraissait, à moitié morne, un rempart dans les parties accessibles. Les Anglais et M. de Bouillé même, avaient cru qu'on ne pouvait pas établir de batteries assez près et assez élevées pour faire quelque effet, et on comptait que la grande quantité de bombes qu'on y jetterait, détruirait les magasins et les citernes, ce qui devait forcer les ennemis à capituler.

Les habitants paraissaient avoir la plus grande confiance, et regardaient ce fort comme imprenable. Ils assuraient qu'il y avait des casemates, que les citernes étaient à l'épreuve de la bombe et que la garnison avait des vivres pour six mois et même pour un an.

M. de Bouillé en y arrivant, résolut de former deux attaques, vis-à-vis les deux côtés, l'une commandée par M. de Saint-Simon et l'autre par lui-même. Il cantonna la moitié de ses troupes dans la ville de la pointe de Sable, ou il prit son quartier et le reste campa aux environs. Il fit brûler quelques habitations voisines et se prépara à ouvrir une tranchée tandis que M. de Saint-Simon attaquerait le côté opposé. Il s'empara du fort Charles qui défendait le mouillage sous le réduit, ce qui obligea les bâtiments qui s'y étaient réfugiés de se rendre.

Le 13, nous appareillâmes pour mouiller à notre poste dans la ligne de bataille qui s'étendait de la pointe du vieux fort jusque près de la pointe de l'île. Le vent nous embossait naturellement; cette ligne se forma tant bien que mal. On débarqua encore des munitions de guerre et les petits bâtiments qui en étaient chargés furent mouiller à la pointe de Sable pour être plus à portée du camp.

Le 14, on défendit toute communication avec la terre, parce que nos matelots avaient fait tapage dans la ville.

Les nègres des habitations commirent quelques violences; il y eut quelques maîtres d'hôtel des vaisseaux qui, allant dans la campagne pour acheter des légumes et des volailles, furent pillés et maltraités.

Un officier du régiment de Viennois, reconduisant le soir une femme avec laquelle il avait soupé dans une habitation, fut assassiné. M. de Bouillé lui-même fut sur le point d'être pris par cette canaille qui lui tua son nègre du confiance qui se trouvait alors avec lui. On en arrêta plusieurs qui cherchaient à entrer au réduit, chargés de provisions. On fit publier que les nègres pris avec des armes quelconques seraient pendus : il y en eut quelques-uns exécutés et quelques habitations brûlées.

Pendant plusieurs jours, on s'occupa à embarquer à bord de nos vaisseaux les vivres trouvés sur les bâtiments marchands : il se trouva dans le nombre de ces bâtiments un joli corsaire que M. de Grasse arma comme corvette pour le roi.

On envoya le *Citoyen* et des frégates à la Guadeloupe chercher d'autres bombes et mortiers. On prévoyait qu'on en pourrait faire une grande consommation.

Le 19, le *Citoyen*, revenant de la Guadeloupe avec des bombes et mortiers, prit un corsaire qui venait de New-York ; M. de Grasse l'arma aussi pour le roi.

Tout commençait à devenir tranquille dans la ville. Le marché public était fourni comme à l'ordinaire ; nous parcourions tous les environs ; on buvait le punch ou le thé des habitants, qui, en portant la santé de nos généraux, pariaient que le réduit ne serait pas pris ; nous assurions le contraire, mais nous ne voulions pas parier.

On n'avait pas encore tiré un coup de canon sur les ennemis ; on commençait à construire les batteries.

Le 20, l'*Astrée* rallia avec des bombes et des obus. On publia pour le lendemain, une vente publique des bâtiments marchands pris : ils devaient être mis à l'enchère et livrés au dernier enchérisseur qui paierait comptant ou donnerait de bonnes cautions.

Le 21, un lieutenant de frégate, du vaisseau, reçut ordre de se trouver à la vente qui devait se faire, comme étant plus en état qu'un autre d'apprécier la valeur de ces bâtiments et de leur cargaisons.

On vendit, ce jour-là, cinq bâtiments vides pour la somme de 104.000 francs, argent des colonies.

Le 22, on délivra neuf bâtiments dont un avait à bord du sucre et du café pour 360.000 livres.

Le 23, on en délivra six dont quelques-uns avaient quelques effets, pour 422.000 livres : les acheteurs étaient Anglais, Hollandais et Français.

L'armée ennemie vient au secours de la colonie. — Prise du cutter l'*Espion*.

Le 24, la vente fut interrompue par l'apparition de l'escadre anglaise.

On avait entendu dans la nuit des coups de canon au large. Nos vaisseaux, en station sur l'île de Nièves, signalèrent l'ennemi. M. de Grasse fit signal, avant le jour, d'embarquer canots et chaloupes, ensuite signal de virer à pic, et de faire branle-bas. Nous aperçûmes au jour, le *Glorieux* et la frégate l'*Iris* à leur station ordinaire sous l'île de Nièves ; à une lieue plus loin, deux frégates qui mirent à poupe pavillon anglais et qui venaient à petites voiles : plus loin encore, un cutter faisant la même route, et sous le vent, à une lieue, deux bâtiments dont l'un mit son signal numéraire qui nous le fit reconnaître pour l'*Hector*, qui venait nous joindre de la Martinique.

Lorsque les deux frégates qui avaient pavillon anglais à poupe, furent venues à une certaine distance du *Glorieux* et de l'*Iris*, elles virèrent de bord et s'en retournèrent bâbord amures après nous avoir bien comptés et examinés ; le cutter qui continuait à venir sur nous et, par conséquent, au-devant d'elle, avait à poupe pavillon blanc et à tête de mât des signaux français ; il fut bientôt à portée de l'une d'elles qui lui tira, à bout touchant, toute sa volée. Il amena sur-le-champ son pavillon et fut ainsi amariné devant toute l'armée.

Nous fûmes tous infiniment surpris de la manœuvre de ce cutter, qui était ainsi venu se livrer de bonne foi à des frégates qui avaient à poupe pavillon ennemi. Nous avons appris que ce cutter était l'*Espion* de 18 canons commandé par M. de Monluc, enseigne de vaisseau, qui apportait des bombes de la Guadeloupe et qui, à son départ, avait été averti par le commandant que, depuis que nous étions mouillés à Saint-Christophe, nous tenions toujours auprès de l'île de Nièves, des frégates avec pavillon anglais, afin d'attirer les bâtiments, qui ne savaient pas que nous étions dans la baie et que, en conséquence, il avait pris ces deux frégates pour l'*Iris* et le *Richmont*, et avait été dupe de son peu de méfiance.

Lorsque la scène fut finie, l'*Hector*, surpris de voir amariner un bâtiment si près de lui, demanda à chasser dessus, pour tâcher de le reprendre, et on fit l'effort de le lui permettre, comme si dès le moment qu'on avait vu ces deux bâtiments avec pavillon anglais, on n'aurait pas dû le faire chasser par le *Glorieux* ou d'autres. Quelques autres vaisseaux chassèrent avec l'*Hector*, mais tout était fini pour le cutter, il faisait déjà route pour s'en aller.

Peu après, nous apprîmes que l'*Hector* avait annoncé que le *Conquérant* devait partir dans cette même journée de la Martinique, pour nous joindre : ce qui inquiéta le général, au point qu'il se détermina sur-le-champ à mettre sous voiles et aller se mettre en présence de l'escadre ennemie, afin d'assurer la rentrée de ce vaisseau.

Toute l'armée appareilla de la baie à trois heures après midi et se rallia à l'ordre de bataille naturel bâbord amures. La ligne ennemie paraissait au moins à cinq ou six lieues de l'avant à nous, au vent et courant aussi bâbord amures. Nos frégates chassèrent devant nous, afin d'éclairer les mouvements des ennemis.

A une heure après minuit, une d'elles signala que l'ennemi courait tribord amures; le général nous fit aussitôt signal de virer vent devant, afin d'être au même bord. A trois heures, il nous fit encore signal de revirer tous à la fois bâbord amures. Il faisait un peu de lune. Nous aperçûmes la ligne ennemie au vent à nous, à une lieue ou deux, courant le bord contraire, elle fit des signaux directement par notre travers. A 4 heures, nous revirâmes tribord amures.

Le 25, nous vîmes la ligne ennemie en peloton sous Monserrat, et en calme; la nôtre avait sa tête par la pointe de Nièves. Le général nous fit signal de revirer tous à la fois bâbord amures formant la ligne dans l'ordre naturel; à huit heures l'armée ennemie courait, tribord amures, sous Monserrat, au vent de la nôtre qui courait bâbord amures, toutes les deux à petites voiles. Nos frégates étaient fort près d'elles au vent à nous.

Nous vîmes que l'armée ennemie n'était composée que de vingt-deux vaisseaux de ligne, ce qui nous fit croire que nous n'aurions pas de combat, ou qu'il serait avantageux pour nous, ayant vingt-huit vaisseaux de force, composant notre armée.

Nous en avions laissé un de 50 canons, au mouillage de la pointe de Sable pour protéger nos transports et nos flûtes.

Les deux lignes continuèrent chacune leur bordée et se dépassèrent; celle des ennemis s'éloignait considérablement. Bientôt on ne vit presque plus que les basses voiles de leurs vaisseaux de tête.

Ils paraissaient passer au vent de Nièves; on croyait qu'ils s'en allaient à Antigue. A 9 heures, leur tête mit en panne; on crut que c'était pour attendre leur queue et se serrer davantage; on leur voyait cependant faire beaucoup de signaux, et ne voyant pas de nouveaux mouvements, on aurait pu leur soupçonner des projets ; mais on y songea si peu que, à 9 1/2, le général fit signal de virer vent devant par la contre-marche. Par suite de ce mouvement, tous les vaisseaux seraient venus successivement virer au même point, et auraient ensuite fait route en ligne tribord amures, et la tête de cette ligne eût été bien plus loin de l'île de Nièves et eût par conséquent laissé un passage très libre aux Anglais pour aller prendre le mouillage de Saint-Christophe.

Ce signal absolument faux, fut tout de suite annulé, et fut remplacé par celui de virer tous à la fois vent devant et de se former à l'échiquier bâbord, l'amure à tribord, la route au plus près. Les ennemis, dès qu'ils virent cette manœuvre décidée, se couvrirent de voiles, firent arriver la tête vent arrière, bonnettes hautes et basses, tandis que leur queue arrivait en dépendant ; il était environ 10 h. 1/2, nos marins ouvrirent alors de grands yeux : « Comment diable » disaient-ils, « quelle hardie manœuvre ! Ils vont au mouillage, mais ils s'en trouveront mal, leur ligne sera nécessairement coupée, leur arrière-garde sera abîmée, écrasée, leurs derniers vaisseaux doivent être à nous ! »

Nous allons voir si la prédiction fut vraie. M. de Grasse fit signal à toute l'armée de forcer de voiles et de se préparer au combat. Il avait formé dès le matin une escadre légère composée de l'*Hector*, de l'*Ardent* et du *Sagittaire*. M. de Monteil avait passé sur le *Neptune* et commandait l'escadre bleue. Cette escadre légère s'était élevée au vent de notre ligne et était de l'avant. M. de Grasse lui fit signal de mettre en panne à 11 h. 15. Il craignit apparemment qu'elle ne fût coupée ou écrasée avant que nous pussions la secourir. Les ennemis rasaient le plus près possible la côte sud de l'île de Nièves ; notre tête portait sur la leur et en était encore à une certaine distance ; la leur étant vent arrière faisait beaucoup plus de chemin que la nôtre qui était au plus près. M. de Grasse fit, à 11 h. 55, le signal de former la ligne de bataille tribord amures dans l'ordre renversé; ce signal était encore très faux, en ce qu'il mettait la queue de la ligne trop sous le vent; il ne fallait d'autre signal que celui de chasser sans ordre et de tomber sur leur arrière-garde qui nécessairement eût été mise en bien mauvais état; à midi, la tête des ennemis commençait à tenir le vent et à prolonger le plus près possible la côte de l'ouest de l'île des Nièves. La tête de la nôtre portait sur le cinquième ou sixième vaisseau de l'arrière du chef de file ennemi, et n'était pas encore à portée de canon. M. de Grasse fit signal à notre vaisseau de tête de gouverner de façon à passer de l'avant du chef de file ennemi.

Ce signal, de toute fausseté, força le *Pluton* de quitter le plus près du vent et d'arriver en forçant de voiles pour pouvoir passer de l'avant du chef de file ennemi, qui était déjà de l'avant à lui. Les vaisseaux qui suivaient le *Pluton* suivirent son mouvement et arrivèrent comme lui, de façon que les ennemis continuant leur route, allaient très tranquillement au mouillage sans tirer un coup de canon.

Leur tête commença à diminuer de voiles afin que leur ligne se serrât davantage et pût opposer un feu nourri et rapproché à celui de nos vaisseaux qui, ayant forcé de voile, en ligne, avaient entre eux plusieurs lacunes et étaient mal formés.

M. de Grasse fit signal à midi 13, d'approcher l'ennemi à portée de pistolet et à midi 24, signal aux chefs de division de se charger de leur police. A midi 30, signal de former ou rétablir l'ordre de bataille, sans avoir égard aux postes assignés, et faire doubler l'avant-garde ennemie par l'escadre légère.

Les ennemis continuaient leur route à petites voiles et bien serrés, le long de la côte de l'ouest de l'île des Nièves, leur tête de l'avant à notre avant-garde, qui courait comme eux en forçant de voiles et à très grande portée de canon. Notre corps de bataille tenait le vent ainsi que notre arrière-garde et forçait aussi de voiles, afin d'atteindre l'arrière-garde ennemie qui était le long de la côte sud de Nièves.

A midi 45, M. de Grasse fit signal pour faire commencer le combat par les vaisseaux à portée, et en même temps signal à notre division de forcer de voiles; comme nous étions dans l'ordre renversé, nous faisions l'arrière-garde et nous avions toute la voile possible.

Combat entre les deux armées.

A midi 54, le vaisseau l'*Auguste,* qui était à peu près au centre de l'avant-garde, tira une volée, mais il discontinua son feu, n'étant pas à portée.

L'armée ennemie avançait toujours chemin en bon ordre, et la nôtre mal ralliée et ayant plusieurs intervalles causés par les vaisseaux doublés en bois qui marchaient mal, ne pouvait gagner de l'avant la tête de la ligne ennemie.

A 1 h. 25, M. de Grasse fit signal de chasser sans ordre; il aurait dû le faire deux heures plus tôt. Les vaisseaux ne gardèrent plus leur rang dans la ligne. Les bons marcheurs doublèrent les mauvais et resserrèrent un peu les lacunes.

A 2 h. 5, la *Ville-de-Paris* et deux ou trois vaisseaux devant elle, atteignirent l'arrière-garde ennemie, à petite portée de canon et alors on commença de part et d'autre un feu des plus vifs. Notre avant-garde était trop sous le vent et il n'y eut que les deux ou trois derniers vaisseaux qui ensuite prirent part à l'action.

Nous faisions toujours toute la voile possible pour joindre les derniers vaisseaux ennemis. Quant à nous particulièrement, nos deux matelots d'arrière marchant mieux que nous et ayant la permission de profiter de cet avantage, nous passèrent de l'avant.

A 2 h. 20, signal de rétablir l'ordre de bataille par rang de vitesse. Le feu continuait à être très roulant et nous ne distinguions devant nous que feu et fumée. Les derniers vaisseaux de la ligne ennemie s'engagèrent bientôt avec les premiers de notre division, en continuant toujours la même route et suivant les eaux de leur tête qui commençait à atteindre la grande baie sans avoir tiré un coup de canon.

A 2 h. 40, une des frégates ennemies, serrée par un de leurs vaisseaux contre la terre, passa trop près de la pointe du fort à gauche de la ville de Charlestown dans l'île de Nièves; elle s'y échoua.

La queue de la ligne ennemie était beaucoup de l'avant à nous lorsque nous nous trouvâmes par le travers de cette frégate. Le *Souverain*, qui était un peu au vent, lui tira quelques volées en passant. On faisait toujours grand tapage devant nous et nous ne pouvions rien distinguer.

A 3 heures, nous commençâmes à découvrir les vaisseaux de tête de la ligne ennemie qui étaient mouillés au haut de la grande baie et qui, par la direction seule du vent, se trouvaient embossés et présentaient le travers.

A 3 h. 35, le général fit signal pour faire virer notre avant-garde vent arrière tous à la fois : elle était trop sous le vent et ne pouvait plus faire feu, n'étant pas à portée. Le corps de bataille continuait à défiler sur les vaisseaux ennemis qui mouillaient successivement dans les eaux les uns des autres, et avec le plus grand ordre, sous le feu de notre ligne ; chaque vaisseau en venant au vent pour mouiller, présentait nécessairement la poupe, mais il était aussitôt couvert par son matelot d'arrière qui mettait sur le mât jusqu'à ce que le premier fût tout à fait évité par le vent ; cette manœuvre était successivement répétée par tous les vaisseaux.

A 3 h. 45, M. de Grasse vira lof pour lof, en suivant les eaux de notre avant-garde et fit signal à notre division de serrer au feu.

Nous avions jusqu'alors vu faire les autres et nous allions, à notre tour, leur servir de spectacle, mais notre séance ne pouvait pas être longue, parce que nous étions sous le vent et que nous ne pouvions guère attaquer que les deux ou trois derniers vaisseaux ennemis : ce qui ne serait pas arrivé si, comme on l'a dit plus haut, au lieu de nous faire former la ligne de bataille, on nous eût fait chasser plutôt sans ordre ou si, au moins, on nous eût laissé formant l'échiquier, sur la ligne du plus près bâbord.

Nous arrivâmes, à 4 h. 15, à portée des cinq ou six derniers vaisseaux et nous commençâmes à faire feu ; nous nous trouvions le dernier de tous, le *Souverain* seulement se trouvait à deux câbles en avant de nous, et nous défilâmes tous les deux seuls, faisant un feu d'enfer.

Le dernier vaisseau ennemi n'avait pas encore fini de mouiller et nous présentait une belle poupe que nous seringuâmes à bonne portée.

Cette passade dura pour nous un bon quart d'heure ; nous reçûmes quelques boulets dans nos voiles et dans le corps du vaisseau, mais personne ne fut touché. Nous virâmes lof pour lof pour prendre les eaux de notre ligne qui s'en retournait bâbord amures.

Ainsi, l'amiral Hood, avec vingt-deux vaisseaux contre vingt-huit, prouva par sa manœuvre hardie et bien exécutée, que les talents peuvent suppléer à la force. Il est certain cependant qu'il avait joué gros jeu et que, s'il eût eu un antagoniste plus heureux, il eût sans doute essuyé un désastre complet ; mais il connaissait son monde.

L'affaire du 29 avril précédent où il commandait les dix-huit vaisseaux anglais contre vingt-quatre français, lui avait vraisemblablement donné beaucoup de confiance.

Nous avons su depuis que, lors de l'affaire du 5 septembre précédent, il avait fortement conseillé à l'amiral Grave, qui commandait en chef, d'entrer tout de suite dans la baie de Chesapeak, au lieu de nous combattre en dehors. Si Grave eût suivi le conseil ou si Hood eût lui-même commandé, il est douteux que cette expédition eût été aussi heureuse pour nous.

Chassés de notre mouillage, nous fûmes nous promener pendant la nuit entre les îles de Nièves et de Montserrat.

Nous vîmes, en revenant du combat, que les ennemis avaient mis le feu à leur frégate échouée; au bout d'une demi-heure elle sauta en l'air en faisant un grand bruit.

Nous louvoyâmes le reste de la nuit pour nous élever au vent.

Première attaque au mouillage.

Le lendemain, 26, au point du jour, nous étions un peu en désordre. Le général nous ordonna, à 6 h. 1/4, de nous former en bataille tribord amures dans l'ordre naturel; ensuite il fit signal de se préparer au combat, ce qui nous annonça que nous allions recommencer la danse. Par le mouvement ordonné, nous devions être au feu les premiers, ne devant avoir devant nous que le *Souverain* et l'*Hercule*; nous nous trouvions éloignés de notre poste et, marchant très mal, nous ne pûmes atteindre que le cinquième poste dans la ligne; le *Marseillais* et le *Duc-de-Bourgogne* passèrent devant nous.

Notre ligne était bien au vent et fit route sur les ennemis en rasant l'île de Nièves. L'amiral Hood avait travaillé comme un diable, pendant la nuit, pour embosser ses vaisseaux le plus avantageusement possible. Nous les

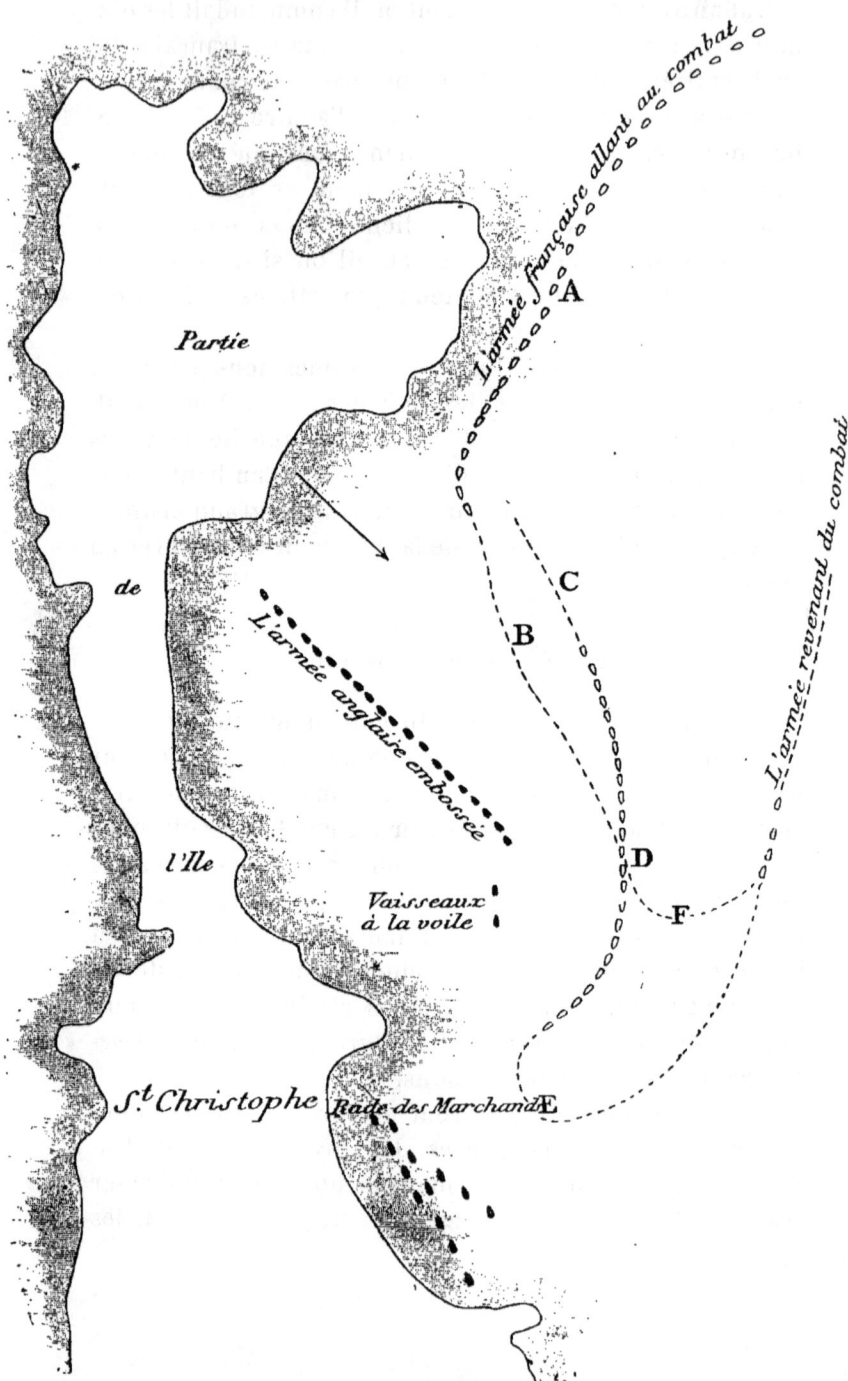

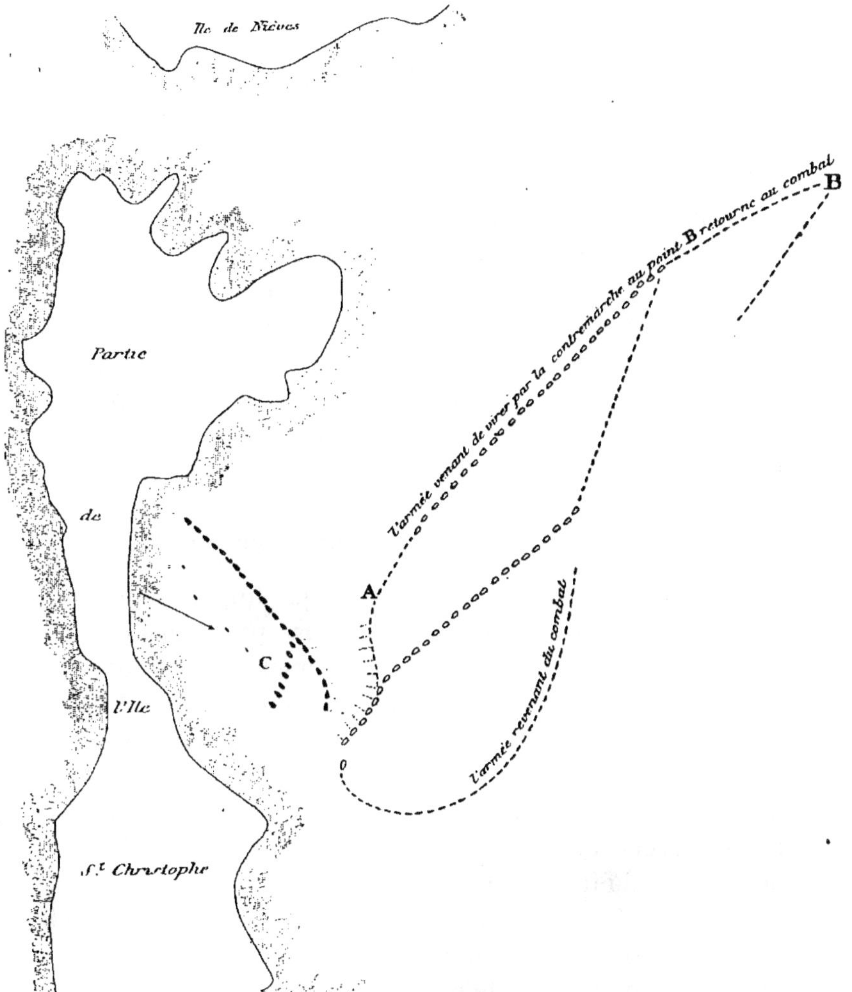

Combat du 26 janvier, le soir.

vîmes bien en ligne et bien serrés ; trois de leurs vaisseaux de queue et quelques frégates étaient sous voiles et nous paraissaient assez éloignés de leur ligne ; nous crûmes d'abord que ces bâtiments n'avaient pas encore eu le temps de prendre leur poste et qu'ils manœuvraient pour cela. Nous espérâmes les couper, mais inutilement.

Lorsque nous étions sous Nièves dans la position A, page 684, le *Sceptre* vint nous dire de passer à grande portée de la tête des ennemis et à portée de pistolet de leur queue. Le *Souverain* avait reçu le même ordre. La brise n'était pas très forte. Le *Souverain* gouverna sur la tête des ennemis et était dans l'intention d'en passer très près, mais quand il fut à grande portée, il tomba en calme, il eut beaucoup de peine à arriver et, pendant ce temps, subit le feu de la tête ennemie. Enfin il put, à son tour, présenter le travers et échanger ses boulets contre les leurs en prolongeant leur ligne. Il était alors 8 h. 45.

Nous arrivâmes un peu plus près que lui, pour ne pas trouver le même calme, qui était causé par la pointe de l'île, et nous prolongeâmes la ligne ennemie à bonne portée, suivant la ligne ponctuée B. Nous faisions grand feu, les ennemis de même, ce qui nous couvrit d'une fumée si forte que nous pouvions à peine distinguer notre matelot d'avant. Le reste de l'armée nous suivait sans cependant passer précisément dans nos eaux, soit que le grand feu et la quantité de fumée rapprochât les objets et fît voir aux vaisseaux qui venaient derrière que la ligne ennemie était plus près, soit que quelques vaisseaux fussent trop arrivés et eussent entraîné le reste de la ligne dans leurs eaux, notre corps de bataille passa moins près que nous et notre arrière-garde beaucoup plus loin ; elle ne tira que sur les trois derniers vaisseaux, de manière qu'elle avait suivi la direction C pendant que nous passions en B.

Lorsque le *Souverain* eut dépassé le dernier vaisseau

embossé, il vira vent arrière pour reprendre les amures à bâbord; l'*Hercule*, le *Marseillais*, le *Duc-de-Bourgogne* virèrent dans ses eaux par la contre-marche.

Nous allions en faire autant, lorsqu'une éclaircie de fumée nous laissa voir les trois vaisseaux et frégates ennemis à la voile, à la queue de leur ligne, qui n'avaient pas été combattus par les quatre vaisseaux précédents.

Nous manœuvrâmes sur-le-champ pour tenir le vent et passer à portée de ces vaisseaux que l'amiral Hood avait placés de la sorte pour garantir son serre-file.

Nous continuâmes notre feu et nous fîmes la route ponctuée E, tandis que nos quatre matelots d'avant faisaient la route F. Toute la ligne nous suivit.

Le feu cessa pour nous à 9 h. 45. Le général fit, à 10 heures, signal à l'arrière-garde de serrer au feu. Elle acheva de défiler, tandis que nous nous en allions bâbord amures.

Cette passade, beaucoup plus longue, ne fut pas plus meurtrière pour nous que celle de la veille. Nous ne reçumes que quelques boulets dans nos voiles, nos mâts et le corps du vaisseau. Il y eut deux ou trois hommes blessés par accident dans les batteries, mais aucun par le feu de l'ennemi.

Seconde attaque au mouillage. — Notre ligne se reformait bâbord amures en s'en retournant, lorsqu'à midi M. de Grasse fit signal de virer vent devant par la contremarche.

Nous nous doutâmes qu'il voulait une troisième représentation ; en conséquence, nous nous dépêchâmes de dîner et effectivement, à 12 h. 45, il fit signal à tous les vaisseaux de suivre le mouvement du vaisseau de tête, et, ensuite, plusieurs signaux pour faire serrer la ligne qui était fort allongée.

Nous avions repris notre poste devant le *Duc de Bourgogne*, et le *Souverain* ayant été maltraité le matin, dans son mât de perroquet de fougue, travaillait à se réparer et avait pris la queue de la ligne, de manière que l'*Hercule* était vaisseau de tête et nous le suivions immédiatement.

A 1 h. 10, la frégate l'*Iris* vint nous dire d'attaquer seulement les trois derniers vaisseaux. Nous gouvernâmes en conséquence sur ces trois vaisseaux qui n'étaient plus à la voile, mais avaient mouillé en forme de demi-cercle, en s'embossant avec des grelins.

A 2 heures, nous fûmes à portée des six derniers vaisseaux et nous recommençâmes la sérénade de beaucoup plus près que la dernière fois. Les boulets sifflaient aussi bien davantage. D'ailleurs, nous ne dépassions pas vite, parce que nous eûmes presque toujours le grand hunier sur le mât.

L'*Hercule* était sous le vent à nous, de façon que les ennemis nous tiraient de préférence. Le *Duc de Bourgogne*, commandé par M. de Barras, nous suivit toujours beaupré sur poupe et nous secondait supérieurement ; il fut d'abord étonné de nous voir faire les don Quichotte en ne suivant pas les eaux de l'*Hercule*, mais il nous soutint et nous fit compliment après le combat.

Après avoir dépassé le dernier vaisseau à portée de mitraille, nous virâmes vent arrière et reprîmes bâbord amures ; nous eûmes la douleur de voir que tout le corps de bataille et l'arrière-garde ne tirèrent pas un coup de canon. On ne conçoit pas comment ils avaient pu dériver aussi considérablement ou gouverner aussi mal.

Il est surtout bien étonnant que M. de Grasse lui-même n'eût pas mieux tenu le vent, lui qui clabauda ensuite contre les capitaines et prétendit qu'ils s'étaient mal conduits. Pourquoi suivit-il les eaux de son matelot d'avant? Pourquoi nous mena-t-il toujours au combat en ligne au lieu de nous y conduire en échiquier, afin que la queue de la ligne pût passer au même point que la tête ? Comment ne fit-il pas réflexion que ces passades ne pouvaient aboutir qu'à abattre quelques mâts de hune, qui nous étaient bien plus nécessaires qu'aux ennemis, parce que nous étions forcés de demeurer sous voiles, tandis que les Anglais restaient au mouillage? Pourquoi, faisant tant que d'attaquer les ennemis dans cette position, ne prenait-il pas un parti vigoureux, en passant lui-même à la tête de sa ligne et en coupant ou abordant les derniers vaisseaux ennemis, au lieu de faire ces passades arlequines auxquelles on a voulu attribuer tant de mérite? Pourquoi, enfin, avait-il fait faute sur faute et avait-il manœuvré de manière à laisser prendre son mouillage aux ennemis auxquels il était si supérieur en nombre?

Ce troisième combat nous priva d'un bon officier, chéri de tout l'équipage, appliqué et exact à ses devoirs et surtout doux et conciliant, qualités bien nécessaires à un marin. M. Durand de la Motte, lieutenant chargé du détail et commandant en second du vaisseau, fut coupé en deux par un boulet, sur le gaillard d'avant. Il y eut aussi trois canonniers tués roide et six blessés, dont quelques-uns avaient été brûlés par une gargousse qui avait pris feu dans la batterie et qui avait même donné, pendant quelques moments, les plus vives craintes que le feu n'eût pris dans le vaisseau.

Notre mât d'artimon reçut deux boulets, notre grande vergue fut endommagée, nos voiles, nos gréements et le corps du vaisseau souffrirent aussi.

Nous fûmes hors du feu à 3 h. 45 et nous courûmes bâbord amures jusqu'à la nuit, pendant laquelle nous nous promenâmes entre Nièves et Montserrat.

Le lendemain, 27, à 6 h. 45, M. de Grasse fit signal de nous rallier à l'ordre de bataille tribord amures. Nous vîmes que nous allions encore en découdre et nous commencions à trouver la chose ennuyeuse.

A 7 heures, on signale deux voiles au vent. Une frégate fut les reconnaître et nous ramena le *Conquérant*, qui arrivait de la Martinique, et qui nous mettait au nombre de

30 vaisseaux de ligne en comptant le *Sagittaire* et l'*Expériment*.

A 8 h. 30, le général fit mettre toute l'armée en panne, ce qui nous fit grand plaisir. Il fit venir à l'ordre tous les vaisseaux ; nous crûmes que c'était pour communiquer un autre projet d'attaque pour le lendemain, mais pas du tout, ce n'était que pour avoir des états de situation et de vivres.

Pendant ce temps, les ennemis firent des changements à leur ligne ; ils relevèrent leur queue par des vaisseaux frais qu'ils firent embosser plus au vent dans une nouvelle direction C, marquée dans le plan de la passade du soir ; de manière que la ligne préparée au combat formait un demi-cercle appuyé sur la terre des deux côtés, sans cependant en être assez près pour pouvoir en être battus par les bombes où les batteries que M. de Bouillé n'aurait pas manqué de faire établir sur le rivage.

A la nuit nous fîmes servir, et nous recommençâmes la promenade entre Nièves et Montserrat.

Le 28, nous fîmes encore porter sur l'armée anglaise et nous mîmes en panne à deux portées de canon ; nous passâmes la journée à répartir également sur tous les vaisseaux les vivres pris à bord des bâtiments marchands.

Nous vîmes, à midi, des frégates ennemies faire feu sur terre, dans la partie de l'île vis-à-vis de laquelle l'amiral Hood était embossé. Nous apprîmes que c'était sur nos troupes qui avaient eu un engagement avec des troupes ennemies qui avaient mis pied à terre.

Dans cet intervalle, M. de Grasse avait écrit à M. de Bouillé pour l'engager à lever le siège et il finissait sa lettre par cette phrase : « Ce ne sera que reculer pour mieux sauter ». M. de Bouillé lui répondit : « C'est vous qui m'avez amené ici, je suis déterminé à y rester ; je ne sais ce que c'est que reculer, je sais encore moins ce que c'est que sauter ; vous ferez ce que bon vous semblera. »

Ce style laconique décida M. de Grasse à la persévérance

et nous allons le laisser se promener devant l'escadre anglaise pour faire un tour à Brimston-Hill.

Opérations de nos troupes. — Siège du Réduit.

Nos troupes étant descendues à terre le 11 février, à 6 heures du soir, comme nous l'avons déjà dit, furent assemblées sur la place d'armes de la ville et formées en quatre divisions. A 9 heures, elles marchèrent sur Brimston-Hill pour l'investir.

La division aux ordres de M. le marquis du Chilleau le tourna par la droite et vint prendre poste au bourg de Sandy-Point, autrement dit la pointe de Sable; celle qui était commandée par M. le comte Dillon se porta à la gauche de la première.

Ensuite, venait celle aux ordres de M. le vicomte de Damas, et enfin celle de M. le marquis de Saint-Simon, qui formait la gauche de l'investissement.

M. de Bouillé établit, le 12, son quartier-général à Sandy-Point, où il voulait former une attaque indépendamment de celle que devait diriger M. de Saint-Simon du côté de Charlestown, autrement, la vieille rade.

Le 13, les bâtiments de transport chargés de munitions de bouche et de guerre allèrent mouiller les uns à Sandy-Point, les autres à la vieille rade; la flûte le *Lion Britannique*, qui portait la majeure partie des munitions de guerre et de bouche, se brisa sur la pointe de Sable, dans la nuit du 13 au 14; on sauva les principales pièces d'artillerie.

Les Anglais mirent le feu, le 15, au bourg de Sandy-Point et y dirigèrent en même temps leur plus grosse artillerie pour mettre obstacle aux secours que nos troupes pouvaient y donner. La division de M. du Chilleau, qui était logée dans ce bourg, se retira en bon ordre et fut obligée de camper sur la hauteur.

Le 16, l'ennemi incendia encore les habitations et les

plantations de sucre voisines du réduit, en tirant à boulets rouges.

Dans la nuit du 16 au 17, la tranchée fut ouverte par 300 travallieurs.

On travailla en même temps à la construction d'une batterie de 6 mortiers de 12 pouces et un obusier, qui fut ensuite augmentée de 3 mortiers de 8 et 9 pouces, et d'une autre batterie de 8 canons de 18 et de 12.

On construisit en même temps, du côté de la vieille rade, à l'attaque de M. de Saint-Simon, une batterie de 7 mortiers de 12 et 8 pouces qui commença de jouer le 19 ; une autre batterie de 2 mortiers et d'un obusier contre la partie qui faisait face aux montagnes, et une autre batterie de 4 canons appelée la batterie des immortels, à cause de son grand éloignement. Le terrain ne fournissait aucune position qui ne fut commandée par le réduit.

Le 23, à 10 heures du matin, une bombe jetée par les ennemis sur la tranchée aux ordres de M. de Saint-Simon, derrière la batterie mit le feu au dépôt de poudre et fit éclater 50 bombes chargées qui tuèrent ou blessèrent 23 hommes, presque tous canonniers.

La batterie de mortiers, établie du côté de M. de Bouillé, tira le 24 au soir.

Le feu continua les jours suivants et on ne s'aperçut pas qu'il produisit un grand effet. La chute des bombes et obus avait trop peu de hauteur.

L'armée ennemie étant venue, malgré M. de Grasse, mouiller dans la grande baie le 25, M. de Bouillé mit des petits postes à portée de les observer et d'avertir s'ils débarquaient des troupes.

M. de Fléchin, colonel en second du régiment de Touraine, commandait un détachement dans la ville de la Basse-Terre, pour empêcher les Anglais d'y venir et pour intercepter toute communication entre les habitants et l'escadre ennemie.

Débarquement des ennemis pour secourir le réduit.

Le 28, dans la matinée, les ennemis débarquaient un corps de troupes composé des 28e et 69e régiments, et des compagnies de grenadiers et chasseurs du 13e, formant un total d'environ 1.300 ; ce corps devait être renforcé par 400 soldats de marine qui étaient embarqués dans des chaloupes. Le débarquement était protégé par des frégates qui s'étaient approchées le plus possible du rivage.

L'endroit où ces troupes débarquèrent est une anse de sable, bordée d'une petite plaine basse d'environ 3 ou 400 pas au carré, qui avait dans son milieu une mare d'eau et qui, comprenant toute la largeur de la langue de terre, est baignée de deux côtés par la mer et est dominée des deux autres côtés par des mornes. Les ennemis occupèrent sur-le-champ l'un des mornes pour assurer leur rembarquement s'ils y étaient forcés.

M. de Fléchin, instruit de la descente des ennemis, quitta sur-le-champ la ville de la Basse-Terre avec les grenadiers et chasseurs d'Agénois, les chasseurs de Touraine, la compagnie des volontaires de Bouillé et un détachement de Dillon, formant en tout environ 400 hommes ; il prit en outre les grenadiers de Touraine et un autre détachement de 50 hommes de Dillon, qu'il laissa dans la ville ou dans le chemin pour favoriser sa retraite.

Il parvint à 11 heures du matin sur les mornes, et il aperçut les ennemis en bataille dans la petite plaine, derrière la mare d'eau, sous des allées de palmiers.

Les ennemis se mirent aussitôt en devoir de se rendre maîtres des mornes, par lesquels il fallait passer pour aller à la ville ou au réduit. Ils se formèrent sur trois colonnes dont l'une longea la plaine à droite, et manœuvra pour tourner M. de Fléchin. Les deux autres dirigèrent leur route à peu de distance l'une de l'autre, sur un autre morne situé à la droite de M. de Fléchin, qui en était séparé par un fond plein de ronces et d'épines.

Ce commandant, réfléchissant que la colonne qui cherchait à le tourner par sa gauche était obligée de faire un grand circuit, et qu'en se portant avec vitesse sur le morne que les ennemis voulaient gravir à sa droite il aurait le temps de leur faire tête et que, d'ailleurs, il se rapprochait du chemin qui conduisait à la ville de la Basse-Terre, prit aussitôt le parti de descendre à la course dans le fond et de remonter sur l'autre morne au travers des raquettes et des ronces.

Action entre nos troupes et les troupes ennemies débarquées.

Il y arriva comme les colonnes anglaises commençaient à paraître sur une crête un peu plus basse; il les fit fusiller sur-le-champ, en ordonnant à sa troupe de s'éparpiller afin de présenter moins de prise au feu d'un ennemi si supérieur en nombre. L'action fut des plus vives; la tête des colonnes anglaises s'arrêta pour se servir de son feu, au lieu de poursuivre son chemin et d'enfoncer cette poignée de monde; elle plia même plusieurs fois; plusieurs victimes tombèrent de part et d'autre et nos braves soldats montrèrent la plus grande intrépidité. Mais, au bout d'une demi-heure, M. de Fléchin s'apercevant qu'un détachement se glissait sur sa droite pour lui couper la retraite, tandis que la troisième colonne venait sur sa gauche, fut obligé d'abandonner le champ de bataille et de se retirer vers la ville, qui était à une demi-lieue.

Il y arriva sans être suivi. Les frégates avaient aussi canonné le flanc de ce détachement pendant l'affaire, mais elles ne touchèrent personne.

M. de Fléchin laissa sur le champ de bataille 80 hommes tués ou grièvement blessés, au nombre desquels six officiers, presque tous du régiment d'Agénois. Le reste de la troupe était pour ainsi dire estropié par la quantité de raquettes dans lesquelles il avait passé. Les ennemis, rebutés par la courageuse résistance qu'ils venaient d'essuyer, par leur perte considérable, qui se montait d'après leur aveu à 157 hommes tués ou blessés et 7 officiers, désabusés sur l'espérance de faire révolter les nègres ou habitants ou de pouvoir pénétrer dans le réduit cerné par 6.000 hommes, prirent le parti d'enterrer leurs morts et de se rembarquer.

M. de Bouillé, qui avait été averti de bonne heure, arriva dans la nuit suivante avec un renfort de 2.000 hommes. Il fit sur-le-champ ses dispositions pour envelopper l'ennemi et se porta sur le lieu où s'était passée la scène de la veille. Il trouva les Anglais rembarqués et leur arrière-garde établie sur l'un des mornes, achevait de rentrer dans les chaloupes sous la protection du feu de leurs frégates. Il fit enterrer tous les morts qui restaient, tant français qu'anglais, et trouva plusieurs de nos blessés auxquels les ennemis avaient donné quelques secours sans les emporter, étant déjà fort embarrassés des leurs. Quel étrange animal que l'homme! Au milieu du sang et du carnage, il affecte la commisération et l'humanité.

On laissa un poste d'observation et nos troupes rentrèrent en ville triomphantes et jouissant d'un moment d'orgueil qui avait coûté bien cher à plusieurs individus.

Les opérations de terre mises en parallèle avec celles de mer paraissaient jusqu'alors bien mieux conduites; mais il fallait couronner l'œuvre en emportant le réduit et on n'osait guère s'en flatter.

Dans la nuit du 19, le peu de vigilance de M. de Grasse permit à des frégates ennemies de parvenir jusque sous Brimston-Hill, avec des chaloupes armées pour y jeter des secours, surtout des canonniers dont le réduit paraissait manquer.

Mais les chaloupes furent découvertes par un de nos postes et forcées de se retirer avec perte.

Le 30, M. de Bouillé instruisit le gouverneur du réduit du rembarquement forcé des troupes qui venaient le secourir et le somma de se rendre par une lettre dont voici la copie.

« Monsieur,

» Votre escadre mouillée à l'extrémité de l'île, bloquée par la nôtre très supérieure, ne peut vous être d'aucun secours. Vos troupes, mises à terre, ont été obligées de se rembarquer après un combat très vif contre mon avant-garde, et enfin vous avez déjà éprouvé les calamités d'un siège dont la durée ne peut qu'accroître les malheurs d'une belle colonie, ayant assez de munitions de guerre et d'opiniâtreté pour le continuer.

» Je crois, sans offenser votre honneur, pouvoir vous proposer de céder à la force, afin d'éviter les rigueurs que j'exercerais contre les habitants, et dont l'exemple m'a été donné par les Anglais dans cette île même et en 1759 à la Guadeloupe, et pour empêcher la ruine totale de cette île, contrainte d'entretenir une armée considérable dont le séjour détruit et son commerce et son agriculture.

» Si vous le jugez à propos, le capitaine d'Eroly portera votre réponse et fera dire à l'attaque de M. de Saint-Simon de cesser le feu jusqu'à 3 heures de cette après-midi, que les hostilités recommenceront si vous le désirez.

» J'ai fait prendre soin d'une centaine de femmes et enfants de vos troupes, je les ai fait loger et nourrir.

» J'ai l'honneur, etc... »

M. Shirley répondit qu'il était résolu, ainsi que toute la garnison, de se défendre jusqu'à l'extrémité. Le 31, on enleva aux ennemis un magasin de boulets, bombes, mortiers, obusiers et 8 pièces de canon de fonte du calibre de 24, qui étaient dans un dépôt au pied du réduit. Nos troupes firent cette capture après avoir attaqué et chassé les postes avancés placés au-dessus de la première rampe du chemin. On leur brûla aussi un magasin de vivres et autres effets qu'on ne put emporter. Toutes les batteries établies faisaient grand feu. Mais celle de canons établie à l'attaque de M. de Bouillé, ne pouvait pas éteindre le feu de la batterie anglaise qui était supérieure à la nôtre.

Février 1782. — Le vaisseau le *Caton* vint, dans les premiers jours de février, mouiller à Sandy-Point sur la demande de M. de Bouillé à M. de Grasse, et y débarqua sa grosse artillerie le 3. On travailla tout de suite à de nouvelles batteries, la première de 4 canons, la seconde de 8. On augmenta celle qui était déjà établie à l'attaque de M. de Bouillé. Elle fut portée à 12 pièces de canon dont 2 de 18 et 10 de 24 qui commencèrent de jouer le 10 avec beaucoup de succès. Les deux autres tirèrent le 12 avec le même avantage sur les flancs de droite et de gauche du front attaqué, de manière qu'en peu d'heures tout le revêtement de la face du bastion de droite, de la courtine et des deux flancs, s'écroula en entier et rendit l'entrée du réduit accessible. Les 8 pièces de fonte qui avaient été enlevées aux ennemis furent également établies contre le front de Brimston-Hill faisant face aux montagnes. Elles devaient jouer le 13 au matin, et elles paraissaient donner beaucoup d'inquiétude aux assiégés.

M. de Bouillé fit toutes ses dispositions pour donner l'assaut général dans la nuit du 13 au 14. M. le marquis du Chilleau devait y commander les grenadiers et chasseurs, mais le 12, à 6 heures du soir, les ennemis demandèrent à capituler.

Le réduit capitule.

Les articles provisoires furent signés dans la nuit, et la capitulation fut terminée le 13 à 8 heures du matin, pour l'île de Saint-Christophe et celle de Nièves, qui est indépendante.

La brèche fut tout de suite occupée par un détachement de grenadiers et de chasseurs de l'armée.

A 10 heures du matin, la garnison composée de 750 hommes de troupes réglées et 300 miliciens, évacua Brimston Hill, en sortant par la brèche avec tous les honneurs de la guerre, mit ensuite bas les armes et se rendit prisonnière de guerre, après avoir défilé devant nos troupes.

Ainsi finit, avec le carnaval (car c'était le mardi gras), ce siège aussi utile aux intérêts de la patrie que flatteur pour M. de Bouillé et toute son armée.

Capitulation. — La capitulation portait que les officiers garderaient leur épée; que les troupes seraient prisonnières et envoyées en Angleterre, pour être échangées; les milices désarmées; que les habitants de toutes qualités conserveraient leurs biens, droits et privilèges, et garderaient jusqu'à la paix leurs lois, coutumes et ordonnances et qu'ils ne paieraient tous les mois, entre les mains du trésorier des troupes, que la valeur des deux tiers du droit qu'ils payaient ci-devant à Sa Majesté britannique; que les bâtiments anglais chargés pour la colonie pourraient y venir pendant six mois, à compter du jour de la capitulation; que tous les effets publics seraient remis au général français, et que MM. Shirley et Fraser, gouverneurs de la colonie et commandants des troupes, ne seraient pas réputés prisonniers, eu égard à leur conduite ferme et généreuse.

On trouva dans le fort de Brimston Hill, 42 pièces de canon, depuis deux livres jusqu'à 22, 14 mortiers de 4 à 12 pouces; un obusier de 7 pouces, un de 5 et 11 pierriers de 4 pouces. Dans ce nombre, on n'a pas compris les batteries de tout le tour de la côte.

Rien n'égala l'étonnement de tous ceux qui sont montés dans ce réduit; un seul fossé et des pierres pour assaillir les assiégeants, paraissent devoir le rendre imprenable. Nos bombes n'avaient pas fait d'autre effet que de couvrir la terre de leurs éclats, sans causer le moindre dommage aux citernes, hôpitaux et autres édifices voûtés; elles n'avaient pas assez de chute.

Les Anglais, trop confiants, avaient prodigieusement négligé l'entretien de ce fort; persuadés que les batteries qu'on pourrait établir ne pourraient pas résister à un feu extrêmement dominant, leur enceinte n'était qu'un mur qui, dans certains endroits, était appuyé par un peu de terre. Leurs canons étaient mauvais, leurs affûts démantibulés, et s'ils avaient seulement eu un fossé derrière la brèche et qu'ils eussent soutenu l'assaut, M. de Bouillé y eût perdu la moitié de son monde et ne l'eût pas emporté.

Nos ingénieurs ont dû travailler tout de suite, à le mettre dans l'état le plus respectable, en y construisant des casemates, un fossé et de bons remparts en terre. Nos pertes pendant tout le siège se montaient à 60 hommes tués et 130 blessés, au nombre desquels il y avait 5 officiers tués et 8 blessés.

En voici l'état:

Armagnac	3 tués;	12 blessés.
Champagne	3 —	2 —
Auxerrois	» —	6 —
Agénois	21 —	38 —
Touraine	12 —	23 —
Viennois	» —	5 —
Royal Comtois	2 —	» —
Dillon	3 —	5 —

La Guadeloupe...............	2 tués ;	2 blessés.
La Martinique	» —	1 —
Lauzun......................	2 —	» —
Volontaires de Bouillé........	2 —	» —
Artillerie....................	10 —	36 —

Tous ces régiments n'étaient pas en entier, mais avaient marché par détachements.

Les Anglais perdirent dans le fort 38 hommes tués et 125 blessés. Au nombre des premiers, 5 officiers, sans compter la perte des miliciens qui allait, suivant leur rapport, à 60 tués ou blessés.

Richesse de la conquête.

Cette colonie, nouvellement conquise, avait donné à sa métropole, l'année d'auparavant, 20.000 boucauts de sucre et 10.000 boucauts de rhum. On y comptait 30.000 nègres travailleurs. Elle joint à un sol extrêmement fertile et à un aspect gai, un air infiniment plus frais et plus salubre que celui d'aucune autre colonie du Vent.

L'île de Nièves et celle de Montserrat, qu'on attaqua peu de jours après et qui eurent le même sort que Saint-Christophe, sont aussi très fertiles ; elles peuvent donner ensemble 8 ou 9.000 barriques de sucre.

Ce coup a dû porter une forte atteinte au commerce anglais. Saint-Christophe était la plus chère et la plus précieuse colonie après la Jamaïque, aux yeux de la fière Albion.

La garnison prisonnière fut embarquée sur quatre transports expédiés pour l'Angleterre : il y avait avec elle 102 femmes et 78 enfants. En général, les Anglais ont toujours eu une grande quantité de femmes avec leurs troupes. Cet usage rendrait-il les soldats plus attachés à leur métier ?

Voilà les exploits de nos terrestres finis. Revenons à ceux de nos marins.

Dans cet intervalle, nous n'avions pas cessé de promener à vue de l'escadre ennemie et nous avions encore reçu un renfort de deux vaisseaux qui reçurent un coup de vent et beaucoup d'avaries qui les forcèrent à rentrer à Brest. Le *Triomphant*, commandé par M. de Vaudreuil, chef d'escadre, et le *Brave* par M. d'Amblimont, n'ayant point été endommagés, avaient fait tout de suite route pour la Martinique. Nous étions alors 32, en comptant les deux de 50 canons. Quelques-uns de nos vaisseaux n'avaient des vivres que pour peu de jours. On en attendait du Fort-Royal où il était arrivé un convoi de 50 voiles escorté par une frégate.

Il est naturel d'imaginer que la réussite brillante de M. de Bouillé devait accroître l'ardeur et l'envie d'augmenter notre gloire par la défaite d'une escadre à laquelle nous étions si supérieurs et qui, par la prise du réduit, se trouvait comme dans une souricière.

Le 13, nous reçûmes des vivres de la Martinique escortés par trois frégates. L'escadre ne fut pas peu étonnée de voir flotter le pavillon blanc à la place du yacht sur le réduit.

Mouillage à Nièves.

Le 14, nous étions tous au vent de Nièves, sans observer d'ordre, louvoyant à volonté; le général fit signal de nous préparer au mouillage et gouverna sur Nièves où il mouilla à 8 heures, à demi-portée de canon de la ville.

Toute l'armée française jeta l'ancre, partie à droite, partie à gauche de la *Ville-de-Paris*, et on n'était tenu à aucun ordre de mouillage. Il y eut quelques abordages peu dangereux et quelques vaisseaux qui, ayant laissé tomber leur ancre sur un trop grand fond, ou trop acore, ne tinrent pas et furent obligés de remettre sous voiles. Nous embarquâmes des vivres pendant toute la journée. Nous avions le plaisir de bien examiner les vaisseaux anglais dont nous étions fort près; nous nous attendions à voir éclore dans peu les moyens d'attaque que nous supposions devoir occuper le cerveau de M. de Grasse.

Les uns disaient : Comment n'a-t-on pas travaillé à des brûlots, depuis dix-huit jours que nous nous promenons malgré nous ? Il y a ici une gabarre qui a été bombardée; on pourrait s'en servir, puisqu'ils sont trop loin de terre pour en être bombardés. Des brûlots, surtout, des brûlots ! Comment s'en garantiraient-ils, n'y ayant qu'à les conduire vent arrière par une bonne brise et pouvant les soutenir par toute l'armée qui n'aurait rien à craindre?

D'autres disaient : Ils n'ont point d'eau, ils ont peu de vivres, il faudra bien qu'ils appareillent; nous sommes enfin à portée de leur ôter la communication qu'ils avaient par ce canal : pourquoi n'y sommes-nous pas plus tôt ? Nous les aurions bien gênés et plusieurs de nos vaisseaux n'auraient pas eu d'avaries par la forte brise que nous avons essuyée.

Tout en raisonnant, la nuit vint et notre général, majestueusement tranquille, ne daigna pas prendre la moindre précaution. Un officier de son bord avait cependant vu, dit-on, les vaisseaux anglais virer à pic à l'entrée de la nuit.

L'armée ennemie s'échappe.

Bref, le lendemain, 15, on n'en aperçut que dix ou douze à perte de vue sous Saint-Eustache, et pas un dans la rade qui était très nette.

M. de Grasse, à cette nouvelle, répliqua froidement : « M. Hood m'a joué deux fois, gare la troisième ! »

Les pauvres habitants de Saint-Christophe, sentant mieux que M. de Grasse la position critique de leur escadre, étaient, les jours précédents, dans les plus vives alarmes, mais dès qu'au jour ils la virent sauvée, ils crièrent force hourras, et se félicitaient réciproquement.

Depuis qu'il existe des vaisseaux et des marines militaires, il n'y eut jamais de position plus propre à immortaliser un général, et jamais la France n'a eu ni n'aura une plus belle occasion de se venger des affronts qu'elle a reçus de sa rivale. Si M. de Grasse n'a pas réussi, en conscience il ne peut pas s'en prendre à la fortune. Trente vaisseaux de force, mouillés à portée et demie de canon de vingt-deux, serrés par la terre et étonnés des risques qu'ils courent... On les laisse appareiller sans avoir au moins une misérable chaloupe pour les observer et on a l'air de leur dire : « Faites-moi la grâce de vous en aller ! »

Nous quittâmes le lendemain, 16, le mouillage de Nièves, pour reprendre celui que les Anglais venaient de nous laisser ; on employa les jours suivants à prendre des vivres et de l'eau.

M. de Bouillé établit pour gouverneur de cette nouvelle colonie M. Dillon, et sous lui M. de Fresnes, major de Royal-Comtois. On y laissa pour garnison Dillon et Royal-Comtois.

Les ennemis avaient fait pendant leur séjour quelques dégâts dans les bâtiments marchands qui étaient restés dans la petite rade, ce qui diminua un peu leur prix et obligea de remettre quelque chose à ceux à qui nous les avions vendus. Ils en avaient amené un dans lequel ils mirent leurs blessés, et le renvoyèrent le même jour à M. de Grasse, sous pavillon parlementaire, en le priant de le laisser aller à Antigues.

On s'occupa les jours suivants à rembarquer toutes les munitions et à mettre tout en ordre dans la colonie ; l'*Aigrette* fut expédiée pour France pour aller annoncer notre conquête et porter MM. de Monteil et de Barras, qui depuis longtemps demandaient à s'en aller. Il passa avec eux une grande quantité d'autres officiers.

Dès que je pus descendre à terre, je courus sur le lieu où s'était passée l'affaire de M. de Fléchin.

J'y rencontrai d'autres curieux qui avaient avec eux un officier des grenadiers d'Agénois, qui s'y était trouvé et qui nous rendit compte de cette action.

Quel triste spectacle ! De tous côtés des places rondes baignées de sang ; des cadavres à moitié enterrés ; une infection abominable. Ici un bras, là une jambe, à moitié mangés par les chiens. Des bois, des canons de fusil brisés ; des gibernes, des cartouches semées de toutes parts ; des morceaux d'habits, de chemises, ensanglantés. Que de réflexions à faire sur l'aveugle fureur et l'extrême bêtise du genre humain, en voyant les tristes restes de deux officiers, très jolis cavaliers, pleins de talents et du caractère le plus heureux, qui peu de jours auparavant soupiraient tendrement auprès de misses anglaises et qui alors gisaient au milieu d'un champ, pourris et mutilés !

CHAPITRE XVI

Départ de Saint-Christophe. — Séjour à la Martinique. — Réjouissances. Réflexions.

L'armée part de Saint-Christophe.

On rembarqua le 20 et nous eûmes à bord le même détachement du régiment de Champagne.

Le lendemain 21, nous appareillâmes au jour et nous fîmes route bâbord amures; nous rencontrâmes une frégate ennemie avec pavillon parlementaire qui venait rapporter 250 prisonniers français à échanger. Toute l'armée mit en panne pour cette opération et on rendit pareil nombre de prisonniers anglais. Il n'est pas d'usage d'envoyer en parlementaires des bâtiments armés en guerre, mais les deux généraux étaient convenus entre eux de ne pas avoir égard à la règle générale.

Nous étions à la nuit sous la Redonde, à deux lieues. Le 22, nous nous trouvâmes, au jour, sous la Guadeloupe, à cinq ou six lieues; nous revirâmes tribord amures, et nous fîmes route sur Monserrat. Dès qu'on fut à portée, nous mîmes nos pavillons et on la fit sommer de se rendre; elle n'avait pas voulu le faire deux jours auparavant, à la proposition du *Glorieux*, que M. de Grasse y avait envoyé. On y fit descendre quelques troupes pour appuyer notre nouvelle proposition, ce qui fit effet.

Elle capitula le lendemain aux mêmes conditions que Saint-Christophe.

Cette colonie, quoique d'une très petite étendue, est bien cultivée et a une population assez considérable; son mouillage, bon pour quelques frégates, reçoit beaucoup de corsaires qui auraient infiniment gêné notre cabotage et notre communication de Saint-Christophe à la Guadeloupe, la Dominique et nos autres colonies. Elle est à peu près au premier occupant, n'ayant pour défense qu'une batterie au bord de la mer et une garnison de cinquante hommes.

Celle que nous y laissâmes était de la même force.

Nous louvoyâmes à portée de cette île jusqu'au 23 à la nuit et nous continuâmes notre route bâbord amures.

Le 24, nous étions, au jour, sous la Guadeloupe, à quatre lieues de la pointe du nord, en calme plat. Il fit pendant la journée quelques brises faibles, qui nous rapprochèrent de l'île, et de la pointe sud, à environ trois lieues. A la nuit, la grande brise revint et nous fit faire route sur la Dominique.

Mouillage au Fort-Royal de la Martinique. — Le 25, nous eûmes encore un peu de calme sous la terre de la Dominique, et ensuite bonne brise qui nous mena sous la Martinique.

Le 26, nous étions à portée de la baie du Fort-Royal, et le général fit signal de relâcher ; toute l'armée mouilla dans la matinée.

Le public s'empressa de témoigner sa reconnaissance à M. de Bouillé : on fit des préparatifs de fêtes et de réjouissances et on s'occupa en même temps de la grande quantité de réparations que toute l'armée avait à faire.

Le *Saint-Esprit*, coulant bas d'eau, se disposa à virer en quille pour tâcher de trouver la voie et d'y remédier.

Le *Destin* n'avait pas achevé sa besogne. Tous les vaisseaux avaient des mâts ou vergues à raccommoder ou des chaloupes et canots à refondre.

Séjour de l'armée à la Martinique au retour de Saint-Christophe.

Nous espérions qu'on nous donnerait enfin quelque acompte sur nos parts de prises faites dans la campagne et qui ne laissaient pas de devoir être assez considérables. Celles de Tabago, celles d'York, celles de Saint-Christophe offraient un bloc de plus de 80 bâtiments marchands, corvettes, corsaires ou cutters : le vaisseau de guerre le *Charon*; les frégates l'*Iris*, le *Richmont*, la *Guadeloupe*, la *Thétis*, périe sur Sainte-Lucie lors de notre descente, et celle qui avait sauté à Saint-Christophe.

Celles de Tabago, une partie de celles d'York et celles de Saint-Christophe étaient entre les mains de M. Sibon, capitaine de vaisseau, intendant de l'armée.

Tous les officiers de la marine qui avaient besoin d'argent criaient beaucoup; mais ils furent forcés de reconnaître que le brevet d'intendant faisait souvent le même effet que la robe de procureur.

Le 1er mars, on signala l'armée ennemie au vent de la Martinique; elle entra au carénage de Sainte-Lucie; nous n'eûmes pas un seul bâtiment dehors pour l'observer. Des bruits publics annoncèrent l'arrivée de sir Rodney, avec un renfort considérable.

Le 7, il vint de Sainte-Lucie un parlementaire chargé de prisonniers à échanger. On les distribua sur les vaisseaux. Nous en eûmes trois, qui nous assurèrent avoir vu l'amiral Rodney et trente-six vaisseaux au mouillage. Ils ajoutèrent qu'il y en avait plusieurs en réparation.

Réjouissances.

Il y eut le même jour une grande fête donnée à M. de Bouillé, dans la ville de Saint-Pierre, par le commerce. Elle fut des plus brillantes. Les négociants, soit honneur, soit enthousiasme, n'avaient pas d'abord voulu y inviter les officiers de la marine. Mais M. de Bouillé s'y opposa et ne promit d'y assister qu'à la condition qu'ils y seraient priés.

Cela occasionna beaucoup de mauvais propos.

Le 10, on chanta un *Te Deum*, auquel tous les corps militaires et civils assistèrent, en actions de grâces de la naissance d'un Dauphin. Tous les vaisseaux se pavoisèrent, il y eut une triple décharge de toutes les armes à feu à terre et sur mer; on tira à la nuit un feu d'artifice et tout le public fut manger et danser chez M. de Bouillé. Il y eut aussi un jeu des plus considérables où plusieurs particuliers se ruinèrent. Ainsi va le monde! Du milieu de la gaieté et des plaisirs sortent le chagrin et le désespoir.

Nous apprîmes alors que les sorties de l'amiral, les 16 et 28 décembre précédents, avaient eu pour objet la Barbade, où dix-sept vaisseaux ennemis étaient embossés et travaillaient à se réparer; cette île, extrêmement basse et plate et dépourvue de positions avantageuses, devait, selon l'opinion de nos généraux, opposer une faible résistance à nos troupes qui se seraient bientôt emparées des bords de la mer, d'où on aurait, avec des bombes et des boulets rouges, brûlé ces vaisseaux, ou bien on les aurait forcés d'appareiller devant vingt-huit. On fut obligé de renoncer à ce projet par la difficulté de remonter le canal de Sainte-Lucie et par le démâtement de la flûte le *Lion-Britannique*, chargée de toute l'artillerie, qui, par cet accident, fut obligée de s'en aller à Saint-Eustache, sous l'escorte du vaisseau le *Caton*.

Si cette expédition eût réussi, elle eût été bien plus brillante que celle de Saint-Christophe.

Arrivée d'un cutter de France. — Le 13 il arriva un cutter venant de France; on défendit toute communication avec lui; on ne publia d'autres nouvelles que celles des grâces nombreuses accordées aux officiers de la marine après l'expédition de Chesapeak, une promotion considérable d'officiers généraux, au nombre desquels se trouvaient trois capitaines de l'armée, MM. de Chabert, d'Espinouse et de Vaudreuil, beaucoup de croix de Saint-Louis données à quatorze, quinze et seize ans de service, une ordonnance des plus avantageuses à cet égard, qui fait compter le service en temps de paix dans le port à trois mois par an de bénéfice, et les années de mer et de guerre doubles. On a bien aussi rendu une ordonnance dans le même genre pour l'infanterie, mais comment y sommes-nous traités! comme leurs officiers de fortune. Le terme de vingt-quatre ans était trop court; on en exige actuellement vingt-huit.

Que cet habit bleu est supposé avoir de mérites! Du moment qu'un âne quelconque l'endosse, on le charge de reliques, on le comble, on le bourre de grâces et s'il demande encore, on l'en écrase!

Si l'on donne à un de nos vieux capitaines une gratification de 400 livres, il en est si content et si étonné qu'il en perd pour ainsi dire la tête.

Qu'on la propose à un jeune enseigne de vaisseau! Fi donc! sera sa réponse.

Réflexions.

Le métier de marin a sans doute besoin d'encouragement. Il n'est pas dur, mais extrêmement désagréable par lui-même; toujours en butte aux éléments et privé des douceurs de la société, le marin contracte un caractère dur et peu sociable. Il y joindra un ennui mortel, s'il est sans zèle, sans émulation, sans activité. Qu'on l'engage à avoir ces qualités par des récompenses considérables, mais n'y soyons pour rien. Nos devoirs, nos soins, nos talents sont sans doute bien au-dessous de ceux que l'on devrait supposer à un officier de la marine; il n'est pas de métier qui en exige d'aussi étendus. Mais nous n'en avons pas moins de commun avec eux le mérite le plus essentiel, celui sans lequel tout militaire est nul, celui d'exposer notre vie et nos membres; et notre métier est bien plus meurtrier que le leur. On peut appeler le nôtre le métier du corps, parce que c'est chez nous ce qui souffre le plus. Les facultés intellectuelles sont infiniment plus nécessaires et travaillent beaucoup plus chez eux. Leurs combats sont plus imposants que dangereux ; mais leurs fonctions, leurs manœuvres et leurs fautes ont de bien plus grandes suites que les nôtres.

Qu'on les force à s'instruire (car leur ignorance dépasse tout ce que l'on peut imaginer), qu'on ferme la porte à la richesse et à la protection; qu'on l'ouvre au seul mérite ; qu'on établisse parmi eux un bon esprit de corps, de la subordination et le goût des connaissances au lieu de celui du plus affreux libertinage qui y règne avec excès.

Qu'on détruise chez eux ce rang d'ancienneté si destructeur du zèle et de la bonne volonté, et qui autorise un jeune garde de la marine à croire, dès qu'il est reçu, qu'il n'a qu'à boire, manger, dormir et vivre pour devenir officier général à son tour. Qu'on les divise par petits corps qui auront chacun leur police sévère et qui serviront alternativement dans tous les départements sans distinction ; en un mot, qu'on les choisisse et qu'on renvoie tous ceux dont l'intelligence bornée ne doit promettre que des sottises (le nombre n'en sera pas petit), ainsi que tous ceux dont la nature affaiblie par l'âge n'est plus capable de cette fermeté et de ce coup d'œil sûr qui caractérisent le bon officier.

Alors ce corps infiniment respectable, supérieur à tous les autres par des connaissances qui deviendront fort étendues, méritera réellement les bontés et l'attention particulière du souverain et le respect de toute la nation.

Pour opérer ce changement, que le gouvernement devienne marin lui-même, que le ministre de ce département fasse quelques campagnes et voie par lui-même tous les vices de la constitution actuelle. Qu'il se mette en état de juger les bonnes ou mauvaises manœuvres et qu'il s'instruise de tous les moyens que peut trouver un capitaine de vaisseau d'éviter de remplir les ordres de son chef.

Sans cela, il ne pourra jamais se conduire qu'à l'aveugle et les choses seront comme elles l'ont toujours été : nous n'aurons que l'ombre d'une marine.

Le 14, M. de Grasse donna à son tour une fête publique et fit chanter un *Te Deum* en actions de grâces du bonheur de nos armes. Il y eut souper et bal dans l'hôtel de ville.

Le 18, on signala de nos vigies de terre que l'escadre ennemie appareillait de Sainte-Lucie et remontait au vent. M. de Grasse fit aussitôt signal de se tenir prêts à filer les câbles par le bout, ce qui nous fit présumer que le cutter arrivé depuis trois jours était venu annoncer quelque convoi ou division de vaisseaux de guerre ; d'autant mieux que la communication avec lui était toujours défendue et que cet appareillage de l'armée ennemie paraissait inquiéter le général.

A la fin du jour, nos vigies de terre signalèrent les ennemis croisant au vent de l'île, en deux divisions : l'une sur le Vauclain, l'autre était aperçue au vent de la pointe de la Tartane. Elles signalèrent en même temps un convoi français dans le nord de cette même pointe.

Le 19, ce convoi fut signalé sur Saint-Pierre et les ennemis toujours au vent courant bord sur bord. Il ne put pas entrer le même jour, le calme l'en empêcha. Il l'avait échappé belle, et M. de Grasse ne devait pas être tranquille lorsque de la même pointe de terre on voyait les ennemis à droite et le convoi à gauche. Heureusement, les ennemis n'avaient pas prolongé leur bordée assez loin dans le canal de la Dominique pour le découvrir.

Le 20, nous vîmes entrer dans la baie du Fort-Royal, venant du côté de Saint-Pierre, ce convoi de 50 voiles escorté par trois vaisseaux et deux frégates : la *Couronne* vaisseau neuf de 80 canons, doublé en cuivre ; le *Magnifique*, de 74, doublé de même, et le *Dauphin-Royal,* mauvais vaisseau de 70 canons, coulant bas d'eau et doublé en bois. Ces bâtiments étaient chargés de toute sorte de munitions de guerre et de bouche pour servir à l'exécution de la grande entreprise projetée sur la Jamaïque ; il y avait aussi une certaine quantité de volontaires engagés comme matelots, destinés à recruter les équipages de nos vaisseaux. Ce renfort nous fit grand plaisir et fit beaucoup crier sur la mauvaise gestion de M. Hector, commandant de la marine à Brest, qui envoyait d'aussi mauvais vaisseaux que le *Dauphin-Royal.*

Les ennemis, ne sachant pas encore que le troupeau était dans la bergerie, continuaient leur station. On a su depuis que les ennemis avaient été instruits de la venue de ce convoi par un bâtiment qui s'en était séparé afin d'arriver le premier et vendre sa cargaison plus cher, et qui avait été pris par quelques croiseurs. Sir Rodney s'était bien vite dépêché d'aller l'attendre avec toute son armée, qu'on disait être de 39 vaisseaux.

Le 23, la frégate l'*Aimable* et un cutter entrèrent dans la baie, venant de Démerari dont elle s'était emparée, conjointement avec l'*Iphigénie* commandée par M. de Kersaint, chargé de cette expédition. On y avait trouvé un gros bâtiment et trois corvettes ou cutters. Les Anglais avaient enlevé cet établissement aux Hollandais, un an auparavant ; il est situé dans la Guyane hollandaise, pas bien loin de notre colonie de Cayenne.

Le 27, la *Concorde* fut expédiée pour France. Elle avait à bord M. de Barras et beaucoup d'officiers qui avaient besoin de l'air natal pour rétablir leur santé.

Les réparations commençaient à être bien avancées, et nous comptions sur un départ prochain ; l'amiral Rodney y comptait aussi, car il envoyait très exactement tous les deux jours des frégates ou vaisseaux plus ou moins nombreux, qui, partant du gros îlet avant le jour, se trouvaient de bonne heure sur le cap Salomon, au vent de la baie et prenaient tout le loisir nécessaire pour nous bien examiner.

M. de Grasse ne daigna jamais, pendant tous nos séjours dans la baie, s'opposer d'aucune manière à ces visites; il imaginait avoir des talents trop supérieurs pour s'occuper de pareilles minuties et prétendait devoir mener Rodney par les oreilles.

Cet amiral, de son côté, se proposait de ne pas nous laisser aller à Saint-Domingue avec notre convoi, sans se mesurer avec nous, et profiter de l'avantage qu'a nécessairement une armée libre dans ses manœuvres sur celle qui a un convoi de 150 voiles à couvrir. D'ailleurs, il n'ignorait pas que nous devions trouver au Cap une division espagnole considérable, et plus de 20.000 hommes de troupes avec lesquelles nous devions attaquer sur-le-champ la Jamaïque qui est l'enfant chéri et le soutien du commerce britannique dans le Nouveau-Monde. Il n'était venu d'Europe avec un renfort aussi considérable que pour parer ce coup; par conséquent, il devait indispensablement nous combattre pour empêcher notre jonction avec les vaisseaux espagnols, entamer notre convoi dans lequel étaient toute l'artillerie et les munitions nécessaires à l'expédition projetée, ou du moins nous dégréer et nous endommager de manière à ne pas nous permettre de rien entreprendre tout de suite. Nous devions nous y attendre et savoir que son armée était plus nombreuse et plus forte que la nôtre, ayant cinq vaisseaux à trois ponts.

M. Sibon, intendant de l'armée, à force d'être tourmenté par les officiers qui avaient besoin d'argent et par ceux qui lui disaient franchement ce qu'ils pensaient de sa conduite, promit enfin un acompte de nos parts de prise; il donna même aux officiers qui passaient sur la *Concorde* à raison de 50 gourdes à la part et la moitié pour les demi-parts. Il devait nous en donner autant avant notre départ, mais il fit si bien qu'il renvoya cette dure opération à notre arrivée à Saint-Domingue. M. de Saint-Quentin lui demanda aussi de quoi pourvoir à l'entretien de notre troupe et fut aussi remis à la même époque.

Embarquement des troupes. — Le 4 avril, on embarqua les troupes destinées à se joindre à celles de Saint-Domingue pour l'expédition de la Jamaïque. M. de Bouillé était nommé général de l'armée française et devait venir avec nous.

Il ne comptait même pas revenir de sitôt aux îles du Vent, car il fit vendre tous ses effets et fit partir Mme de Bouillé pour France.

Nous eûmes à bord du *Languedoc* 160 hommes du régiment d'Armagnac et 8 officiers.

Les autres vaisseaux en eurent à proportion. Nous emmenâmes avec nous environ 500 hommes.

CHAPITRE XVII

Départ de l'armée. — Combat du 9 avril 1782. — Faux signaux, première cause de la journée du 12 avril. — Combat du 12 avril 1782 (bataille des Saintes) — Retour pour France.

Préparatifs pour le départ.

Le 6, on fit signal le matin au convoi d'appareiller sous l'escorte du *Sagittaire* et de l'*Expériment*, mais soit que tous les bâtiments ne fussent pas prêts, soit qu'il y eût d'autres raisons, on lui fit signal une heure après de rentrer au mouillage.

Les frégates ennemies nous continuaient exactement leurs visites.

Le 7, on défendit toute communication à terre et on fit signal de désaffourcher. On croyait que nous partirions tous à la nuit, afin d'avoir quelque avance sur les ennemis. Mais on attendit au lendemain au point du jour afin de ne pas laisser croire aux ennemis que nous cherchions à les éviter.

Me voilà près de raconter l'événement le plus considérable, comme le plus malheureux de la guerre, à quoi l'on peut ajouter le plus honteux et le plus mérité pour la marine française.

Voici d'abord la ligne de bataille composée de 33 vaisseaux de ligne. Le *Saint-Esprit*, n'étant pas encore réparé, ne fut pas des nôtres et resta dans le cul-de-sac du fort Royal.

LIGNE DE BATAILLE DU 8 AVRIL :

2ᵉ escadre ou avant-garde.		1ʳᵉ escadre ou corps de bataille.	
Le Pluton	74	Le Glorieux	74
Le Marseillais	74	Le Sceptre	74
Le Duc-de-Bourgogne	80	L'Eveillé	64
Le Conquérant	74	La Couronne	80
Le Caton	64	La Ville-de-Paris	104
La Bourgogne	74	Le Languedoc	80
Le Triomphant	80	Le Dauphin-Royal	74
Le Magnifique	74	Le César	74
Le Réfléchi	64	Le Saint-Esprit (resté à la Martinique)	80
Le Magnanime	74	L'Hector	74
Le Destin	74		
Le Diadème	74		

3ᵉ escadre ou arrière-garde.

Le Jason	64	L'Auguste	80
Le Citoyen	74	Le Northumberland	74
Le Brave	74	Le Palmier	74
Le Scipion	74	Le Souverain	74
L'Ardent	64	Le Neptune	74
Le Zélé	74	L'Hercule	74

Nous savions que les ennemis avaient au moins 37 vaisseaux de ligne dont cinq à trois ponts ; nous savions aussi que Rodney avait pris deux de ces vaisseaux à trois ponts pour ses matelots, ce qui faisait un corps de bataille formidable. M. de Grasse avait pris pour lui résister la *Couronne* et le *Languedoc*, de 80 canons.

L'armée part pour Saint-Domingue avec un convoi.

Le 8, M. de Grasse fit signal au point du jour pour faire appareiller le convoi qui était d'environ 150 voiles. Ce signal fut aussitôt exécuté et les deux vaisseaux de 50 canons le *Sagittaire* et l'*Expériment* appareillèrent en même temps et furent chargés de le tenir rassemblé et de lui faire exécuter les mouvements qui seraient ordonnés.

On fit ensuite sur les 8 heures signal à toute l'armée d'appareiller et, dans ce même instant, nous vîmes sur le cap Salomon, une frégate et deux vaisseaux ennemis, qui, comme à l'ordinaire, étaient partis trois heures avant le jour de Sainte-Lucie pour faire leur examen journalier. Dès que ces bâtiments eurent vu que décidément notre convoi était sous voiles, que toute l'armée avait les huniers hauts et que deux ou trois de nos vaisseaux avaient déjà appareillé, ils revirèrent sur Sainte-Lucie en forçant de voiles et en faisant des signaux à coups de canon, à leur armée qui vraisemblablement n'attendait que cela pour mettre sous voiles et venir nous combattre. M. de Grasse ne s'en inquiéta point. Son vaisseau fut un des premiers appareillés parce qu'il se trouvait sous le vent. Il continua sa route en prolongeant la côte tribord amures sans s'embarrasser si toute l'armée le suivait. Une de nos frégates suivit dans le canal de Sainte-Lucie les trois bâtiments ennemis pour les observer. Notre convoi forçait de voiles, tenant le vent tribord amures et faisant route sur la Dominique et la Guadeloupe pour ramasser quelques bâtiments qui étaient encore dans les mouillages de ces deux colonies.

Jamais appareillage ne fut plus lent et plus en désordre que le nôtre. Il semble que les vaisseaux avaient peine à sortir de la baie, et pressentaient l'orage qu'ils devaient essuyer peu de jours après.

Notre vaisseau n'appareilla qu'à 10 h. 1/2, forcé d'attendre le départ de ceux qui étaient derrière nous. A une heure après-midi, il y avait encore un ou deux de nos vaisseaux dans la baie.

Nous forcions tous de voiles à la débandade pour tâcher de rejoindre la *Ville-de-Paris* qui continuait sa route avec le convoi dans le canal de la Dominique.

A 2 heures, notre frégate restée dans le canal nous signala les ennemis au nombre de vingt-cinq. On fut très longtemps à distinguer les signaux parce que les vaisseaux de l'arrière ne les répétaient pas.

Armée ennemie signalée. — A 4 heures, elle en signala trente-cinq et ensuite quarante et M. de Grasse n'y fit pas la moindre attention; du moins, il ne discontinua point sa route, et ne chercha point à rallier l'armée sur un ordre de marche quelconque pour la nuit, quoiqu'il eût des vaisseaux à plus de trois lieues et demie de l'arrière et par conséquent très près des ennemis qui nous poursuivaient à toutes voiles; enfin, la nuit vint, et nous étions à 8 heures du soir sous la pointe Cachacrou de la Dominique, toute l'armée et le convoi pêle-mêle et sans ordre en calme devant nous, sous la terre de cette île.

Il y avait encore derrière nous quatre ou cinq vaisseaux, et nous avions aperçu à la nuit les perroquets de plusieurs bâtiments ennemis.

Du moment que nous fûmes sous la terre, le calme nous prit, comme il arrive toujours lorsqu'on serre la côte des Iles-sous-le-Vent à deux ou trois lieues. Les mornes et hauteurs de l'île interceptent la brise réglée de l'est, et on ne sent plus que quelques folles brises qui durent quelques instants et qui viennent indifféremment de toutes les parties de l'horizon.

Nous vîmes pendant la nuit quelques coups de canon derrière nous.

Combat du 9 avril.

Le 9, dès que le jour commença à paraître, nous nous vîmes entourés de bâtiments gros et petits. Nous en apercevions derrière nous à une lieue, un groupe considérable que nous crûmes être une partie de notre convoi, mais que nous reconnûmes pour marchands de boulets dès que le grand jour nous permit de les distinguer et de voir flotter leur pavillon yacht.

Nous nous trouvions dans une position critique (Voyez le 1er plan des positions et manœuvres du 9).

Nous étions à la queue de toute l'armée, en calme sous le gros morne de la Dominique, avec sept ou huit vaisseaux dont un, le *Citoyen*, était de l'arrière à nous, à demi-lieue par la hanche de bâbord au point A, en calme plat.

Le vaisseau de tête ennemi n'était pas à plus de demi-lieue de lui, et avait dans ce moment une folle brise du large marquée B, qui le faisait gouverner entre le *Citoyen* et nous, de façon que nous crûmes le *Citoyen* infailliblement coupé et pris ainsi que les bâtiments marchands qui se trouvaient autour de lui.

M. de Grasse et toute l'armée faisaient tranquillement route dans le canal des Saintes, pêle-mêle avec le convoi, et fut très longtemps à faire attention à nos signaux répétés; il vira enfin de bord, mais il ne nous aurait point sauvés, si la tête ennemie, parvenue à grande portée de canon du *Citoyen*, ne fût tombée tout à coup au calme, tandis qu'une brise favorable permit à ce vaisseau de nous rallier avec ses marchands; les ennemis cherchèrent alors à se mettre en ordre; M. de Grasse fit signal de branle-bas et à 7 heures signal de se former en ordre de bataille tribord amures, ordre naturel.

Il y avait encore à trois lieues et demie derrière nous l'*Auguste* et le *Zélé* qui serraient la terre le plus possible au point C, afin de se ménager un mouillage, si les ennemis eussent reviré sur eux pour les couper.

M. de Grasse, en signalant l'ordre de bataille, avait en même temps ordonné au convoi de relâcher au port le plus à portée, et tous les marchands manœuvrèrent pour aller à la Guadeloupe.

Tous les vaisseaux de guerre cherchaient à se débrouil-

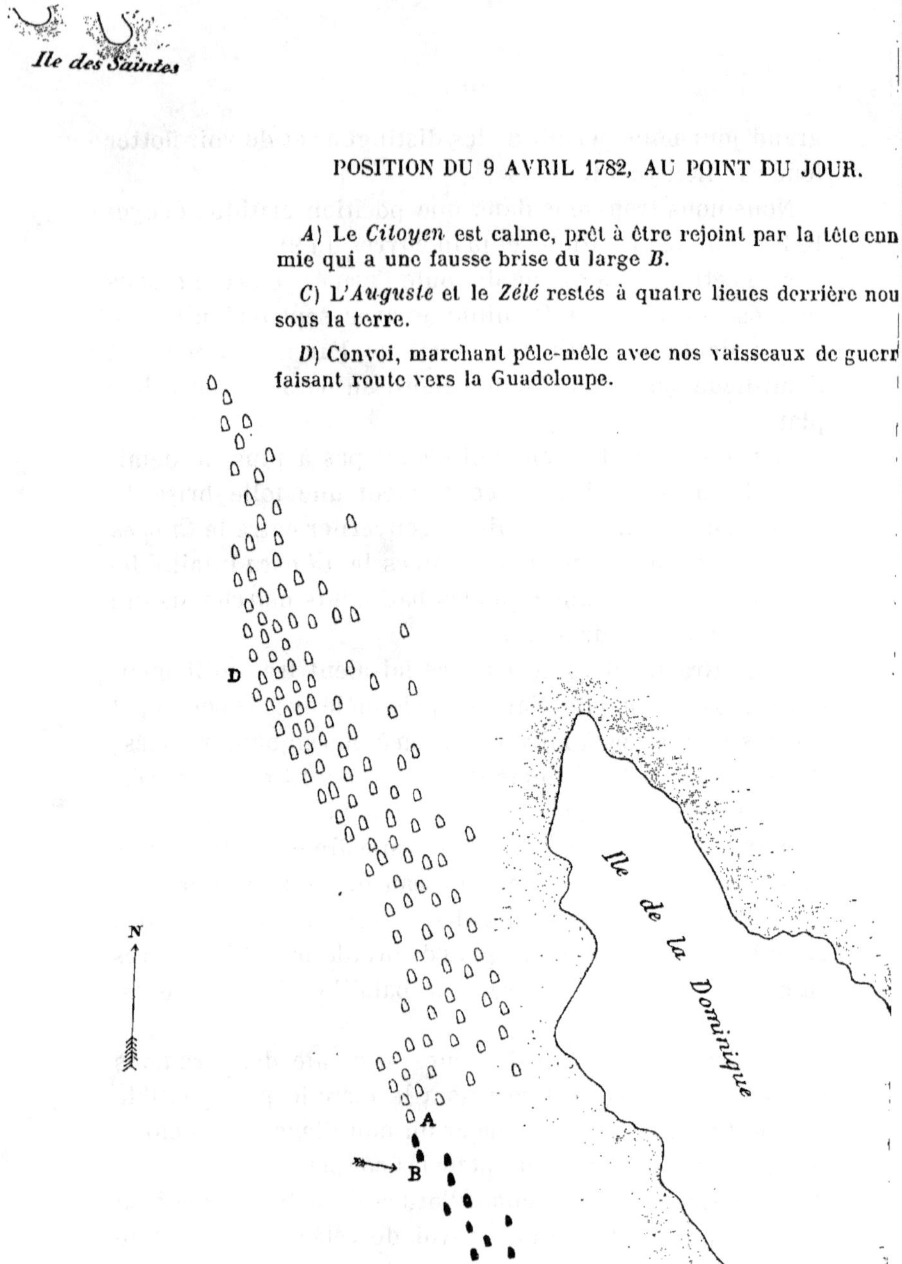

Ile des Saintes

POSITION DU 9 AVRIL 1782, AU POINT DU JOUR.

A) Le *Citoyen* est calme, prêt à être rejoint par la tête ennemie qui a une fausse brise du large *B*.

C) L'*Auguste* et le *Zélé* restés à quatre lieues derrière nous sous la terre.

D) Convoi, marchant pêle-mêle avec nos vaisseaux de guerre faisant route vers la Guadeloupe.

Ile de la Dominique

1er plan.

ler et à prendre leur poste dans l'ordre de bataille ordonné (marqué A dans le second plan).

Avant qu'ils y fussent parvenus, M. de Grasse fit, à 7 h. 1/2, signal de virer vent devant tous à la fois, et de se rallier à l'échiquier bâbord amures sur la ligne du plus près tribord.

Nous nous trouvâmes alors à portée de prendre notre poste en avant de la *Ville de Paris* (position B); nous avions bonne brise dans le canal et les ennemis commençaient à former une tête de quelques vaisseaux, les autres demeurant en calme sous la terre.

A 8 h. 25, M. de Grasse nous fit virer vent devant tous à la fois et tenir le vent tribord amures dans le même ordre qu'auparavant (marqué A).

Il ne voulait pas s'engager de nouveau sous la terre pour y trouver du calme.

A 9 heures, la tête ennemie commençait à entrer dans le canal, au nombre de dix-sept vaisseaux en ligne de bataille tribord amures; leur queue et leur général restaient toujours en calme.

M. de Grasse voulut attaquer cette tête et nous fit revirer vent devant tous à la fois à 9 heures, ce qui nous mit dans la position B. Il fit aussitôt signal de former la ligne de bataille bâbord amures ordre renversé; en conséquence, tous les vaisseaux arrivèrent et se formèrent sur la nouvelle ligne ordonnée (position CD).

Notre corps de bataille se trouva, par le mouvement, à portée de la tête ennemie avec laquelle nous commençâmes le combat, pendant que notre queue D exécutait le mouvement ordonné.

La tête ennemie plia, se sentant trop inférieure; elle larguait considérablement sans cependant faire de la voile pour ne pas se séparer de son arrière-garde qui ne pouvait pas encore manœuvrer.

Première canonnade. — Après une canonnade d'environ

POSITION DU 9 AVRIL 1782 DEPUIS SEPT HEURES DU MATIN JUSQU'A NEUF HEURES

A) L'armée française dégagée du calme et ralliée à l'ordre de bataille tribord amures : ce mouvement a été ordonné à 7 heures.

B) L'armée française ayant viré vent devant tous à la fois à 7 h. 1/2 est ralliée à l'échiquier bâbord amures, sur la ligne du plus près tribord.

C) L'armée française, après avoir encore viré deux fois et se trouvant dans le même ordre énoncé ci-devant, se rallie à l'ordre de bataille bâbord amures, ordre renversé, d'après le signal fait à 9 heures.
Tous les vaisseaux quittent la ligne B et arrivent dans la ligne du vaisseau de tête et se forment sur la nouvelle ligne C.
Le combat s'engage au corps de bataille avant que la queue D soit arrivée à son poste.

E) Dix-sept vaisseaux ennemis, dégagés du calme, forment une ligne tribord amures. Le reste demeure en calme. Se voyant attaqués avec avantage, ils larguent et se forment sur la ligne F.

G) L'*Auguste* et le *Zélé* cherchant à rallier l'armée.

H) Le convoi va relâcher à la Guadeloupe pendant que les armées combattent.

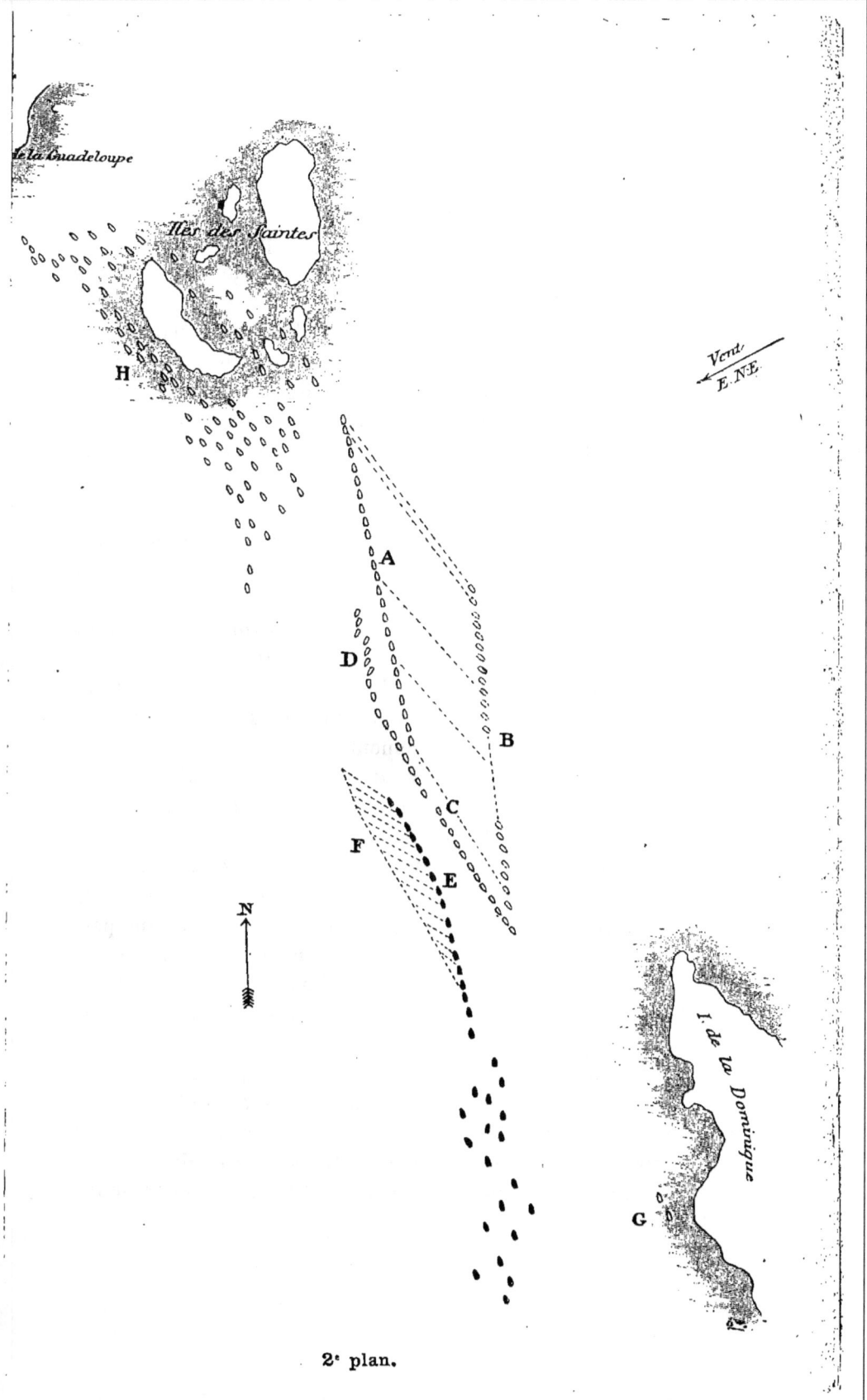

2ᵉ plan.

trois quarts d'heure à laquelle ni notre avant-garde, ni notre arrière-garde ne participèrent (C et E), les ennemis se trouvèrent hors de portée (ligne ponctuée F). Alors M. de Grasse fit signal pour virer vent devant tous à la fois. Il était dix heures.

Ce mouvement nous forma sur l'échiquier tribord sur la ligne du plus près bâbord position A (voyez 3e plan).

Quelques minutes après, il rendit la police à chaque chef de division, et à 10 h. 1/2, il ordonna de se rallier à l'ordre de bataille tribord amures, ordre naturel; ce mouvement devait faire arriver tous les vaisseaux sur la ligne ponctuée BB.

Pendant tout ce temps, la tête ennemie restait en panne pour attendre son arrière-garde qui ne pouvait pas sortir du calme.

Les vaisseaux ennemis paraissaient avoir été maltraités pendant la canonnade précédente; un d'eux avait un perroquet de fougue de moins. Notre vaisseau n'avait pas souffert dans ses gréements, mais nous avions eu trois hommes tués et six grièvement blessés.

A 10 h. 50 minutes, M. de Grasse fit signal à l'avant-garde de serrer au foc; notre convoi entrait alors dans la baie de la Basse-Terre à la Guadeloupe.

A 11 h. 15 minutes, M. de Vaudreuil, commandant de l'avant-garde, fit signal de serrer la ligne et, quittant la ligne BB, arriva sur l'ennemi avec sa division et une partie du corps de bataille, ce qui faisait une vingtaine de vaisseaux bien serrés qui en attaquaient douze ou quinze très éloignés les uns des autres, et qui restaient presque tous en panne.

Seconde canonnade. — Nous crûmes que nous allions suivre ce mouvement et tomber tous ensemble sur ce petit nombre de vaisseaux, qui, nécessairement, eût été mis en pièces, sans pouvoir être secouru. Mais M. de Grasse ne le jugea pas à propos; il tint le vent et demeura spectateur ainsi que nous, qui étions obligés de suivre son mouvement.

Le feu de notre avant-garde fut très vif; nous vîmes bientôt plusieurs de leurs vaisseaux en mauvais état; un entre autres avait son grand mât coupé sous la hune et sa grande vergue sur le pont.

Les vaisseaux l'*Auguste* et le *Zélé* parvinrent alors à nous rallier, mais en même temps, Rodney, avec ses trois vaisseaux à trois ponts, se dégageait du calme et venait soutenir son avant-garde qui en avait grand besoin; nos vaisseaux de queue lui tirèrent à son passage une ou deux volées. Le reste demeurait toujours immobile sans pouvoir manœuvrer.

Fin du combat. — Enfin à midi et demi, M. de Vaudreuil, voyant que, décidément, M. de Grasse ne voulait pas profiter de sa position avantageuse et que, vraisemblablement, il avait des raisons essentielles pour agir ainsi, fit signal à sa division de tenir le vent et alors chaque vaisseau fit une route parallèle à la ligne E, de façon qu'on fut bientôt hors de la portée du canon et le feu cessa.

M. de Grasse avait sur-le-champ répété le signal de M. de Vaudreuil, ce qui prouva que ce général était entré dans ses vues.

Quelles peuvent avoir été les raisons de M. de Grasse pour se conduire de la sorte? Il est difficile d'en imaginer de bonnes. Ceux qui prétendent le savoir, disent que M. de Grasse avait reçu des ordres précis d'éviter un engagement décisif et de mettre tous ses soins à bien conduire la grande opération de la Jamaïque.

Quoi qu'il en soit, les ennemis le remercièrent de bon cœur et profitèrent un peu mieux de la position heureuse où ils se trouvèrent trois jours après, comme on le verra.

En attendant, ils virèrent vent arrière et se formèrent à petites voiles bâbord amures pour se réparer et se regréer.

Nos vaisseaux manœuvraient comme à l'ordinaire et ne

SUITE DES MANŒUVRES ET POSITIONS DU 9 AVRIL 1782

Après trois quarts d'heure de feu les ennemis qui avaient toujours largué, se trouvaient hors de portée.

M. de Grasse fit placer l'armée à l'échiquier tribord sur la ligne du plus près bâbord, position A.

Les 17 vaisseaux ennemis étaient en panne pour attendre leur queue qui restait toujours au calme.

A 10 h. 25, le général fit signal de se rallier à l'ordre de bataille tribord amures ordre naturel : les vaisseaux devaient venir se former successivement sur la ligne BB.

Une demi-heure après, signal de faire serrer l'avant-garde au feu. Après un engagement d'une demi-heure dans la position C, dans laquelle les ennemis moins nombreux furent très maltraités, M. de Vaudreuil fit signal de tenir le vent, voyant que M. de Grasse n'avait pas voulu donner avec le reste de l'armée qui était restée spectatrice en D

Alors, le *Pluton* et les autres vaisseaux firent des routes parallèles à la ligne ponctuée E, et les ennemis virèrent vent arrière et mirent en panne pour se regréer et attendre ceux qui étaient enfin dégagés du calme en F; G. l'*Auguste* et le *Zélé* parvinrent alors à nous rallier; H, le convoi était en rade de la Guadeloupe.

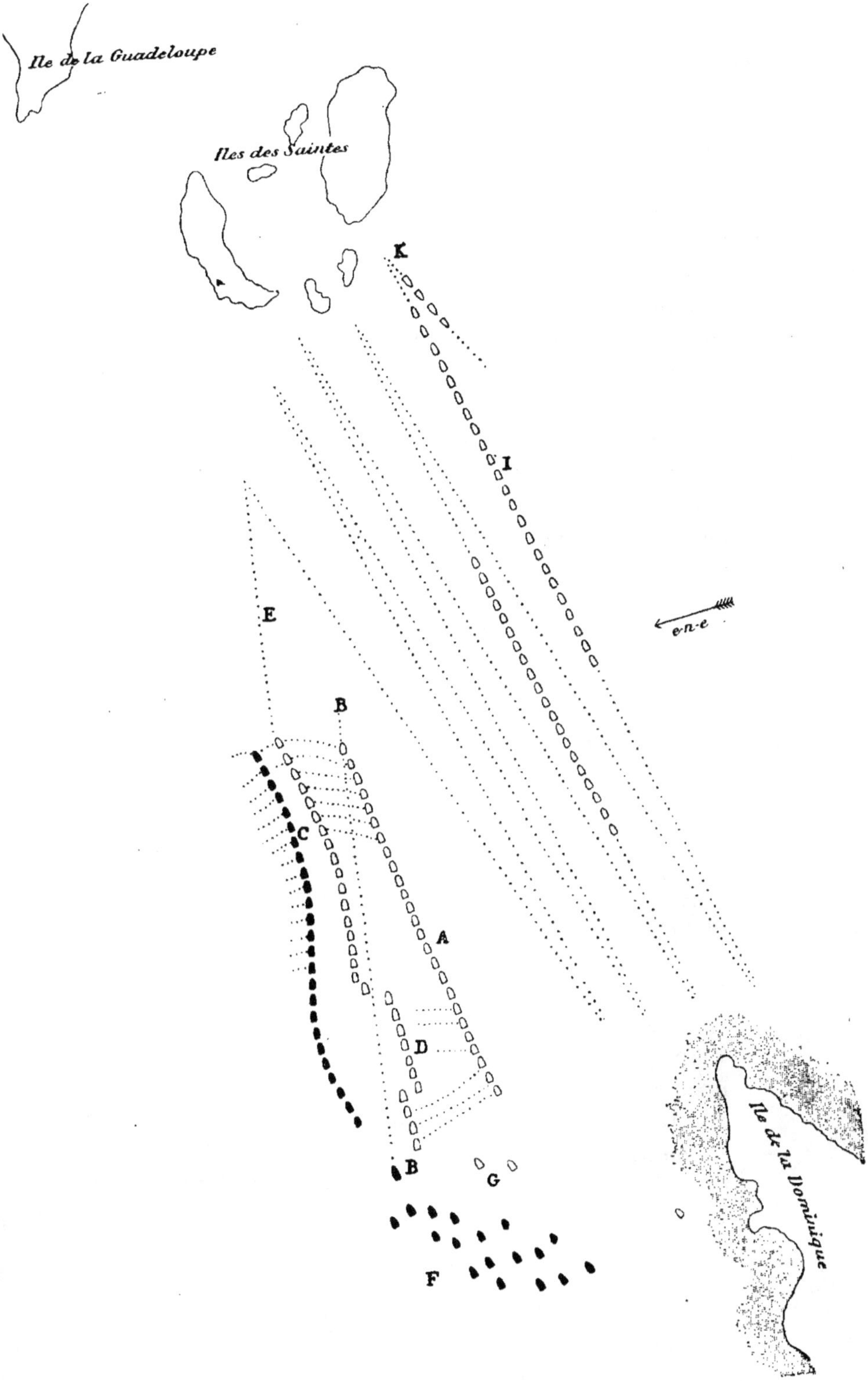

Ile de la Guadeloupe

Iles des Saintes

K

I

e-n-e

E

B

A

C

D

B G

F

Ile de la Dominique

3e plan.

paraissaient pas endommagés; cependant, le *Caton* fit signal d'une voie d'eau. On lui donna des secours et nous continuâmes le reste du jour et la nuit à louvoyer en ligne et en échiquier selon les directions ponctuées dans le troisième plan pour remonter le canal des Saintes.

M. de Grasse envoya un ordre au convoi pour le faire appareiller le même soir à 10 heures sous l'escorte des deux vaisseaux de 50 canons nommés ci-devant, et lui faire faire route vers Saint-Domingue avec toute la diligence possible.

Le 10, nous étions dans le canal et nous aperçûmes les ennemis à perte de vue sous le vent. Ils cherchèrent pendant la journée à se rapprocher de nous en manœuvrant par la contre-marche. Nous fîmes en sorte de remonter le canal en manœuvrant en ligne sur un bord et en échiquier sur l'autre; comme notre ligne était fort longue, nous étions obligés de virer souvent et nous gagnions peu de terrain.

Faux signaux de M. de Grasse, première cause de la journée du 12 avril.

A 8 heures du soir, il y eut une confusion de signaux et des abordages causés par l'entêtement de M. de Grasse. Il avait ordonné avant la nuit aux vaisseaux de tête et de queue, le *Pluton* et l'*Hercule*, de faire d'eux-mêmes les signaux de virer de bord dès que l'un des deux se trouverait près de la terre de la Dominique, ou des Saintes, pendant la nuit.

En conséquence, comme nous étions à 8 heures du soir dans la position I (voyez le troisième plan) en lignes tribord amures, courant sur les Saintes, le vaisseau de tête, le *Pluton*, se trouvant près de terre, fit signal à l'avant-garde de virer vent devant tous à la fois; un instant après, M. de Grasse, voulant faire virer par la contre-marche, c'est-à-dire que tous les vaisseaux au lieu de virer en même temps fussent faire leur mouvement successif au point K, en fit le signal, qui ne fut répété par personne; au contraire, M. de Vaudreuil répéta le signal du *Pluton,* pour faire virer tout de suite, ne pouvant point distinguer celui du général qu'il crut être le même, de façon que la tête et la queue virèrent, tandis que le corps de bataille continuait tribord amures.

M. de Grasse fut piqué et recommença son signal de contre-marche qui, peut-être parce qu'on ne put pas le distinguer, ne fut encore point répété par les deux chefs de division; mais tous ces signaux entraînèrent une incertitude dans la manœuvre de chaque vaisseau particulier, qui, ayant distingué les deux espèces de signaux, ne savaient auquel il fallait obéir, de façon que chacun manœuvra à sa guise sans suivre aucun ordre de marche et de là s'ensuivit un désordre et une inquiétude singulière pendant le reste de la nuit. Il y avait des vaisseaux sur tous les bords et on criait à tout moment : « Un vaisseau devant, un autre sous le vent, lof, arrive, non n'arrive pas, etc... »

Bientôt après un vaisseau fit signal d'incommodité et demanda à relâcher. C'était le *Jason* qui avait été abordé par le *Zélé* et qui fut se raccommoder à la Guadeloupe. Le *Caton* y était déjà allé à l'entrée de la nuit, pour étancher sa voie d'eau, de manière que nous n'étions plus que trente et un.

Cette confusion n'eût point eu lieu si M. de Grasse eût voulu, comme tous les généraux possible, avoir des frégates répétiteuses au vent de son armée, car il n'y a que lui qui ait pu imaginer que dans une armée de plus de trente vaisseaux en ligne de bataille, les deux chefs de division puissent distinguer d'une manière sûre un signal de nuit que fait le général placé au centre et qui nécessairement est caché par les autres vaisseaux. Les frégates au vent d'une ligne sont bien plus à même de voir avec certitude le nombre de coups de canon et de fusées du général, et, lorsqu'elles les répètent, elles sont nécessairement vues de toute la ligne.

Le 11, le point du jour attendu avec impatience nous fit voir notre armée dans le plus grand désordre, chaque vaisseau faisant sa route dans le canal et virant de bord, lorsqu'il se trouvait près de terre.

Les ennemis avaient pour ainsi dire disparu sous le vent, on n'en apercevait que quelques bâtiments très loin.

M. de Grasse ne signala aucun ordre de marche et ordonna seulement à toute l'armée de forcer de voiles en tenant le vent, ce qui nous annonça son intention de remonter le canal et de tâcher de passer au vent de la Dominique ou de la Guadeloupe.

Nous apprîmes que notre convoi avait réellement appareillé de cette dernière île, le 9, à 10 heures du soir, de sorte que, si les ennemis étaient par hasard instruits, il avait beaucoup d'avance sur les vaisseaux qu'on pourrait détacher à sa poursuite.

Il ventait grand frais dans le canal et chaque vaisseau fit le plus de voiles possible, et manœuvra de son mieux pour parvenir au vent.

A quatre heures du soir, toute l'armée avait doublé les Saintes, favorisée par une forte brise de S.-E. et d'E.-S.-E. Deux de nos vaisseaux seulement, le *Zélé* et le *Magnanime*, étaient en arrière dans le canal; ce dernier avait eu des avaries dans sa mâture, et avait été obligé de changer un mât de hune; l'autre, soit mauvaise manœuvre, soit mauvaise qualité du vaisseau, n'avait pas pu suivre. Les ennemis avaient continué à louvoyer par la contre-marche en faisant beaucoup de voiles et nous avaient bien rapprochés.

Lorsqu'ils virent que notre projet était de passer au vent des îles, ils détachèrent leurs meilleurs marcheurs sur le *Zélé* et le *Magnanime* qui restaient derrière; ces vaisseaux firent signal au général que l'ennemi les joignait et M. de Grasse nous fit signal de branle-bas en arrivant vent arrière à toutes voiles sur eux.

Nous suivîmes son mouvement, et nous perdîmes par ce moyen tout le chemin que nous avions fait au vent. Quand les ennemis nous virent revenir ils se replièrent et se mirent en ordre de bataille. Nous retînmes le vent et nous recommençâmes à louvoyer sans ordre pour remonter le canal.

Deuxième cause de la journée du 12 avril. — La nuit se passa sans signaux, et c'est cependant dans cette malheureuse nuit que le *Zélé* aborda debout au corps la *Ville-de-Paris*, et perdit son beaupré et son mât de misaine; ce qui causa la triste affaire du lendemain; j'en vais tracer un à-peu-près seulement, car les scènes de ce terrible événement ont si fréquemment varié, qu'il est impossible d'en rappeler toutes les circonstances.

Combat du 12 avril.

Le 12, au point du jour, l'armée continuant à louvoyer à volonté, et sans observer d'ordre, notre vaisseau se trouvait être des plus au vent; nous découvrîmes à plus de deux lieues sous le vent, la *Ville de-Paris*, presque seule tenant le vent bâbord amures et ayant sous le vent à elle un vaisseau démâté des mâts de misaine et beaupré que nous reconnûmes pour le *Zélé*. Il était remorqué par une de nos frégates, et il forçait de voiles, tribord amures, pour aller relâcher à la Guadeloupe.

La *Ville-de-Paris* avait au grand mât le pavillon blanc bordé de rouge, pavillon de ralliement. Nous arrivâmes aussitôt vent arrière tous ensemble et nous mîmes nos bonnettes pour la joindre plus vite. Nous vîmes les ennemis dont la queue était bâbord amures et dont la tête s'élevait par la contremarche tribord amures sous la terre de la Do-

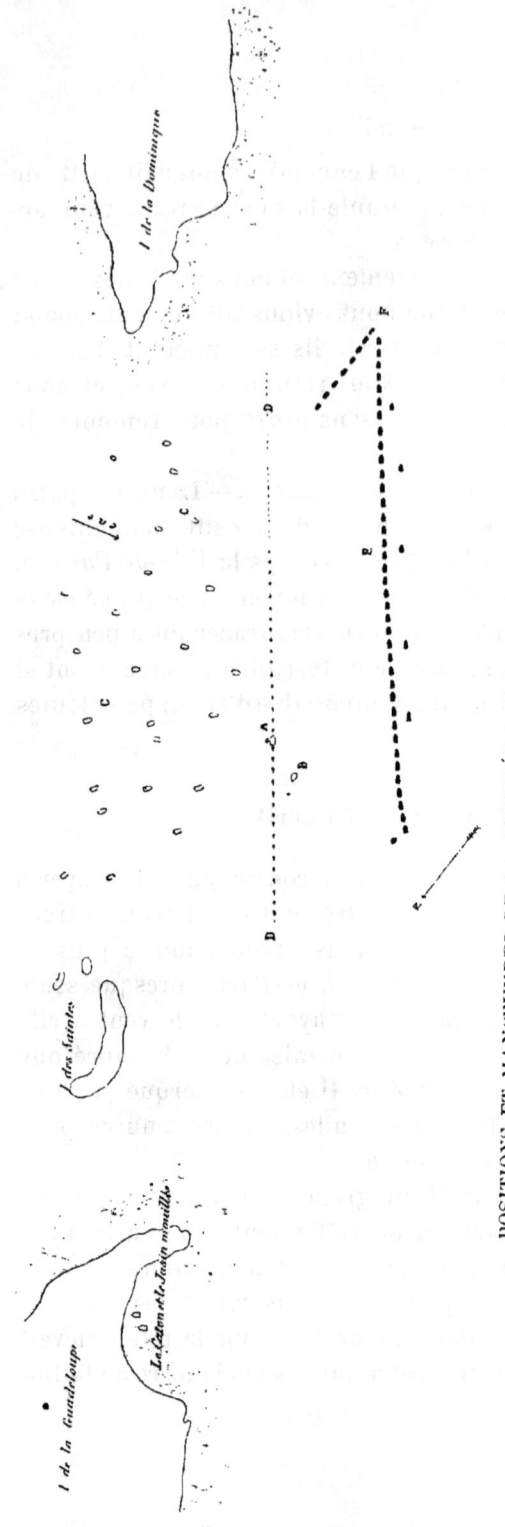

POSITIONS ET MANŒUVRES DE LA JOURNÉE DU 12 AVRIL 1782, AU POINT DU JOUR

A) La *Ville-de-Paris*, seule sous le vent de toute l'armée avec un pavillon de ralliement au grand mât, courant bâbord amures.
B) Le *Zélé* démâté de son beaupré et mât de misaine, faisant route pour la Guadeloupe, remorqué par une frégate.
C) L'armée sans ordre dans le canal, arrivant sur le Général pour se former sur la ligne de bataille, bâbord amures.
E) L'armée ennemie s'élevant par la contre-marche au point F et venant attaquer l'armée française en désordre et qui, par sa position, est obligée de se former en partie sous le vent.

1ᵉʳ **Plan.**

minique, et qui par cette position se trouvait au vent de la *Ville-de-Paris*. (Voyez 1er plan de la journée du 12 août 1782.)

Le premier signal du Général fut, à six heures, de se former en ligne de bataille bâbord amures, c'est à-dire de nous former sur la ligne ponctuée D D, courant sur la Dominique. Nous nous trouvions par cette position aller au-devant des ennemis qui alors, étant obligés de nous prolonger à bord opposé en courant quatre quarts largue, devaient nécessairement écraser notre arrière-garde, pouvant la serrer d'aussi près qu'ils voudraient.

Mauvaise position dans laquelle M. de Grasse laisse engager le combat. — Tous les officiers sentirent combien notre position était désavantageuse et auraient désiré que M. de Grasse prît le même bord que les ennemis.

On prétend que feu M. du Pavillon, excellent officier, jouissant d'une grande réputation, capitaine de pavillon de M. de Vaudreuil, dit à ce général quand il vit le combat s'engager dans cette position : « Voici une terrible journée pour la France! Comment! bâbord amures! Tout est perdu! »

M. de Grasse ne vit pas les choses de même et chaque vaisseau prit comme il put son poste dans l'ordre de bataille bâbord-amures, ordre renversé.

L'escadre bleue, commandée par M. de Bougainville, faisait l'avant-garde, et l'escadre blanche et bleue, par M. de Vaudreuil, faisait l'arrière-garde. Notre vaisseau se trouvait le matelot d'avant du Général. Les ennemis forcèrent de voiles pour engager le combat avant que nous pussions nous former en bon ordre; M. de Grasse fit à six heures et demie signal aux trois vaisseaux de tête de passer à portée de pistolet au vent du chef de file ennemi. Mais ils étaient encore en chemin ainsi que nous et toute l'armée pour prendre leur poste dans la ligne, et les ennemis portaient sur le centre de notre avant-garde, de manière que ce signal ne pouvait s'exécuter.

La plupart de nos vaisseaux commencèrent à tenir le vent bâbord amures à sept heures et un quart, et formèrent une espèce de ligne dont la tête était très au vent et dont les distances étaient ou très grandes ou trop resserrées ; nous arrivâmes alors à notre poste, et nous mîmes la *Ville-de-Paris* dans nos eaux, à un câble, et un peu au vent.

A peine fûmes-nous établis au plus près sous nos huniers, que le combat s'engagea entre le vaisseau de tête ennemi et le trois ou quatrième devant nous ; il était alors sept heures et demie.

Il y avait encore des vaisseaux qui n'étaient pas à leur poste : le *Dauphin-Royal*, notre matelot d'avant, était encore au vent à nous, ce qui ne l'empêcha pas de faire feu sous notre beaupré, au risque que nous reçussions ses boulets.

Les ennemis nous prolongèrent à portée de fusil, faisant le plus grand feu. Tous leurs coups donnaient plus haut que bas.

J'étais placé dans la seconde batterie, aux deux pièces de canon de la grande chambre. Nous chargions nos canons avec un boulet rond, un boulet ramé et un paquet de mitraille tout à la fois. Les ennemis chargeaient de même, car il entra plusieurs fois des morceaux de fer et des balles d'un quarteron par nos sabords.

Faux signal. — Comme nous étions par le travers de la tête du corps de bataille ennemi, M. de Grasse, s'apercevant que notre arrière-garde mal formée et trop sous le vent pourrait peut-être être coupée, ou que du moins elle souffrirait beaucoup, voulut prendre l'autre bord et fit signal de virer tous ensemble lof pour lof, c'est-à-dire vent arrière. Il était absolument impossible d'exécuter ce signal sans aborder les ennemis debout au corps, parce qu'ils nous serreraient alors assez près pour les voir et les entendre manœuvrer.

Ce signal fut fait à huit heures : peu de minutes après,

on fit celui de tenir le vent tous à la fois, afin d'éviter la confusion et le désordre qu'aurait nécessairement produit le premier signal si quelques vaisseaux eussent tenté de virer, tandis que la plus grande partie n'aurait jamais pu.

Nous continuâmes donc à prolonger, ou à être prolongés par les ennemis dont les boulets et la mitraille tombaient exactement comme de la grêle sur le vaisseau. Une de nos pièces de la seconde batterie creva, tua et blessa tout ce qui l'environnait et enfonça le gaillard au-dessus d'elle; quelques minutes après, un boulet traverse le vaisseau précisément vis-à-vis de moi, emporte les jambes de deux hommes devant moi, passe entre les miennes et me couvre d'éclats et de poussière de bois sans me faire aucun mal. L'un de ces hommes me saisit en tombant et me fait tomber avec lui; il se relève et fait plus de dix pas pour aller à la cale, en marchant sur sa jambe dont la moitié inférieure traînait derrière lui, ne tenant plus que par son bas. Personne ne fut blessé par les éclats de ce coup, grâce à la bonne qualité du bois de notre vaisseau; je n'eus que ces deux hommes touchés à ma pièce.

Comme nous étions obligés de tenir le plus près, nous faillîmes à être coiffés plusieurs fois; la *Ville-de-Paris* surtout eut la plus grande peine à se maintenir : ses boulines, ses bras, tout était coupé et nous fûmes obligés de mettre sur le mât pour l'attendre et ne pas laisser une trop grande distance entre elle et nous.

La ligne française est coupée. Le Glorieux *démâté de tous mâts.* — Nous aperçûmes bientôt un pavillon anglais au vent de notre ligne à trois ou quatre vaisseaux derrière la *Ville-de-Paris*, ce qui nous annonça que les ennemis avaient profité d'une lacune et avaient coupé notre arrière-garde.

Une éclaircie de fumée nous laissa en même temps voir à la même distance un vaisseau démâté de tous mâts que

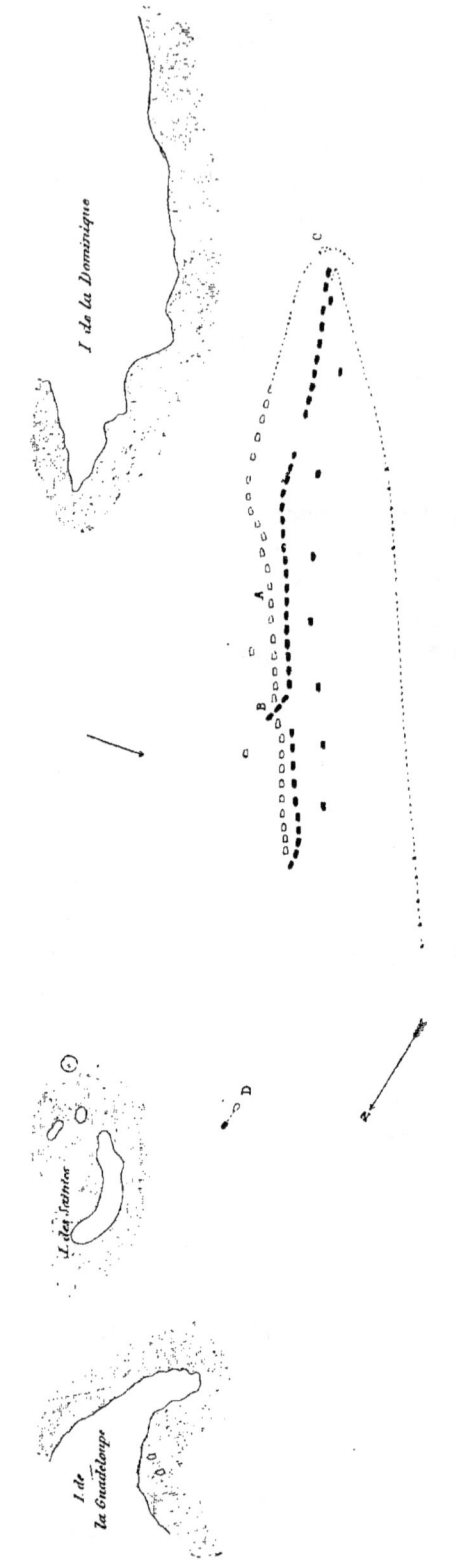

POSITIONS ET MANŒUVRES DE LA JOURNÉE DU 12 AVRIL 1782.

A) L'armée française formant à la hâte une mauvaise ligne de bataille bâbord amures est combattue par l'armée ennemie qui la prolonge à bord opposé, à petite portée de fusil, courant quatre quarts largue.
B) Lacune entre le *Sceptre* et le *Glorieux* dont les ennemis profitent pour couper notre ligne en tenant le vent tout à coup. Le *Glorieux* fut démâté de tous mâts.
C) Arrière-garde ennemie en calme, laissant une lacune avec son corps de bataille.
D) Le *Zélé* remorqué par une frégate, continuant sa route pour la Guadeloupe.

2º **Plan.**

nous reconnûmes pour le *Glorieux*. (Voyez le 2ᵉ plan de cette journée.)

Le Général fit alors signal pour faire virer par la contremarche lof pour lof, c'est-à-dire faire suivre successivement la ligne ponctuée E, afin de pouvoir se reformer sous le vent et rallier notre arrière-garde. Il était huit heures trois quarts.

Rodney et ses trois vaisseaux à trois ponts défila à son tour sur nous et voyant notre mauvais état nous serra le plus près possible; la brise était très faible; il voulut faire honneur à notre Général en restant le plus longtemps possible par son travers; en conséquence, il mit sur le mât et acheva par un feu d'enfer de nous mettre en pièces ainsi que la *Ville-de-Paris*. Toutes ses voiles et ses manœuvres furent hachées comme les nôtres. Nous ne nous dépassions point, et quoique notre feu fût très vif, les voiles anglaises restaient toujours solidement suspendues. Il est vraisemblable que nos coups donnaient bas et que ce combat aura été plus meurtrier à proportion pour eux que pour nous, car le sifflement de leurs boulets ou mitrailles se succédait avec une si grande rapidité qu'on ne distinguait pas la moindre interruption, surtout par le travers des trois trois-ponts; mais tout passait au-dessus du corps du vaisseau, sans quoi nous aurions perdu tout notre monde.

Lorsque nous eûmes dépassé le Général anglais et cinq ou six autres de ses vaisseaux, nous restâmes en calme, une brise fausse nous coiffa et nous força d'arriver dans une lacune qui séparait l'arrière-garde ennemie de son corps de bataille.

La *Ville-de-Paris*, la *Couronne*, le *Sceptre*, le *Dauphin-Royal*, l'*Eveillé* et nous, entrâmes dans cette lacune, sans voiles, sans cordes et sans pouvoir gouverner.

L'arrière-garde ennemie se battait à notre gauche avec notre avant-garde en calme plat. Sur notre droite, Rodney

I. de la Dominique

POSITIONS ET MANŒUVRES DU 12 AVRIL 1782

A) La *Ville-de-Paris*, après avoir dépassé trente vaisseaux ennemis, arrive avec ses matelots et deux ou trois autres vaisseaux dans une lacune que laisse l'arrière-garde ennemie B avec le corps de bataille C, qui après avoir couru dans la direction D, après avoir coupé notre ligne en E, revire de bord pour nous réattaquer dans notre désordre, ainsi que l'avant-garde ennemie F, qui avait prolongé toute notre ligne. Notre arrière-garde G, ayant été coupée, avait fait vent arrière et se trouvait beaucoup sous le vent à nous.

Le *Glorieux*, démâté de tous mâts, restait au point H et la frégate le *Richmond*-I allait lui donner la remorque.

L) Cutters et frégates françaises qui se trouvaient coupées et cherchaient à aller au mouillage.

M) Fausse brise qui coiffa la *Ville-de-Paris* et la força d'arriver dans la lacune.

N) Deux vaisseaux ennemis qui voyant leur ligne coupée paraissaient très embarassés par la manière dont ils manœuvraient. Nous leur tirâmes une ou deux volées.

3° Plan.

achevait de défiler et notre arrière-garde étant coupée avait arrivé vent arrière, et tâchait de se reformer sous le vent. Nous fûmes longtemps à pouvoir distinguer tout notre désastre; on ne voyait que feu et fumée de toutes parts, surtout à notre gauche au point B. (Voyez le 3e plan de cette journée.)

Il y avait par notre travers deux vaisseaux ennemis à grande portée de canon qui croyaient leur ligne coupée et paraissaient fort embarrassés; ils tinrent ensuite le vent tribord-amures et nous leur tirâmes deux volées en passant.

L'avant-garde ennemie F et le corps de bataille C, après avoir coupé notre ligne au point E, avaient tenu le vent suivant la direction D, revirèrent de bord et forcèrent de voiles pour profiter de notre désordre. Il était environ dix heures.

Le *Glorieux* démâté de tous mâts restait au point H; M. de Grasse fit signal au *Richmond*, une de nos frégates, de lui donner une remorque; cette frégate était en chemin pour la lui donner, et la lui donna effectivement, mais les ennemis la joignirent bientôt et la forcèrent de couper et d'abandonner ce pauvre vaisseau, dont la mâture restait loin de lui couverte d'hommes qui imploraient des secours; les ennemis leur envoyèrent des canots.

Nos autres frégates et cutters étant coupés, s'enfuyaient dans le canal dans la position L. Le *Zélé* continuait sa route en K. Nous faisions tous nos efforts pour rattacher et renouer nos manœuvres et nos voiles. Nous changeâmes notre petit hunier qui était en morceaux.

Le *Sceptre* et plusieurs autres vaisseaux firent signal qu'ils étaient hors d'état de combattre. Le Général mit pavillon de ralliement et continua à faire vent arrière pour tâcher de joindre l'escadre blanche et bleue G qui faisait la même route.

Notre avant-garde restait engagée avec l'arrière-garde

POSITIONS ET MANOEUVRES DU 12 AVRIL 1782

Toute l'armée française n'ayant pas discontinué de faire vent arrière, les mauvais marcheurs sont enveloppés. Le *César* est en A; l'*Hector* en B; la *Ville-de-Paris* en D; le *Glorieux* est remorqué par une frégate anglaise au point E.

Les choses étaient à peu près en cet état à quatre heures ou quatre heures et demie.

M. de Vandreuil et ses deux matelots marqués F tâchaient de joindre la *Ville-de-Paris*.

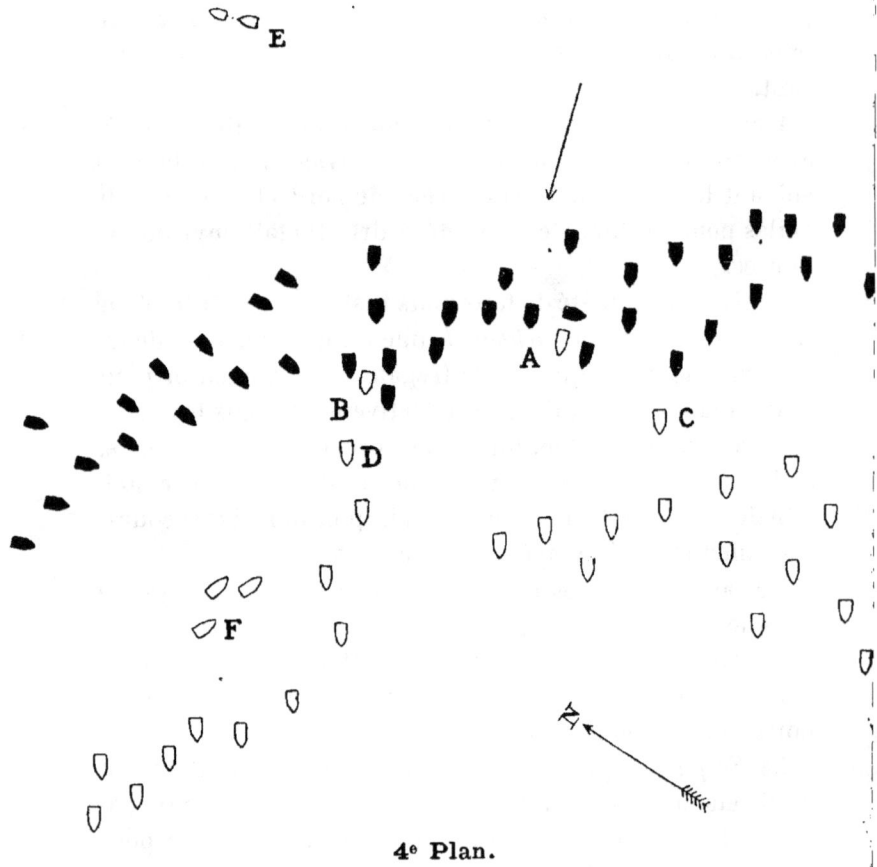

4ᵉ Plan.

ennemie et ce ne fut qu'au bout d'un certain temps que nous vîmes enfin quelques pavillons blancs qui se dégagèrent et cherchèrent à nous joindre. Pendant ce temps, le corps de bataille ennemi C et son avant-garde F forçaient de voiles pour couper nos derniers vaisseaux.

De ce nombre furent le *César*, l'*Hector* et l'*Ardent*, qui marchant fort mal restèrent derrière et furent enveloppés. Le Général fit plusieurs signaux d'ordre de bataille bâbord-amures, de tenir le vent à l'escadre blanche et bleue, de diminuer de voiles à la même escadre, et, enfin, signal de ralliement, mais, soit que les vaisseaux ne pussent pas manœuvrer, soit que la déroute fût complète, on faisait toujours vent arrière; on fit ces signaux successivement à midi, à 1 h. 10 minutes et à 2 h. 22 minutes.

La *Ville-de-Paris* commençait à être clystérisée par quelques vaisseaux qui lui tiraient dans la hanche; elle leur répondait de temps en temps par quelques coups de canon sans cesser de faire vent arrière. Nous étions alors à quelques toises en avant d'elle sur bâbord. La *Couronne* passa à tribord et n'y fit pas une longue séance; nous ne l'avons pas revue pendant le reste de la journée. Nous tirions de temps en temps sur les vaisseaux qui voulaient nous accoster de trop près.

A trois heures, le *César* se trouva engagé avec deux vaisseaux ennemis : il fit une défense digne du nom qu'il portait. A trois heures et demie, M. de Bougainville fit signal aux autres vaisseaux de le dégager, mais la chose était impossible puisqu'il restait derrière au vent et que toute l'armée ne cessait pas de faire vent arrière.

La *Ville-de-Paris* était toujours canonnée par la hanche et on ne sait pas pourquoi elle ne se servit jamais de ses canons de retraite; la brise était toujours singulièrement faible et le malheureux vaisseau ne bougeait presque pas de place. Il n'avait d'autres voiles que ses huniers à moitié mât et sa misaine; il faisait toujours le serre-file d'un groupe de vaisseaux sans ordre.

Nous, le *Languedoc*, restâmes toujours à un câble et quelquefois moins en avant.

L'*Hector* fut aussi attaqué par deux vaisseaux ennemis; il était en arrière un peu à gauche de la *Ville-de-Paris;* il tâchait de la rejoindre.

A trois heures cinquante minutes, M. de Vaudreuil et M. de Bougainville firent chacun des signaux à leurs escadres pour faire tenir le vent tribord-amures et pour tâcher de rétablir une espèce d'ordre de bataille et secourir le Général. Il se forma effectivement une petite ligne de cinq ou six vaisseaux au vent du reste de l'armée qui tint tête pendant quelques instants aux premiers vaisseaux ennemis. La *Ville-de-Paris* en était le serre-file et tira deux ou trois volées; mais, comme les ennemis manœuvrèrent et forcèrent de voiles pour envelopper ce petit nombre de vaisseaux, ils refirent vent arrière pour joindre le reste de l'armée qui recommença la même route, et la *Ville-de-Paris* ne pouvant suivre resta encore la dernière. (Voyez 4ᵉ plan de cette journée.)

Le *César*, entouré par trois vaisseaux contre lesquels il s'est défendu longtemps, est forcé de se rendre.

L'*Hector* vient expirer auprès de son Général après s'être aussi défendu contre trois vaisseaux à portée de pistolet. L'*Ardent* allait être rejoint et éprouver le même sort. La *Ville-de-Paris* restait toujours de l'arrière. Le *Triomphant*, commandé par M. de Vaudreuil, suivi de ses deux matelots la *Bourgogne* et le *Magnifique*, rejoints ensuite par le *Réfléchi* et, je crois, le *Magnanime*, tenaient le vent bâbord-amures pour attendre le Général et tâcher de le sauver.

Le *Triomphant* passa entre la *Ville-de-Paris* et nous; il voulut, à ce qu'on prétend, lui donner une remorque, mais il ne put y parvenir. D'ailleurs, les vaisseaux ennemis qui venaient de faire amener le *César* et l'*Hector* et qui avaient avec eux l'amiral Hood, furent bientôt par le travers et par les hanches de la *Ville-de-Paris*, sur laquelle ils faisaient un feu terrible et de très près.

Pendant ce temps, d'autres vaisseaux avaient joint l'*Ardent* et l'avaient fait amener, en lui tirant une seule bordée. La *Ville-de-Paris* ne répondait que par quelques coups de canon de loin en loin, et paraissait comme un gros dogue mourant sur lequel était acharnée une troupe de roquets. Enfin, à six heures ou six heures et demie, Rodney avec ses deux matelots étant venu à portée, tira un ou deux coups de canon sur la *Ville-de-Paris*, qui vint en travers quelques minutes après. Son pavillon avait été emporté et toutes ses voiles étaient sur le pont ou en morceaux. Cependant ses trois mâts étaient debout.

L'insatiable Hood laissa à son Général le plaisir de faire déloger M. de Grasse et vint avec une demi-douzaine d'autres vaisseaux pour nous faire subir le même sort ainsi qu'au *Triomphant*, qui se mit à côté de nous à bâbord et nous cria dans le porte-voix de le suivre. Hood nous eut bientôt joints, quoiqu'il lui manquât beaucoup de voiles et que nous fussions parvenus à raccommoder et à porter toutes les nôtres, même les bonnettes. Il nous attaqua à tribord de très près, tandis que d'autres vaisseaux attaquaient à bâbord M. de Vaudreuil.

Nous fîmes le plus grand feu et tout l'équipage avait encore une ardeur incroyable quoiqu'il n'eût pas mangé de toute la journée, quoiqu'il fît nuit, et, enfin, quoiqu'il ne fût pas vraisemblable que nous pussions nous sauver. Les vaisseaux de bâbord nous coupaient sous le vent, il n'y avait que peu de brise et nous n'allions presque pas ; un seul boulet dans un de nos maîtres-mâts eût tout jeté par terre ; de manière que nous étions fermement persuadés que, nécessairement, nous devions aller souper chez les anges ou chez les Anglais.

Plusieurs vaisseaux immédiatement devant nous, la *Bour-*

POSITIONS ET MANŒUVRES DU 12 AVRIL 1782

A) La *Ville-de-Paris* qui est prise et amarinée par Rodney qui est à côté d'elle.
B) L'*Hector* pris et amariné. — C) L'*Ardent* pris et amariné. — D) Le *César* qu'o
abandonne parce qu'il a le feu à bord. — E) *Le Glorieux* avec une frégate anglaise.
F) *Le Languedoc* et *le Triomphant* engagés et presque entourés par les ennemis q
tout à coup les laissent aller et tiennent le vent, comme le reste de leur armée G.
Les choses étaient ainsi à sept heures et demie du soir.

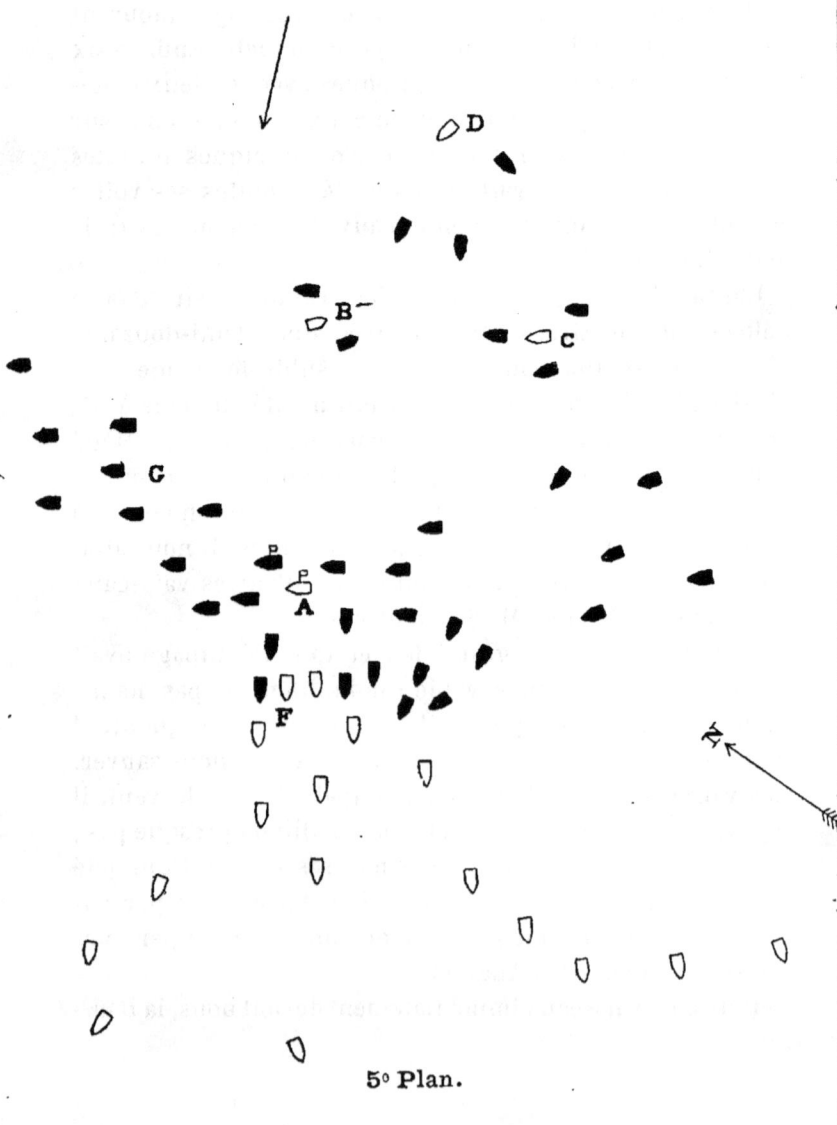

5° Plan.

gogne, le *Dauphin-Royal*, le *Réfléchi* et tant d'autres s'attendaient au même sort, mais, heureusement, Rodney fut si étonné d'avoir pris la *Ville-de-Paris* et son commandant qu'il ne fit plus attention aux autres vaisseaux dont il pouvait se rendre maître et fit signal de ralliement à son armée. Il tint le vent et obligea Hood et ses satellites de nous laisser aller; dès que nous nous en aperçûmes, nous fermâmes bien vite nos batteries et ne laissâmes pas la moindre lumière nulle part. Il était même assez comique de nous voir nous parler bas et marcher doucement, comme si les ennemis eussent pu nous entendre.

M. de Vaudreuil fut aussi dégagé par la même raison et, marchant mieux que nous, il nous eut bientôt dépassés et perdus de vue.

Chacun força de voiles le plus qu'il put et fit la route que son imagination lui suggéra; la nôtre fut toujours à peu près vent arrière. La nuit était heureusement très obscure; il était environ 8 heures lorsque les ennemis nous laissèrent.

Le *César*, qui était resté très loin derrière, ayant été amariné par des Anglais ivres, prit feu dans ses soutes; nous le vîmes sauter en l'air au bout d'une demi-heure. Nous faisions des vœux pour que ce fût un vaisseau anglais, mais nous apprîmes peu de jours après que c'était le malheureux *César* dans lequel avaient péri, d'abord tous les blessés et ensuite presque tout son équipage qu'on n'avait pas eu le temps de transférer à bord des vaisseaux ennemis.

Qu'on se mette un instant à la place de ces pauvres malheureux qui, mutilés et sans pouvoir bouger de place, voyaient venir les flammes dévorantes et attendaient avec autant d'impatience que de désespoir l'explosion qui devait finir leurs maux! De ce nombre furent le capitaine, un lieutenant et un officier de la garnison. Voilà à quoi la qualité de militaire nous expose! Y a-t-il un scélérat dont la mort ait été plus cruelle?

Ainsi finit cette terrible journée, monument éternel des

vices fondamentaux de la marine française : l'ignorance et l'insubordination. Si notre gouvernement prend envie de se conduire à l'anglaise et que, pour ce qui regarde M. de Grasse, on prenne l'amiral Bing pour terme de comparaison, qu'on le suive dans la journée du 29 avril 1781, où, avec 24 vaisseaux, il n'en attaque pas 18 qui lui tirent du canon, et il se contente de faire grand bruit de fort loin ; qu'on examine ensuite sa conquête de Tabago, où, par le plus grand bonheur, le *Pluton* et l'*Expériment* ne sont pas pris ; qu'on aille encore avec lui à la Nouvelle-Angleterre, et on y verra l'escadre française en position d'être détruite, si l'armée ennemie eût été commandée par Hood lors de notre appareillage de la baie de Chesapeak ; si vous n'êtes pas encore convaincus, allez à Saint-Christophe où vous le verrez d'abord avec 28 vaisseaux se laisser prendre son mouillage, sans s'en douter, par 22, et ensuite faire des passades arlequines et ordonner d'approcher à portée de pistolet, tandis qu'il passe hors de la portée du canon ; après quoi, il pourra vous donner une représentation curieuse de 22 vaisseaux ennemis passant sous le nez de 32 français mouillés à portée de canon les uns des autres. Voyez-le enfin dans la nuit du 10 au 11 avril 1782 bouleverser toute son armée par de faux signaux et être la première cause de l'événement du 12, où il a couronné toutes ses œuvres en se laissant combattre dans la position la plus désavantageuse par une armée beaucoup plus forte que la sienne. Vous n'oublierez pas non plus de faire une petite pause sur son appareillage de la Martinique le 8 avril. Ce qui vous mènera à quelques réflexions sur sa prudence marquée dans la journée du 9 ; après quoi, vous ne refuserez pas d'allumer son auto-da-fé (1).

---

(1) L'auteur se fait l'écho des attaques violentes auxquelles M. de Grasse fut en butte à cette époque et dont devait faire justice le conseil de guerre tenu à Lorient après la signature du traité de Versailles.

Fuite de l'armée française. — Retour en France.

Notre vaisseau a tiré dans cette journée 1.677 coups de canon ; nous avons eu trois pièces démontées à la première batterie, une crevée à la seconde et deux démontées sur les gaillards : 15 hommes tués roide et 110 blessés dont plus de 30 ont eu des membres et parties de membres emportés. Il y eut aussi un officier des détachements d'Armagnac assez grièvement blessé au visage et deux ou trois autres qui eurent des contusions.

Nous ne discontinuâmes pas toute la nuit de faire vent arrière ; chaque étoile qui se levait derrière nous nous paraissait être un feu des ennemis qui nous poursuivaient.

Nos autres vaisseaux nous eurent bientôt perdus de vue, marchant beaucoup mieux. Le point du jour que nous redoutions vint enfin, et nous aperçûmes à tribord par notre bossoir, c'est-à-dire un peu en avant, à quatre ou cinq lieues, sept ou huit bâtiments qui paraissaient dégréés et auxquels nous fîmes des signaux de reconnaissance.

C'était M. de Vaudreuil, que nous tâchâmes de rallier en faisant porter sur lui, tandis qu'il continuait à faire vent arrière à petites voiles. Nous avions encore à bâbord, à une lieue ou deux, le *Magnanime* qui ne marchait pas mieux que nous et qui sans regarder ni faire de signaux s'éloigna à bâbord et disparut bientôt.

La journée se passa tranquillement et sans rien apercevoir derrière nous, ce dont nous étions assez étonnés, mais fort aises.

Le lendemain 14, nous étions encore fort loin de M. de Vaudreuil, qui n'était pas très aise de nous avoir vus et d'être obligé de nous attendre. Il ne faisait presque pas de brise et malgré toutes nos voiles nous ne pouvions suivre les autres qui n'avaient que leurs huniers.

Nous aperçûmes à la nuit l'île de Sainte-Croix dont nous cotoyâmes la côte sud.

Le 15, nous étions encore le long de la même côte et le calme nous retenait malgré tous nos vœux pour arriver dans quelque port. Nous aperçûmes quelques-uns de nos vaisseaux à bâbord, qui rallièrent M. de Vaudreuil. Quant à nous, nous restions toujours le dernier de tous à deux ou trois lieues. Le calme ne discontinuait point.

Le 16, nous attrapâmes l'île de Porto-Rico, dont nous prolongeons aussi la côte du sud; nous parvînmes à l'entrée de la nuit à joindre M. de Vaudreuil, qui nous attendit tout de bon, quand il vit qu'il n'y avait plus à craindre. Nous nous trouvâmes alors seize vaisseaux, et nous étions en état de faire tête si l'ennemi eût envoyé une division à notre poursuite.

Nous entrâmes, le 17, dans le canal entre Porto-Rico et Saint-Domingue; on aperçut en avant trois bâtiments qui ne nous attendirent pas, et qui étaient cependant des nôtres. La brise devint si faible que nous ne pouvions gouverner. M. de Vaudreuil fit venir à son bord, et on en rapporta une ligne de bataille pour les seize vaisseaux, qui se trouvaient ralliés; notre nouveau poste était matelot d'arrière du *Sceptre*, commandant la seconde division de notre petite armée. Le calme continua encore le lendemain 18 et ce n'est que le 19 que nous pûmes doubler Samana.

Le 20, nous étions sur la pointe du Vieux cap, et M. de Vaudreuil nous fit tenir le vent sur les deux bords afin d'attendre nos brebis égarées qui apparemment devaient avoir ce point de ralliement dans leurs paquets en cas de séparation.

Il y demeura tout le jour et tout le lendemain 21, ce qui ne nous amusait pas beaucoup, nos blessés mourant tous les jours et ayant grand besoin de la terre.

Nous visitâmes une frégate danoise à l'entrée de la nuit du 21, après quoi nous continuâmes notre route en prolongeant la côte du nord de Saint-Domingue. Nous arrivâmes le 22 au soir sur la pointe de La Grange, où nous mîmes en panne pendant toute la nuit.

Le lendemain 23, nous fîmes route sur le Cap pour y entrer, mais le peu de brise ne nous le permit pas. Nous apprîmes que la *Couronne*, le *Duc-de-Bourgogne* et le **Magnifique** y étaient arrivés depuis trois jours ; nous apprîmes aussi que le *Caton*, le *Jason*, les frégates l'*Aimable* et la *Cérès*, étant sortis de la Guadeloupe après notre désastre pour nous rejoindre au Cap, avaient été poursuivis et pris par une division de l'armée ennemie aux ordres de Hood, qui avait tourmenté Rodney et en avait enfin obtenu la permission de nous donner chasse.

Nous sommes très heureux que Hood n'ait pas commandé en chef ; au lieu de sept vaisseaux, nous en eussions au moins perdu vingt.

Au reste, nous trouvâmes une division de 11 vaisseaux espagnols qui, fièrement, étaient sortis du Cap, et qui nous étaient venus au devant à une lieue de ce mouillage. Nous passâmes la nuit en panne et le lendemain, 24, nous avions si fort dérivé que nous étions sous le vent du mouillage et très au large. Nous manœuvrâmes si mal que nous ne pûmes pas encore entrer. Les Espagnols n'entrèrent pas non plus, quoique très à portée ; ils voulurent nous donner protection entière.

Le 25, nous entrâmes dans la rade du Cap, où nous mouillâmes à trois heures après midi. Les Espagnols entrèrent après nous ; il y avait deux mois qu'ils étaient arrivés avec douze mille hommes de troupes qui étaient cantonnées dans les environs du Cap. Ils avaient aussi dans la rade une grande quantité de bâtiments marchands.

Tous ces préparatifs devenus inutiles rendaient plus sensible notre désastre. Nous ignorions encore le sort de six de nos vaisseaux, indépendamment de ceux que nous savions pris. Nous n'étions que dix-neuf dans la rade.

Indes occidentales.

On s'occupa tout de suite à se raccommoder, mais toutes nos mâtures avaient besoin d'être changées et il n'y en avait point dans les magasins. Tous nos vaisseaux furent mis en deux jours comme des pontons. On porta tout à terre, voiles, mâts, cordages, etc., pour les réparer comme on pourrait.

Ceux du *Languedoc* étaient criblés ; nous avions dans le corps du vaisseau cent soixante et quelques boulets de tous calibres, et on ne put pas compter ceux des mâts et voiles.

Peut-être les ennemis doivent-ils le bonheur de nous avoir si complètement dégréés dans nos cordages et nos voiles à l'énorme longueur de leurs boulets ramés, qui était presque double de celle des nôtres. Plusieurs étaient restés sur le vaisseau.

Le 1er mai, l'*Auguste* et le *Brave* rallièrent. Ils avaient fait le tour par Saint Eustache et avaient rembouqué par les Caïques, sur lesquelles l'un des deux avait failli à périr. Il rentra aussi des frégates dont une danoise et nous apprîmes que le *Pluton*, le *Marseillais*, l'*Hercule* et l'*Eveillé* avaient relâché chez les Hollandais à Curaçao et qu'ils arriveraient incessamment.

Le 2, il entra un vaisseau espagnol avec la frégate l'*Iris*, revenant de la Havane avec de l'argent.

Dom Solano, général des douze vaisseaux espagnols, et dom Galvès, général de leurs troupes de terre, avaient pris des logements à la campagne et y donnaient à manger assez souvent.

Les officiers d'infanterie avaient établi, dans divers endroits de la ville, des banques publiques de pharaon dont ils ne sortaient pas. Il y avait parmi eux quelques élégants poudrés et d'une tenue française, mais, en général, ils étaient malpropres et crasseux.

Leurs soldats, tous grands et vigoureusement bâtis, se sentaient de la mauvaise tenue de leurs officiers. On les accusait d'être très voleurs. Ils étaient très curieux et très avides des marchandises françaises de toute espèce, car ils n'ont rien laissé dans les boutiques du Cap, surtout dans celles des orfèvres. Ils avaient presque tous des épées d'or massif, sans travail et sans goût.

Leur général, dom Galvès, a plu généralement à tout le monde; il avait sa femme avec lui, et l'un et l'autre avaient le ton et les manières françaises.

Dom Solano était toujours entouré de moines et d'images.

. . . .

. . . .

Ici se termine la relation de l'auteur. La fin du « Journal » est le relevé des notes qu'il prenait à bord.

Le 11, arrivèrent le *Pluton*, le *Marseillais*, l'*Hercule* et l'*Eveillé* venant de Curaçao.

Le 31, le convoi part pour France avec le *Conquérant*, le *Destin* et le *Réfléchi*. Le *Sceptre* sort aussi pour une expédition avec une frégate et deux cents hommes.

Le 6 juin, le *Brave*, le *Souverain*, l'*Hercule*, le *Scipion*, le *Neptune* et le *Magnifique* sortent.

Le 10, le *Dauphin-Royal*, l'*Expériment* et le *Sagittaire* sortent à leur tour.

Le 15, nous reçûmes des ordres préparatoires à notre départ.

Le 20, départ pour France, avec le *Marseillais*, le *Diadème*, le *Magnanime*, quatre ou cinq marchands et une flûte. Nous allons au môle chercher un convoi. A la nuit nous sommes dans le canal de la Tortue : on voit 30 voiles sous le vent. Nous mettons en panne.

Le 21, au matin, on reconnut que les voiles vues étaient le convoi qui cherchait à remonter : il avait passé dans le nord de la Tortue avec la division de M. d'Amblimont. Il était totalement dispersé. Nous cherchons inutilement à le rallier. Nous louvoyons.

Le 22, le convoi est toujours à la débandade jusqu'à

midi que nous avons mis en panne et fait signal aux marchands de passer à poupe. Les plus près y ont passé et successivement les autres. A la nuit ils étaient une cinquantaine autour de nous.

La division de M. d'Amblimont nous a quittés : nous faisons route pour le débouquement.

Le 23, bon frais. Route au plus près tribord amures. Une heure avant la nuit, eu connaissance des Caïques et continué la route pendant la nuit.

Le 24, au point du jour, relevé Mogane à l'ouest et à quatre lieues. Nous voilà débouqués.

A midi, lat. observée 22°,30', long. 73°,30'.

Le 26, même route, petite brise, lat. 25°,13', long. 72°,10.

Le 27, même route, petite brise, lat. 26°,14', flamme d'ordre pour les marchands.

Le 28, calme plat.

Le 29, vents variables au S.-O., gouverné à l'E.-N.-E.

Le 30, même route, peu de brise.

Le 1er juillet, beau temps, même route.

Le 2, temps couvert d'Europe, forte brise O.-S.-O., même route.

Le 3, pluie, mauvais temps, vent arrière, même route.

Le 4, beau temps, toujours vent arrière et même route.

Le 5, orage continuel depuis hier au soir, même route.

Le 6, toujours orage, pluie continuelle, temps froid, vents variables, route à l'E.

Le 7, beau temps, vu deux bâtiments étrangers.

Le 8, beau temps, route au N., peu de vent.

Le 9, beau temps, même route, même vent.

Le 10, beau temps, vent faible du sud, route à l'E.-N.-E.

Du 11 au 16, vents contraires.

Le 16, beau, les vents revenus, route à l'E.-N.-E.

Le 17, bon vent.

Le 18, bon vent.

Le 19, de même et un peu calme.

Le 20, vent du N.-E., pris la bordée du sud.

Le 21, même temps, rencontré et visité un parlementaire anglais.

Le 22, même temps.

Le 23, calme plat.

Les 24, 25, 26, presque calme avec vent du sud.

Le 31, vent du sud faible, chassé un gros bâtiment portugais.

Le 1er août, S.-O., bonne brise, bon temps.

Le 2, bon frais S.-O. et N.-O.

Le 3, calme plat.

Le 15, grand frais, fond trouvé, alerte pendant la nuit.

Le 16, fond trouvé 100 brasses, terre vue faussement, gros temps, quoique clair.

Le 17, temps abominable, coup de vent, position critique.

Le 18, temps clair O.-N.-O., espérances ranimées, fond connu, vu la terre à 11 heures, mouillé sous Belle-Isle à 4 heures du soir.

Le 21, appareillé à midi.

Le 22, beau temps, louvoyé à hauteur de Penmarck, pendant la nuit position critique entre les Seins et Penmarck.

Le 23, donné dans le ras à 9 heures du matin, mouillé à Brest à deux heures.

NOTE SUR L'AUTEUR

Issu d'une ancienne maison du Dauphiné qui donna entre autres : Guigues de Revel, abbé de Boscodon en 1148 et évêque de Die, Lantelme de Revel, croisé en 1190, Hugues de Revel, 19ᵉ grand-maître de l'ordre de Saint-Jean de Jérusalem en 1260, Guillemette de Revel, abbesse de Laval-Bressieu en 1280, etc., Gabriel-Joachim comte de Revel était fils de Christophe-Joachim de Revel, seigneur du Vergeron, mousquetaire rouge de la garde du roi, et de Marie-Marguerite de Flocard de Mépieu, et petit-fils de Joachim de Revel, seigneur du Vergeron, mestre de camp de cavalerie, chevalier de Saint-Louis, et de Charlotte-Elisabeth d'Angelin.

Il naquit à Moirans le 21 février 1756.

Il fut, ainsi qu'il est écrit dans son brevet de capitaine, « nommé au régiment de Monsieur-Infanterie le 28 novembre 1772, lieutenant en premier le 1ᵉʳ octobre 1785 et capitaine le 8 juin 1789.

« Il fit deux campagnes sur le vaisseau du roi *le Languedoc* aux ordres de M. le baron d'Arros en 1781 et 1782 ; se trouva dans la même campagne à sept combats de mer à l'armée de M. le comte de Grasse, et débarqua à la Nouvelle-Angleterre pour le blocus de Glocester et le siège d'Yorck. »

En 1788, il prêta hommage pour le fief du Vergeron, et épousa par contrat du 16 février 1789, Marie-Diane de Vesc, comtesse de Béconne, chanoinesse du chapitre noble de l'Argentière, fille de Joseph-Gabriel-Claude Augustin, marquis de Vesc (1), seigneur de Béconne, Eurre, Upie et autres lieux, lieutenant-colonel de dragons, chevalier de Saint-Louis, et de Marie-Josèphe de Leusse des Côtes.

Il siégeait aux Etats de Romans en qualité de député de la noblesse, et c'est là qu'il fit la connaissance du marquis de Vesc, député comme lui.

Peu de temps après son mariage, le 20 juillet 1789, il donnait sa démission et à ce sujet recevait un certificat « d'honneur et d'amitié » signé de tous les officiers du régiment de Monsieur, ses camarades, et daté de Metz, le 8 septembre 1789 (2).

---

(1) M. de Vesc était veuf de Jeanne-Louise d'Usson de Bonac, fille de Jean-Louis d'Usson, marquis de Bonac, et de Madeleine-Françoise de Gontaut-Biron, et cousine germaine du duc de Lauzun qui prit à la tête de sa légion une part active à la guerre de l'Indépendance.

(2)   Certificat du Régiment de Monsieur.

« *Régiment d'Infanterie de Monsieur,*

» Nous soussignés, colonel, lieutenant-colonel, capitaines, lieutenants et sous-lieutenants du Régiment d'Infanterie de Monsieur, certifions que M. le comte de

Lorsque éclata la Révolution, il ne voulut pas émigrer, bien que sa femme l'en suppliât. Il resta dans son domaine du Vergeron et passa sans être inquiété les mauvais jours de cette triste époque, grâce au dévouement des habitants de Moirans qui l'aimaient et se relayaient pour monter la garde chez lui.

De son mariage il eut trois enfants :

1° Gabriel-Marie-Isidore-Joachim, comte de Revel de Vesc, né le 17 décembre 1789 et mort le 11 décembre 1830; marié le 20 octobre 1822 à Louise-Eugénie des Isnards-Suze, il en a eu trois filles, l'une religieuse ursuline, les deux autres entrées dans les familles de Faudoas d'Averton et de Carmejane-Pierredon;

2° Louise-Adèle de Revel de Vesc, née le 12 avril 1792, morte sans alliance en 1870;

3° Jules-Henri de Revel de Vesc, né le 1er avril 1796, mort sans alliance en 1825.

Il était homme d'études et distingué par son esprit, son instruction et ses manières. Atteint d'une fièvre pernicieuse, il mourut presque subitement le 17 octobre 1814 et fut inhumé à Moirans.

Revel Duperron a servi audit régiment depuis le 28 novembre 1772 jusqu'au 20 juillet 1789 (jour auquel il a donné sa démission) avec honneur et distinction, emportant avec lui l'amitié et les regrets de tous ses camarades.

» A Metz, le 8 septembre 1789.

(Suivent les signatures) :

» Dessaut, — le chevalier de Laube, — Daugé, — Lacour, — le comte de Saint-Mauris, — Fondenès, — le chevalier Declapier, — Chanfray, — L'Aillier, — le vicomte de Ladevèze. — Pluyette, — Lancery, — Van Loo, — Dijon, — Saint-Julien, — Richard, — d'Albon, — La Rochette, — Simard, — Chamon, — Bahezre, — Boisragon, — le chevalier de Fériez, — de Jaignard, — Fabry, — Chabaut, — Léoube, — Millery, — Davannes, — Ducherray, — Fadrix, — Gurie de la Morte, — Reynaud, — Saint-Mauris, — le chevalier de la Roche, — du Chaptal, — Determes, — Rozières. »

TABLE DES MATIÈRES

CHAPITRE Ier

Les étapes du détachement de Monsieur-Infanterie, de Besançon au Conquet...	5
Une petite alerte...	10
La garnison du vaisseau du roi le *Languedoc*...................	13

CHAPITRE II

A bord du *Languedoc*..	15
Ce qu'est un vaisseau de guerre. — Lois et mouvements auxquels est subordonné un vaisseau.................................	21

CHAPITRE III

Une fête nautique. — L'escadre aux ordres du comte de Grasse..	39
L'état-major du *Languedoc*...	41
Départ de Brest. — Route de Brest aux Antilles................	44

CHAPITRE IV

Combat du 29 avril 1781 dans le canal de Sainte-Lucie...........	60

CHAPITRE V

Arrivée à la Martinique...	72

CHAPITRE VI

Départ de l'armée pour la descente à Sainte-Lucie.............	77
Idée de la force de la Martinique et de Sainte-Lucie.............	79
Mouillage à Sainte-Lucie...	82
Départ de Sainte-Lucie et mouillage au Fort-Royal de Martinique.	84

CHAPITRE VII

Départ de l'armée pour Tabago...	87
Mouillage de l'armée à Tabago..	90

L'armée appareille de Tabago.. 92
Présence de l'armée ennemie commandée par sir Rodney auprès
   de Tabago... 92

CHAPITRE VIII

Mouillage de l'armée à la Grenade...................................... 94
Idée de la Grenade... 94

CHAPITRE IX

Retour de l'armée à la Martinique....................................... 97
La sucrerie de M. d'Arros. — Mœurs du pays...................... 98

CHAPITRE X

Départ de l'armée pour Saint-Domingue............................. 102
Mouillage de l'armée au cap Français................................. 102
Idée du Cap... 103
Les mulâtresses... 104
Rappel de M. de Renaud, gouverneur de la colonie............. 106
M. de Monteil remplace M. d'Arros..................................... 108
Brûlis de l'*Intrépide*... 110

CHAPITRE XI

Départ de l'armée du cap Français..................................... 114
Route de l'armée pour la Nouvelle-Angleterre.................... 114

CHAPITRE XII

Expédition de Chesapeak... 123
Apparition de l'escadre anglaise.. 125
Combat de Chesapeak... 126
Eloignement des ennemis.. 130
Rentrée de l'armée dans la baie.. 131
Arrivée de l'armée de terre... 136
Descente d'une division des garnisons de vaisseaux........... 137
Premier camp de la division des vaisseaux........................ 141
Second camp de la division des vaisseaux. — Escarmouche. 143
Séjour au camp devant Glocester. — Grand'garde; reconnaissances. 145
Reconnaissance avec M. de Choisy.................................... 157
Précautions prises contre le passage des ennemis à Glocester.... 166
Capitulation d'York et de Glocester.................................... 167
Description de Glocester... 169
Idée des environs d'York et de Glocester........................... 173

CHAPITRE XIII

Départ de l'armée de la baie de Chesapeak....................... 179

CHAPITRE XIV

Séjour de l'armée à la Martinique au retour de Chesapeak.......	181
Expédition de Saint-Eustache.................................	181
Dispositions prises pour surprendre la colonie..................	182
Exécution du projet..	183
Butin fait dans la colonie.....................................	184
Imputation fausse à M. de Bouillé.............................	185
Changement d'état-major.....................................	187

CHAPITRE XV

L'armée appareille pour aller à une expédition secrète..........	188
Abordage considérable..	189
Route de l'armée sur Saint-Christophe.........................	191
Idée de l'île à notre arrivée....................................	194
L'armée ennemie vient au secours de la colonie. — Prise du cutter *l'Espion*...	199
Combat entre les deux armées.................................	204
Première attaque au mouillage.................................	207
Opérations de nos troupes. — Siège du Réduit.................	215
Départ des ennemis pour secourir le Réduit....................	217
Action entre nos troupes et les troupes ennemies débarquées.....	218
Le Réduit capitule..	222
Richesse de la conquête.......................................	224
Mouillage à Nièves..	225
L'armée ennemie s'échappe....................................	226

CHAPITRE XVI

L'armée part de Saint-Christophe..............................	229
Séjour de l'armée à la Martinique au retour de Saint-Christophe.	231
Réjouissances..	231
Réflexions...	233

CHAPITRE XVII

Préparatifs pour le départ.....................................	239
L'armée part pour Saint-Domingue avec un convoi..............	240
Combat du 9 avril..	242
Faux signaux de M. de Grasse, première cause de la journée du 12 avril...	252
Combat du 12 avril...	255
Fuite de l'armée française. — Retour en France................	271

NOTE SUR L'AUTEUR	278

TABLE

DES NOMS CONTENUS DANS L'OUVRAGE

A

Amblimont (D'), 225, 275, 276.
Albert de Rions (D'), 43, 82, 86, 87.
Albert Saint-Hippolyte (D'), 59, 76.
Arros (D'), 15, 16, 20, 41, 43, 75, 98, 108, 187.

B

Barras, 108, 125, 131, 133, 188, 227, 236.
Bègue (Le), 43.
Bellecombe, 107.
Belmont, 140.
Berjou, 109.
Besson, 138, 140.
Biche (La), 110.
Bing, 270.
Blanchelande, 86, 88, 91.
Blanquet du Chaila, 41.
Boades, 132.
Boemar, 138, 140.
Boiderues, 107.
Boihu, 139.
Boissard, 139.
Bonne, 109.
Bosquevert, 6, 13, 60.
Bougainville, 42, 43, 68, 73, 74, 76, 132, 257, 265, 266.
Bouillé, 82, 84, 85, 88 et *passim*.
Bourdonnais (La), 10.
Burgoyne, 167.

C

Cabrerolle, 138, 140.
Camille, 42.
Cars (Des), 43.
Castellane, 43.
Castries, 39, 44.
Catelan, 15.
Clinton, 123, 124, 178.
Chabert (De), 43, 48, 132, 133.
Chabert, 184.
Chabons, 52, 116.
Chaffaut (Du), 20.
Charron, 41.
Charitte, 43, 75.
Châtillon, 6.
Chazelle, 138, 140.
Chilleau (Du), 215, 221.
Choisy, 137, 142, 143 et *passim*.
Cokburn, 183, 185, 186.
Cornwalis, 116, 121, 124, 135, 137, 168, 172, 175, 178.

D

Damas, 183, 184, 215.
Dessaulx, 6.
Déty, 43.
Digby, 136.
Dillon, 182, 183, 215, 227.
Duc (Le) 41.
Durand de la Motte, 15, 16, 20, 41, 187, 213.
Duval (41).

E

Egalière (L'), 143.
Eroly (D'), 220.
Espinouze (D'), 43, 82, 84, 85, 95, 233.
Estaing (D'), 20, 39, 179.

F

Fabre, 133.
Fabry, 6.
Fayette (La), 119, 125, 175.
Fléchin, 216, 217, 218, 228.
Fournier, 74.
Fraser, 222.
Fresnes, 183, 227.

G

Galvès, 274, 275.
Gardie, 138, 140.
Gingney, 138, 140, 159.
Glandevès, 43.
Gouliard, 6, 13, 60.
Goyon, 7.
Grand (Le), 138, 140.
Grave, 128, 131, 132, 136, 178, 179, 207.
Grasse, 39, 42 et *passim*.
Guichen, 20, 39, 82, 93.

H

Hector, 14, 236.
Hood, 58, 64, 85, 206, 207, 211, 226, 269, 270, 273.
Houdetot (D'), 6.
Houssaye (La), 41.

I

Isnard, 109, 112.

J

Jumilhac, 12.

K

Karuel, 109.
Kersaint, 236.
Kersalun, 110.

L

Langeron, 8, 11, 12, 13, 14.
Laubanie, 138, 140.
Lauzun, 112, 136, 137, 142, 143, 144, 145, 151, 157, 163, 169.
Law, 6.
Lège, 138.
Lilancourt, 107.
Linières, 109.

M

Maron de Panciat, 41.
Martelli, 176.
Masteloni, 41.
Maupeou, 110.
Mistral, 42.
Moëllien, 41.
Monlivaux, 41.
Monluc, 200.
Montaigu, 109.
Montéclair, 42.
Monteil, 102, 107, 108 et *passim*.
Mothe (La), 183.
Motte (La), 138, 140.
Motte-Piquet (La), 4, 6, 101.

N

Nantiat, 138, 140.
Nolé, 41.

O

O'Connor, 183.
Orvault (D'), 132.

P

Pavillon (Du), 257.
Périgny, 75.
Perron (Du), 6, 138, 140.
Plessis-Pascault (Du), 109, 112, 177.
Préville, 43.

Q

Quassou, 8.

— 287 —

R

Ravenel, 109.
Renaud, 106, 107.
Rhaab, 132.
Rochambeau, 119, 123, 124, 134, 148, 151, 169, 179.
Rodney, 49, 51, 58 et *passim*.
Rosilyc, 41.
Rostaing, 113.
Rouvière (La), 138, 140.

S

Sablière (La), 41.
Saint-Césaire, 43.
Saint-Quentin, 6, 7, 8, 12 et *passim*.
Saint-Simon, 112, 117, 125, 177, 180, 197, 216.
Sartine, 95.
Serre, 138, 140.
Shirley, 220, 222.
Sibon, 231, 237.
Soissons, 124.
Solano, 274, 275.
Suffren, 42, 44, 49.

T

Tacherot, 140.
Talton, 144, 169.
Tessonnet, 138, 140, 159, 160.
Touche-Tréville (La), 20.
Touraille (La), 109.
Trouillet, 107.
Truguet, 41.

V

Vanloo, 6.
Vaudreuil, 43, 225, 233, 245, 257, 260, 267, 269, 271, 272.
Vaux, 7.
Véron, 6.
Vialet, 6.
Viconté (La), 177.
Vidal, 138, 140.
Vidard, 138, 140, 155, 156, 157, 160, 161, 171.
Villéon (La), 132.
Viomesnil, 136, 175.
Virgin, 41.
Virieu, 7.

W

Walsh, 91, 182.
Washington, 119, 123, 124, 133, 137, 151, 160, 179.
Wreden, 136, 143.

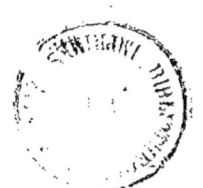

Paris et Limoges. — Imp. milit. Henri CHARLES-LAVAUZELLE.

Librairie militaire Henri CHARLES-LAVAUZELLE
Paris et Limoges.

L'armée des Pays-Bas, notices militaires et géographiques. — 2 volumes in-32, brochés 1 »; reliés toile 1 50
L'armée suédoise. — Vol. de 62 pages, broché » 50; relié toile... » 75
L'armée ottomane contemporaine, par Ch. LEBRUN-RENAUD. — Volume in-32 de 88 pages, broché » 50; relié toile............................ » 75
L'armée et la marine japonaises, par Pierre LEHAUCOURT. — Brochure in-8° de 52 pages... 1 25
La guerre sino-japonaise, par le commandant breveté BUJAC, du 144° d'infanterie. — Vol. in-8° de 328 pages avec 18 croquis ou cartes... 5 »
La guerre sino-japonaise et ses conséquences pour l'Europe, par F. DE VILLENOISY. — Brochure in-8° de 48 pages.................. 1 25
Les milices des Etats-Unis d'Amérique, par Georges TRICOCHE. — Brochure in-8° de 54 pages... 1 25
La guerre de Sécession, avec une carte du théâtre des opérations, par L. AUGER, capitaine du génie. — Volume in-8° de 252 pages........ 4 »
La révolution et l'armée du Brésil (15 novembre 1889). — Fascicule in-8° de 16 pages.. » 50
Précis de la guerre du Pacifique (*entre le Chili d'une part, le Pérou et la Bolivie de l'autre*), avec une carte et un plan des principales batailles. — Volume in-32 de 72 pages, broché » 50; relié toile........... » 75
Guerre franco-allemande de 1870-71, avec un atlas comprenant 18 cartes croquis en deux couleurs, par le capitaine Ch. ROMAGNY, professeur de tactique et d'histoire à l'Ecole militaire d'infanterie. — Volume grand in-8° de 392 pages, et l'atlas................................... 10 »
Etude sommaire des campagnes d'un siècle, par le capitaine Ch. RoMAGNY, professeur de tactique et d'histoire à l'Ecole militaire d'infanterie. **Campagne de 1792-1806.** 1 vol. (4 cartes). — **1800.** 1 vol. (4 cartes). **1805.** 1 volume (2 cartes). — **1809.** 1 volume (3 cartes). — **1812.** 1 vol. (5 cartes). — **1813.** 1 volume (4 cartes). — **1814.** 1 volume (1 carte). — **1815.** 1 volume (1 carte). — **Crimée.** 1 volume (3 cartes). — **1859.** 1 vol. (1 carte). — **1866.** 1 volume (4 cartes). — **1877-78.** 1 volume (3 cartes). — 12 vol. in-32 brochés, l'un. » 50; reliés pleine toile gaufrée, l'un. » 75
Memento chronologique de l'histoire militaire de la France, par le capitaine Ch. ROMAGNY, professeur de tactique et d'histoire à l'Ecole militaire d'infanterie. — Volume in-18 de 316 pages.................. 4 »
Tableaux d'histoire, à l'usage des sous-officiers candidats aux écoles de Saint-Maixent, Saumur, Versailles et Vincennes, par Noël LACOLLE, lieutenant d'infanterie. — Volume in-18 de 144 pages............... 2 50
Histoire militaire de la France depuis les origines jusqu'en 1643, par Emile SIMOND, capitaine au 28° d'infanterie. — 2 volumes in-32 de 112 et 102 pages, brochés, l'un. » 50; reliés pleine toile gaufrée, l'un... » 75
Histoire militaire de la France, de 1643 à 1871, par Emile SIMOND, capitaine au 28° d'infanterie (3° édition). — 2 vol. in-32 de 96 et 104 pages, brochés, l'un. » 50; reliés pleine toile gaufrée, l'un.............. » 75
Précis historique des campagnes modernes, avec 36 cartes du théâtre des opérations (2° édition). — Volume in-18 de 224 pages.......... 3 50
L'Armée de Metz, 1870, par le colonel THOMAS. — Vol. in-8° de 252 pages, orné d'un portrait et de deux cartes................................. 3 »
GUERRE DE 1870. — **La première armée de l'Est**, reconstitution exacte et détaillée de petits combats, avec cartes et croquis, par le commandant Xavier EUVRARD, chef de bataillon breveté, professeur de tactique à l'Ecole supérieure de guerre. — Volume grand in-8° de 268 pages......... 6 »
Le maréchal Bazaine pouvait-il, en 1870, sauver la France ? par Ch. KUNTZ, major (H. S.), traduit par le colonel d'infanterie E. GIRARD. — Vol. in 8° de 248 p., 1 carte hors texte du théâtre des opérations. 4 »
La légende de Moltke, par Karl BLEIBTREU. Contribution critique à l'histoire de la guerre de 1870, traduit de l'allemand avec l'autorisation de l'auteur, par V.-A. VÉLING, capit. au 26° bat. de chass.— Vol. de 224 p. . 3 »

Librairie militaire Henri CHARLES-LAVAUZELLE
Paris et Limoges.

L'armée anglaise, son histoire, son organisation actuelle, par A. GARÇON. — Volume in-32 de 128 pages, broché. » 50; relié toile............ » 75

La marine anglaise, histoire, composition, organisation actuelle, par A. GARÇON. — Volume in-32 de 96 pages. » 50; relié toile.......... » 75

Les expéditions anglaises en Afrique. Ashantee (1873-1874), Zulu (1878-1879), Egypte (1882), Soudan (1884-1885), Ashantee (1895-1896) par le lieutenant-colonel SEPTANS, de l'infanterie de marine. — Fort volume grand in-8º de 500 p., avec 29 cartes et croquis, couverture en couleurs... 7 50

Les expéditions anglaises en Asie. Organisation de l'armée des Indes (1859-1895), Lushai Expédition (1871-1872), les trois campagnes de lord Roberts en Afghanistan (1878-1880), expédition Chitral (1895), par le lieutenant-colonel breveté SEPTANS, de l'infanterie de marine. — Volume grand in-8º de 350 pages, avec 17 cartes et croquis, couvert. en coul. 7 50

LA VIE MILITAIRE A L'ÉTRANGER. — **Un congé au Queen's-Royal-South-Surrey-Regiment**, lettres d'un engagé volontaire, par George TRICOCHE, ancien officier d'artillerie. — Volume in-18 de 184 pages, avec couverture imprimée en couleurs... 3 »

Le Soudan, Gordon et le Mahdi, par le lieutenant-colonel HEUMANN, ✳, O. I. ⚜, ex-directeur des études à l'École spéciale militaire de Saint-Cyr, avec 2 cartes et 4 plans. — Volume in-32 de 96 pages, broché....... » 50
Relié toile.. » 75

Guerre du Soudan (le Mahdi), avec carte du théâtre de la guerre, par A. GARÇON, professeur à l'Association polytechnique. — Brochure in-32 de 32 pages... » 60

L'armée espagnole (aperçu historique et organisation : composition de l'armée; recrutement et mobilisation : établissements militaires, comités ; instruction, service intérieur, alimentation ; grades et uniformes; système défensif de la Péninsule; colonies; retraites et pensions militaires). — Vol. in-32 de 128 pages, broché. » 50; relié.................................. » 75

L'Espagne et l'armée espagnole. Brochure in-8º de 16 pages..... » 50

La garde civile espagnole, traduction par E. TAILHADES, capitaine de gendarmerie. — Vol. in-32 de 128 pages, broché » 50; relié toile... » 75

Relation de l'insurrection des troupes espagnoles détachées dans l'île de Séeland sous les ordres du général Fririon en 1808, avec les pièces justificatives destinées à compléter la relation, par E. FRIRION, capitaine au 8º de ligne. — Brochure in-8º de 96 pages............ 2 »

La guerra del Riff. Brochure in-8º de 84 pages, avec 3 croquis.... 1 75

L'armée portugaise, par A. GARÇON. — Volume de 108 pages, br. » 50
relié toile... » 75

Une campagne des Portugais en Guinée (île de Bissau) avec croquis du théâtre des opérations. — Brochure in-8º de 16 pages.......... » 50

L'armée belge (composition, recrutement, mobilisation, écoles militaires, institut cartographique, armement, manufacture d'armes de Liège, régime intérieur, alimentation, uniformes, système défensif). — Volume in-32 de 96 pages, relié toile.. » 75

Histoire de la participation des Belges aux campagnes des Indes orientales néerlandaises sous le gouvernement des Pays-Bas (1815-1850), par Eugène CRUYPLANTS, capitaine aide de camp du commandant de la garde civique de Gand, officier de l'ordre de Takovo de Serbie, avec trois cartes et un portrait du général Laburc. — Vol. gr. in-8º de 402 p.. 5 »

L'armée suisse, son histoire, son organisation actuelle, par le lieutenant-colonel HEUMANN, ✳, O. I. ⚜, ex-directeur des études à l'École spéciale militaire de Saint-Cyr (2º édition). — Volume in-32 de 136 pages, broché » 50; relié toile... 75

Le Catalogue général de la Librairie militaire est envoyé gratuitement à toute personne qui en fait la demande à l'éditeur Henri CHARLES-LAVAUZELLE.

G.

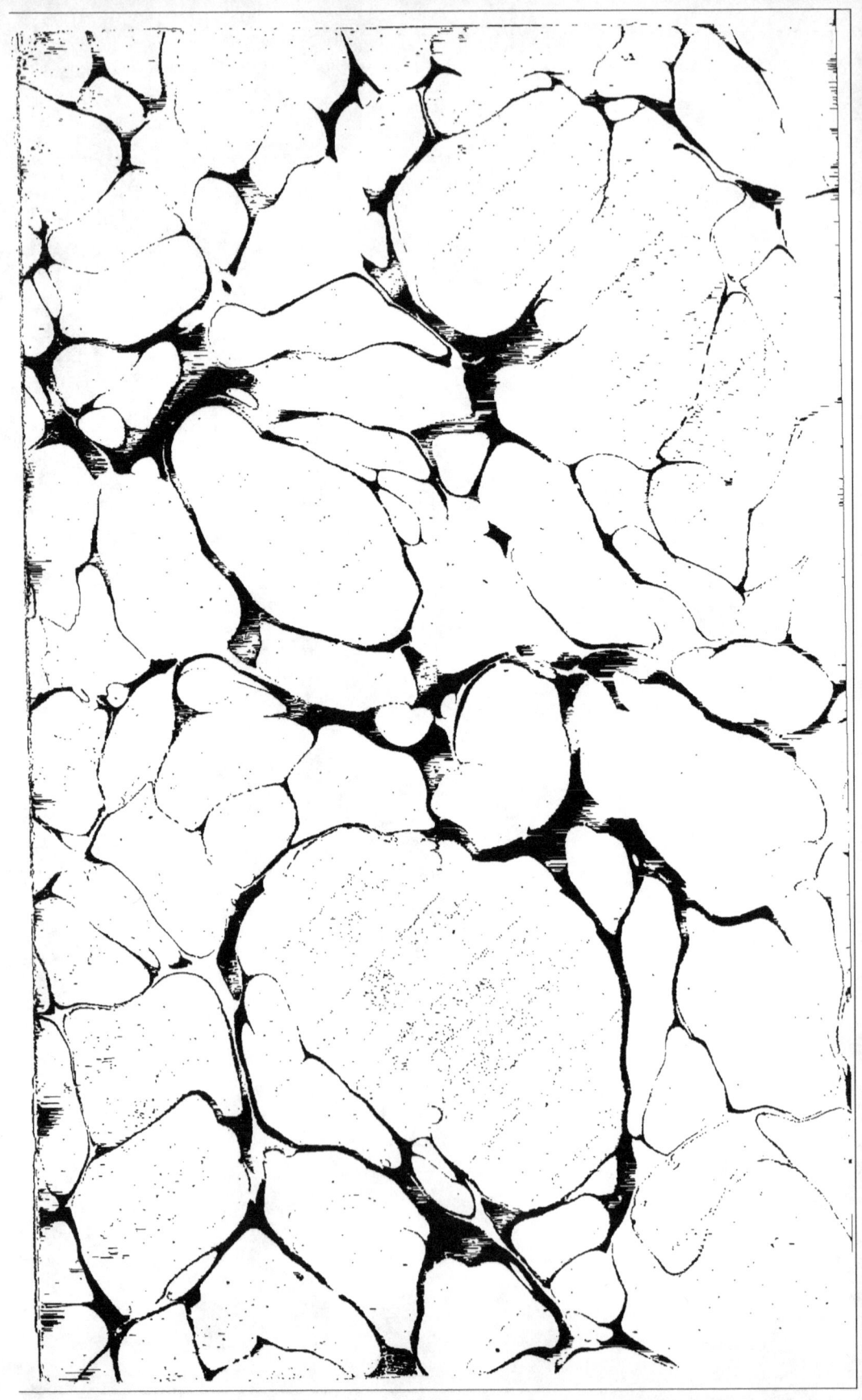

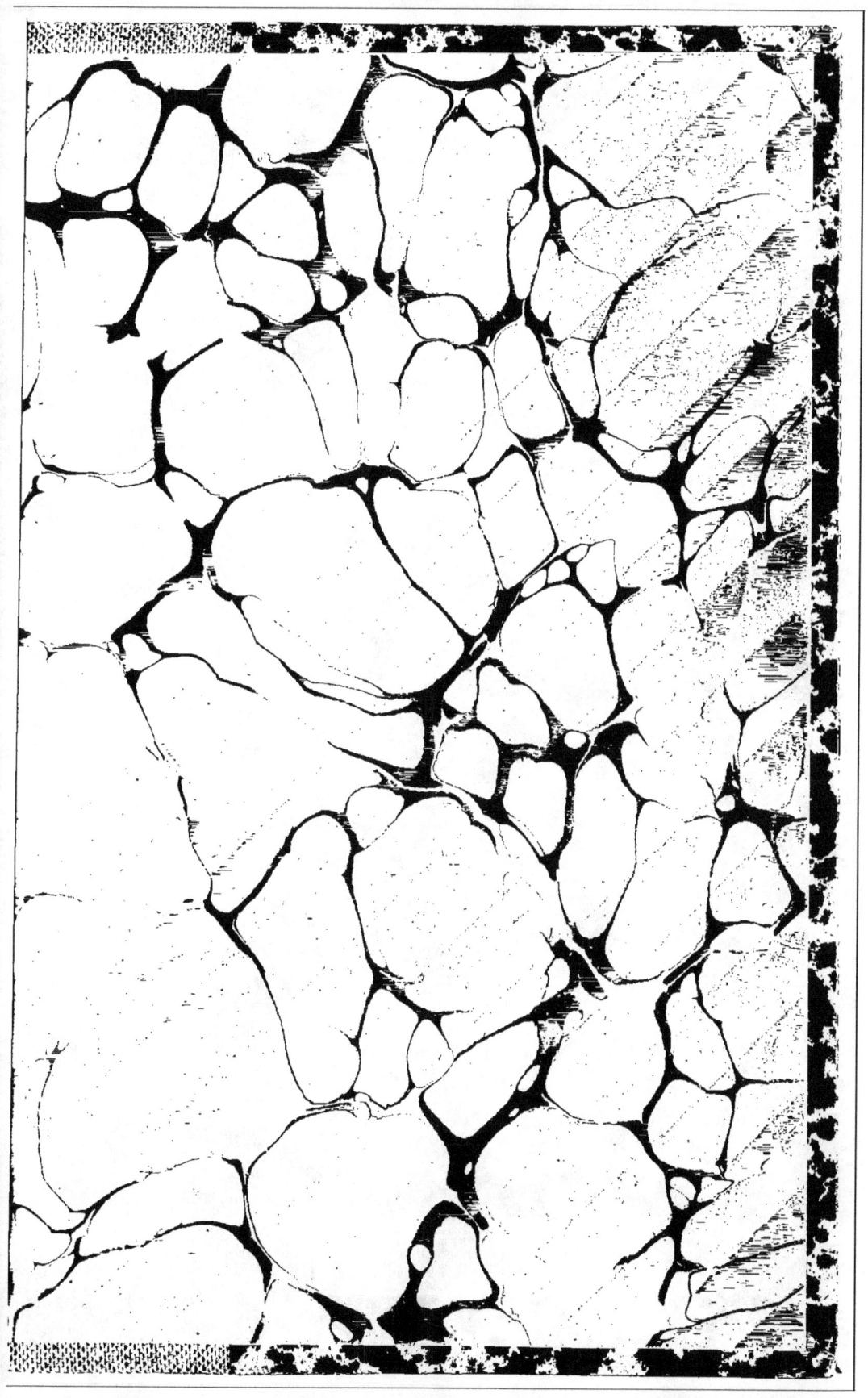

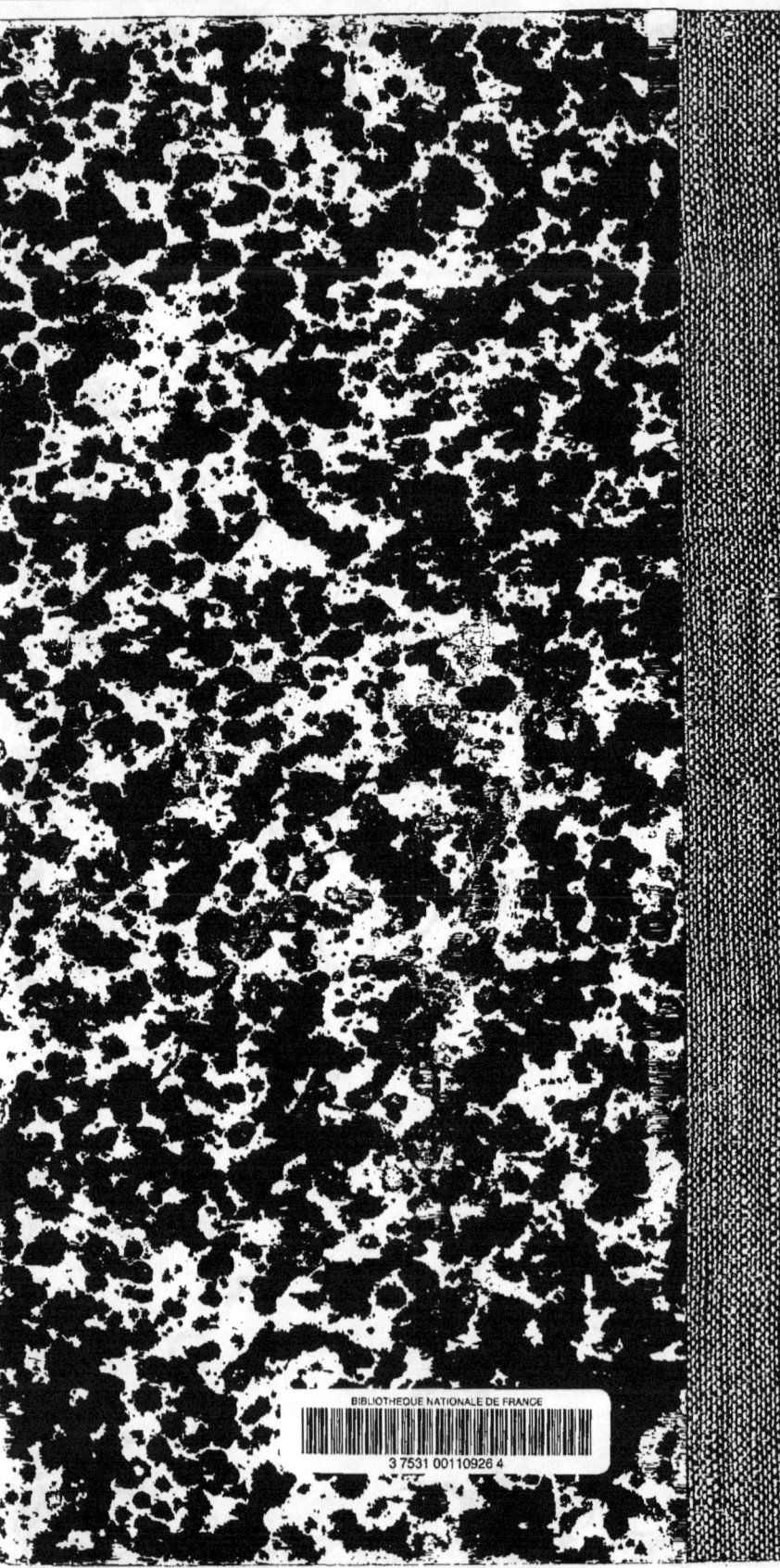

www.ingramcontent.com/pod-product-compliance
Lightning Source LLC
Chambersburg PA
CBHW071342150426
43191CB00007B/823